山东省世界社会主义共产主义运动研究基地
聊城大学世界社会主义共产主义运动研究所　主办

International Communist
Movement History and Socialism
Research Edits Publication

国际共运史与社会主义研究辑刊

2015年卷（总第5卷）

程玉海　张祥云　李华锋　秦正为／主编

中央编译出版社
Central Compilation & Translation Press

图书在版编目（CIP）数据

国际共运史与社会主义研究辑刊. 2015 年卷：
总第 5 卷 / 程玉海，张祥云，秦正为编著.
—北京：中央编译出版社，2015.9

ISBN 978 - 7 - 5117 - 2756 - 5

Ⅰ. ①国…　Ⅱ. ①程…　②张…　③秦…
Ⅲ. ①国际共产主义运动史 – 文集　②社会主义 – 文集
Ⅳ. ①D1 - 53　②D091.6 - 53

中国版本图书馆 CIP 数据核字（2015）第 194604 号

国际共运史与社会主义研究辑刊

出 版 人：	刘明清
出版统筹：	董　巍
责任编辑：	王丽芳
责任印制：	尹　珺
出版发行：	中央编译出版社
地　　址：	北京西城区车公庄大街乙 5 号鸿儒大厦 B 座（100044）
电　　话：	（010）52612345（总编室）　（010）52612349（编辑室）
	（010）52612316（发行部）　（010）52612317（网络销售）
	（010）52612346（馆配部）　（010）55626985（读者服务部）
传　　真：	（010）66515838
经　　销：	全国新华书店
印　　刷：	北京京华虎彩印刷有限公司
开　　本：	787 毫米 ×1092 毫米　1/16
字　　数：	300 千字
印　　张：	18.5
版　　次：	2015 年 9 月第 1 版第 1 次印刷
定　　价：	68.00 元
网　　址：	www.cctphome.com　邮　箱：cctp@ cctphome.com
新浪微博：	@ 中央编译出版社　微　信：中央编译出版社（ID：cctphome）
淘宝店铺：	中央编译出版社直销店（http://shop108367160.taobao.com）
	（010）52612349

凡有印装质量问题，本社负责调换。电话：（010）55626985

聊城大学世界共运研究所简介

聊城大学世界社会主义共产主义运动研究所（简称世界共运研究所），始建于1985年4月，时名"共产国际研究室"。1987年改名为"共产国际研究所"，1995年改名为"世界共运研究所"。目前共有研究人员22人，其中教授8人，副教授5人，博导2人，硕导12人，校聘优秀人才7人，博士13人，在读博士4人。经过近30年的建设，聊城大学世界共运研究所发展成为国内国际共产主义运动史、中国特色社会主义理论、国际政治等领域教学科研、资料建设、建言献策、人才培养的重要基地之一。

在学科与学位点建设上，依托世界共运研究所，聊城大学2001年获批科学社会主义与国际共产主义运动硕士点，2003年获批国际政治硕士点，2006年获批马克思主义基本原理硕士点、国外马克思主义研究硕士点，2010年获批政治学一级学科硕士点。自1991年起，聊城大学科学社会主义与国际共产主义运动学科连续被遴选为山东省"八五"、"九五"、"十五"、"十一五"、"十二五"重点学科、特色学科和"重中之重"强化学科。2004年，聊城大学世界共运研究所成为山东省马克思主义研究中心下设的4个研究所之一。2005年经山东省哲学社会科学领导小组批准设立山东省世界社会主义共产主义运动研究基地。

在教学和人才培养方面，世界共运研究所主要负责承担聊城大学思想政治教育、政治学与行政学等本科专业的政治学类、马克思主义理论类课程的教学工作，以及科学社会主义与国际共产主义运动、国际政治等硕士专业的教学工作。多年来为国家和社会输送了一大批高层次专门人才和领导干部，为科教兴国、兴鲁、兴聊作出了较大的贡献。

在资料建设上，世界共运研究所拥有独立的资料室，现有藏书15万册，报刊2万余册，覆盖政治学、马克思主义理论、历史学等多个学科。特别是拥有《共产国际》（俄文版）、《社会党通讯》（英文版）等一批珍贵外文文献。1985—1998年，世界共运研究所先后主办《共产国际研究资料》、《共产国际研究》和《世界共运研究》杂志。受山东省委宣传部委托，1989—1992年主办《苏联东欧动态通报》内部资料。2000—2005年，与中国人民大学合办复印报刊资料《国际共产主义运动》和《世界社会主义运动》杂志。2004—2006年，与中共中央编译局合办《当代世界与社会主义》杂志。2011年起，编辑出版《国际共运史与社会主义研究辑刊》学术年刊。

经过多年的学术积淀，世界共运研究所形成了国际共产主义运动史、当代世界社会主义、中国特色社会主义、大国政治与外交等数个相对稳定、富有特色的研究方向，并与中共中央编译局、中共中央对外联络部、中国社会科学院、北京大学、中国人民大学、山东大学、华中师范大学等单位建立了密切的联系，多次承办中央马克思主义理论研究和建设工程《国际共产主义运动史》重点教材编写研讨会、全国国际共运史年会等重要会议。近五年来，在《马克思主义研究》、《当代世界与社会主义》、《当代世界社会主义问题》、《俄罗斯中亚东欧研究》、《社会主义研究》等杂志发表学术论文500余篇，出版《世界社会主义共产主义运动新论》、《冷战后欧盟诸国社会民主党政坛沉浮研究》、《兴衰之路：民族问题视域下的苏联民族国家建设研究》等著作20余部，获得国家、省部级科研立项与奖励20余项。学科带头人程玉海教授，系中国国际共运史学会副会长、山东省国际政治和国际共运学会名誉会长、全国优秀教师、享受国务院政府特殊津贴专家、山东省有突出贡献的中青年专家、山东省中青年学术骨干、华中师范大学和山东师范大学博士生导师。学科带头人张祥云教授，系中国国际共运史学会理事、山东省国际政治和国际共运学会副会长、山东省中青年学术骨干、山东省优秀青年知识分子、山东省社科人才库专家。

目 录

"天下为公"与"天下大同"
  程玉海 ……………………………………………………………… 1

论马克思社会发展理论的整体性逻辑
  孙德海 ……………………………………………………………… 6

马克思主义生命力的历史形成与现实发展
  秦正为 ……………………………………………………………… 19

马克思历史分期理论的生成逻辑及其方法论意义
  陈兆芬 ……………………………………………………………… 30

马克思主义权力观的动态分析
  宋义明 张 娟 …………………………………………………… 40

马克思主义时代化：内在逻辑与现实问题
  刘子平 ……………………………………………………………… 50

从《对华战争》看列宁早期俄中关系思想及其意义
  李士峰 ……………………………………………………………… 63

中国特色协商民主理论研究的历程、现状及思考
  孙德海 ……………………………………………………………… 75

论国家治理体系现代化与党的领导制度科学化
  邹庆国 ……………………………………………………………… 85

构建党的建设制度改革运行机制论析
  周浩集 张书林 …………………………………………………… 96

制度视角下纪检监察工作存在的问题与对策的创新
　　于学强 ……………………………………………………… 110

中央苏区工农检察制度的运行困境与动力生产
　　——以于都事件为视角的分析
　　孟宪艮 ……………………………………………………… 121

论邓小平的社会主义制度优越性思想
　　刘焕申 ……………………………………………………… 133

提高社会治理水平的根本之策
　　——政府职能体系变迁的视角
　　陈延庆 ……………………………………………………… 142

继续推进和创新开发区行政管理体制初探
　　张西勇 ……………………………………………………… 158

法治化背景下农村集体经济组织析论
　　魏宪朝 ……………………………………………………… 167

建设和谐世界的几点思考
　　姜爱凤 ……………………………………………………… 177

重塑与左转：米利班德时期英国工党的新动向
　　李华锋　仝　雯 ………………………………………… 189

解析小国组织与大国关系利益模式
　　张英姣　孙启军 ………………………………………… 194

中国特色公共外交理念探究
　　李德芳 ……………………………………………………… 203

新形势下高校领导者的使命和自我修养
　　——关于社会主义政治家、教育家的几点思考
　　程玉海 ……………………………………………………… 215

论高校内部的道德治理
　　黄富峰 ……………………………………………………… 226

关于道德治理几个问题的思考
  黄富峰 ………………………………………………………… 236

关于思想政治教育价值认识的哲学审视
  李合亮 ………………………………………………………… 246

把"中国梦"融入高校思想政治教育的几点思考
  王桂菊 ………………………………………………………… 259

全球化与外交理论的嬗变
  ——兼评《全球化时代的公共外交》
  李华锋 ………………………………………………………… 270

英国工党研究的新拓展和新探索
  ——《英国工党执政史论纲》评介
  刘子平 ………………………………………………………… 273

中国特色社会主义国家利益观的创新之作
  ——《中国特色社会主义国家利益观》评介
  刘姝媛 ………………………………………………………… 276

高校思想政治理论课研究的新成果
  ——《21世纪高校思想政治理论课教学改革研究》评介
  姜爱凤 ………………………………………………………… 279

"天下为公"与"天下大同"

程玉海[①]

摘 要：在我国，在人们最熟悉的格言、名句中，"天下为公"当属前列了。多数识字之人，不仅知道这是孙中山先生的题字和教导，且铭记心中。正是中山先生的推崇、题字和思想，从而使"天下为公"成为众人皆知的名言，仁人志士道德追求的标准，圣洁心灵的寄托。

在我国，在人们最熟悉的格言、名句中，"天下为公"当属前列了。多数识字之人，不仅知道这是孙中山先生的题字和教导，且铭记心中。正是中山先生的推崇、题字和思想，从而使"天下为公"成为众人皆知的名言，仁人志士道德追求的标准，圣洁心灵的寄托。由此而来，对于许多人把"天下为公"的发明权记到了中山先生的名下，也就不足为奇了。

"天下大同"亦即"大同社会"。它自古以来就是国人向往的理想天国。但很少有人知道，"天下为公"与"大同社会"，竟同文而生，相互依存，相互支撑，互为结果。其实，"天下为公"和"大同社会"，同源自于2000多年前的《礼记·礼运》，其发明权当归功孔老夫子。西汉年间，由礼学家戴德和戴圣叔侄，各选编了一本《礼记》，史称《大戴礼记》和《小戴礼记》。《三字经》所说的"大小戴，集礼记。述圣言，礼法备"，记叙的就是这件事情。

[①] 程玉海（1954—），男，山东聊城人，聊城大学、青岛农业大学原党委书记，教授，博导，中国国际共运史学会副会长，山东省国际政治和国际共运学会名誉会长，山东省世界社会主义共产主义运动研究基地首席专家，研究方向为科学社会主义与国际共运史。

东汉末年，经郑玄集注的《小戴礼记》，流传了下来，成为我们今天的《礼记》，成为儒家"六经"之一。《礼记·礼运》篇，又重在论述礼之运行，而且还提出和论述了诸如"大道"、"大同"、"天下为公"、"小康"等贯之古今的命题。所以，《礼运》篇在我国传统文化和儒家学说中，又占有很重要的位置。原文如下："大道之行也，天下为公，选贤与能，讲信修睦。故人不独亲其亲，不独子其子；使老有所终，壮有所用，幼有所长，矜寡、孤独、废疾者皆有所养；男有分，女有归。货，恶其弃于地也，不必藏于己。力，恶其不出于身也，不必为己。是故谋闭而不兴，盗窃乱贼而不作。故外户而不闭，是谓大同。"

这段话内涵丰富，影响深远，至少有两个层面的含义应领会贯通。

其一：把天下作为天下人的天下，就是"大道也"。按郑玄的注释，"天下为公"的"公"，就是"共"的意思。"大道谓五帝也"即：天下为天下人共有，它不是"家天下"，"私天下"，"故人不独亲其亲，不独子其子"。上古"五帝"时代，就是这样的大道实行的时代。

"五帝"，即"三皇五帝"之"五帝"，指上古时代的五位"圣贤之主"。因为它由上古传颂而来，所以"五帝"为何人，也就出现了多种传说。按《史记·五帝本纪》，即黄帝、颛顼、帝喾、尧、舜。《现代新华字典》、《现代汉语词典》，均采用了这种说法。然而，不管谁为"正统"，不管各种说法的"道理"何在，它们的共同之处就是都把大禹排除在外。为何？因为大禹之前的"五帝"，以"禅让"而传位，大禹之位，就是由舜帝传承，他们"选贤与能，讲信修睦"，选任举荐贤德、贤能之人治理天下，而不是把天下作为一家一姓的私产。大禹最后却把位子传给儿子启，由此出现了"禹传子，家天下"，"夏传子，家天下"，"父传子，家天下"的制度。于是，又出现了《诗经·小雅·北山》所说："溥天之下，莫非王土，率土之滨，莫非王臣。"可见，正是这个大禹，破坏了选贤任能的"禅让制"，把"天下为公"化为"天下为私"，据天下为"一家"私有，由其"一家"世代相袭了。当然，从中国历史发展的角度上看，它标志着由父系氏族社会转向了奴隶制社会，由"禅让制"转向了"世袭制"。

其二："大道之行，天下为公"，"是谓大同"。按孔子关于美好社会、理想社会的构想，"天下为公"，不仅仅以自己的亲人为亲人，以自己的子女为子女，人们之间信用为先，和睦相待。在这里，人尽其能，人尽其用，老年人安享晚年，少年幸福成长，受到良好教育，鳏寡孤独、病残之人得到供养。男人安分守己，妇女安归夫家。人们既不把财物弃之无用之地，也不会占为己有，既不会有力不出，也不会仅为自己。在这样的社会里，阴谋诡计不起作用，盗窃乱贼不会出现，已用不着关闭大门。孔子和儒家追求的就是这样一个物阜民丰、安居乐业、平等互助、田园牧歌般的理想天国，"大同社会"，"天下大同"或"大同天下"。

显见，"天下为公"，在本质上同以"家天下"为基础的王权统治相对立，它在政治上是反对王权统治的。可历史偏偏与孔夫子和历代大儒开了一个大玩笑，因为孔学和儒学恰是历代王朝维护王权统治的思想基础、理论基础和行为准则。孔夫子和历代大儒，虽高扬"天下为公"的大旗，但并不标志着他们是王朝统治的反对者，相反，他们在现实政治上，不仅维护王朝统治，而且还要以"修身、齐家、治国、平天下"的忠臣自居。

在我国，历代许多文人和名人也是这样，他们艰苦而漫长的修身与内炼的目标，同历代相传的理想社会目标、理想政治标准、道德准则基本一致。这也是他们自认为已超凡脱俗，且已具仙风道骨，沾沾自喜、孤芳自赏的得意之处。可是，当他们回到现实政治之时，其社会目标和行为准则，却又往往和自己的理想社会、理想目标不同，甚至背离，由此又总是演绎为他们心灵深处的无限苦痛和悲伤。这大概也算是某种意义上的"二律背反"吧。

当然，从人类的理想社会追求，道德伦理的角度说，"天下为公"、"天下大同"，又是历代仁人志士苦苦追求的目标，他们总是不断丰富、完善和发展着这一理想。特别在近代中国，通过康有为和孙中山，更是把它推向了一个极高的阶段。

康有为本是我国资产阶级改良派的领袖，他顽固地坚守"君主立宪"的政治目标，直到他生命的终结。然而，在他心灵深处，却始终荡漾着大同空想社会主义的激流，且纯真、可爱、极度理想化。他自称，早在1884年就已开始"演大同主义",1885年就"手定大同之制,名曰人类公理",1894年开始着手创作《大同书》。1898年,变法失败后,他又以"公羊三世说"、《礼运》篇中的"天下为公"和"大同说"为基础,加之卢梭的一些思想,以及流亡途中听到的、触及到的欧洲空想社会主义学说的只鳞片爪,终于创造出了一个中学为体、中西合璧、田园牧歌般的"大同社会"。他极尽赞美"大同之世,天下为公,无有阶级,一切平等"。一个铁杆的"君主立宪"领袖,其最终的理论成果,竟然是《大同书》,这也算是常人百般不可思议之事吧。把"天下为公"同社会革命紧密联系起来,并使其成为革命的理论基础、革命军的思想信条、发动社会革命的锐利思想武器,恰是中山先生的伟大发明和历史功绩。

中山先生是"天下为公"和"大同"思想忠诚的继承者,他完美地把这些思想引入了"三民主义"思想体系。1924年,他在广州发表了题为《三民主义》的著名演说,他明确提出:"真正的三民主义,就是孔子所希望的大同世界。""天下为公","就是国家是人民所有,政治是人民所共管,利益是人民所共享"。他甚至更明确地提出:"民生主义就是社会主义,又名共产主义,即是大同主义。"

中山先生把"天下为公"奉为终生的政治信条、人生座右铭。南京中山陵正门,镶嵌着"天下为公"四个大字,这是中山先生的手迹,也是国内复制、使用最多的一幅题字。它选自中山先生赠青年电影家黎民伟的条幅。

中山先生在政治上还是"天下为公"的真正践行者。1912年2月,本已在南京就职中华民国临时大总统的中山先生,为实现南北议和、国家统一,不顾许多革命家的劝阻,毅然向参议院请辞,提出让位于袁世凯。此后的一个月里,他又苦心指导远在北京的袁世凯,依照民主程序选任、就职和组织内阁。4月1日,他又在参议院正式辞去临时大总统职务。

中山先生此举,贯通时空2000余载,空前绝后,终成"天下为公"的政治范例。可尊、可敬,然而也可泣,因"播下了龙种,收获了跳蚤"。不争气的袁世凯,并没真心学习、效仿中山先生,而是借机窃国复辟。中山先生的"禅让"之举,终未能实现完美的结局。好在历史总是公正的,中山先生千秋流芳、万民敬仰，袁世凯则被钉在历史的耻辱柱上。

在现代社会中，许多人往往把"大公无私"、"克己奉公"等同于"天下为公"，这就犯了简单化的认识错误。今天所说的"公"，很大程度上相对于"自私自利"而言，指的是"集体"、"公家"、"国有"。而"天下为公"，首先是反对王权或皇权专制，反对独裁统治的政治概念。同时，它也包含了爱国主义的内容，因为它主张天下由天下人共管，所以，"国家兴亡，匹夫有责"，人人又应是一个爱国主义者。从个人伦理、道德修养角度上说，它还包含着以"大公无私"、"克己奉公"为主要内容的伦理道德标准和行为准则。今天，如果按上述内容理解和领会"天下为公"，大概也应该算全面理解了吧。

同样，也不能简单地把"天下大同"比作我们今天的共产主义理想，因为它毕竟是空想范畴的构想。共产主义是人类社会发展的必然阶段，是关于人类真正解放的科学学说，它建立在人类社会发展规律和科学依据的基础之上。当然，实现共产主义尚需生产力的高度发展，人类社会的高度文明，还应是几十代人以后的事情，但它毕竟属于我们不可忘却的长远目标、最高理想。但另一方面，我们也不能仅仅留恋于长远目标的畅想之中，更不能不切实际地急于向最高理想过渡，明天的"饼"，决不能用以充今天的"饥"。我们必须把最高理想同现实目标紧密结合。今天，最好的结合，就是奋不顾身地投身于建设中国特色社会主义的伟大事业之中。

（此文载于《党员干部之友》2014年第9期）

论马克思社会发展理论的整体性逻辑[①]

孙德海[②]

摘 要：马克思从社会有机体理论出发揭示社会发展是各种要素交互作用构成的有机整体，从历史与逻辑相统一的视野阐述社会发展是人类全面生产构成的系统整体，从主客体相统一的高度论证社会发展与人的发展是一个内在的统一整体，不仅深刻揭示了人类社会的发展规律，而且全面阐述了人类社会发展的整体性本质。基于马克思的社会发展理论，我国在全面建成小康社会的实践中，应以人为本，把握科学发展主题，坚持整体推进，加强生态文明建设，努力实现全面发展、协调发展、可持续发展以及人的自由全面发展。

马克思在创立唯物史观的过程中，以科学的实践观为指导，站在历史与逻辑、主体与客体相统一的高度，从整体上深刻揭示了社会历史发展的辩证运动过程，思想深邃，内涵丰富，具有普遍性的指导意义。正如著名的西方马克思主义者卢卡奇所指出的："对马克思主义来说，归根结底就没有什么独立的法学、政治经济学、历史科学等等，而只有一门唯一的、统一的——历史的和辩证的——关于社会（作为总体）发展的科学"[③]。"总体范畴，整体对于各个部分的全面的、决定性的统治地位，是马克思取自黑格尔并独创性

[①] 山东省社会科学规划研究重点项目（14BZZJ01）；聊城大学科研基金项目（321021405）。
[②] 孙德海（1968—），男，山东菏泽人，苏州大学政治与公共管理学院博士研究生，聊城大学政治与公共管理学院党总支书记。
[③] 卢卡奇：《历史与阶级意识》，商务印书馆1999年版，第77页。

地改造成为一门全新科学的基础的方法的本质"①。可以说，总体性、整体性逻辑是马克思社会发展理论的哲学基础和中心线索，也是其不同于历史上其他社会发展学说的根本属性和本质特征。马克思社会发展理论的整体性逻辑主要体现在三个方面：从社会有机体理论出发揭示社会发展是各种要素交互作用构成的有机整体；从历史与逻辑相统一的视野阐述社会发展是人类全面生产构成的系统整体；从主客体相统一的高度论证社会发展与人的发展是一个内在的统一整体。

一、从社会有机体理论出发揭示社会发展是各种要素交互作用构成的有机整体

人类社会是按照其自身固有的规律发展的。在马克思主义诞生以前，虽然也产生过诸多社会发展学说试图作出说明，但由于种种局限性，这一"历史之谜"一直没有被破解。马克思在批判黑格尔唯心主义哲学，特别是费尔巴哈人本主义旧唯物主义哲学的过程中，创立了以实践为基础的新唯物主义，完成了哲学史上最伟大的革命性变革，并把其运用到社会历史领域，从而拨开了长期笼罩在社会历史领域的一切迷雾，划清了与旧唯物主义和各种唯心主义历史观的界线，创立了崭新的唯物主义历史观。它既批判了康德、黑格尔等思想家用纯粹的精神因素解释社会历史的唯心史观错误，也抨击了费尔巴哈人本唯物主义在社会历史观上的不彻底性，成为能够如实地说明社会发展的真正动因、内在机制及客观规律的科学历史观和方法论。正如列宁所说："以往的历史理论至多只是考察了人们历史活动的思想动机，而没有研究产生这些动机的原因，没有探索社会关系体系发展的客观规律性，没有把物质生产的发展程度看作这些关系的根源"②，因而只能把人们的思想动机看作决定社会历史发展的唯一力量，这是唯心主义和旧唯物主义在社会历史观上的共同表现。

---

① 卢卡奇：《历史与阶级意识》，商务印书馆1999年版，第76页。
② 《列宁选集》第2卷，人民出版社1995年版，第425页。

新唯物主义认为，人类社会不同于动物世界，它是一个有机的整体，即"社会是人同自然界的完成了的本质的统一"①。也就是说，马克思认为社会是人们交互作用的产物，是由其内部多种要素相互作用、彼此联系而共同构成的活的机体。可见，马克思的社会有机体理论是其社会发展整体性思想的基础和前提。

在马克思之前，各种旧哲学往往把社会看作单个人简单相加的集合体，个人之间的关系也主要靠社会契约来维持。而到了19世纪，随着"细胞学说"的提出，人们开始借用"有机体"概念来剖析人类社会。圣西门、孔德、斯宾塞等都曾将人类社会看作一个有机体，借用"细胞"、"器官"、"机能"等生物学概念来剖析人类社会，并从动物界普遍存在的不同的器官有着不同的功能的原则出发，推导出人类社会中的分工现象、阶级差别都是天经地义的，社会的理想状态则是不同器官之间的相互调节与平衡。显而易见，孔德、斯宾塞等人的机械套用和类比，不仅把人类社会与生物机体之间的差异抹杀了，而且把人类社会这种特殊的"有机体"庸俗化了。

19世纪中期，马克思从实践唯物主义出发，在批判继承前人成果的基础上，开始探索社会有机体理论，并形成了具有丰富内涵的社会有机体思想。马克思最早论及有机体是在1842年《评奥格斯堡〈总汇报〉第335号和第336号论普鲁士等级委员会的文章》中，他指出："我们要求人们不要突然离开现实的、有机的国家生活，而重新陷入不现实的、机械的、从属的、非国家的生活领域。我们要求国家不要在应当成为它内部统一的最高行为的行为中解体。"② 这就是说，国家生活的有机体的不同部分是相互联系、共同作用的，是一个统一的整体。1847年，他在《哲学的贫困》中首次提出了"社会机体"的概念，强调"谁用政治经济学的范畴构筑某种思想体系的大厦，谁就是把社会体系的各个环节割裂开来，就是把社会的各个环节变成同等数量的依次出现的单个社会。其实，单凭运动、顺序和时间的唯一逻辑公式怎能

---

① 《马克思恩格斯文集》第1卷，人民出版社2009年版，第187页。
② 《马克思恩格斯全集》第1卷，人民出版社1995年版，第334页。

向我们说明一切关系在其中同时存在而又互相依存的社会机体呢?"① 相反,在马克思看来,为了生存的需要,人们在生产实践中必定发生一定的联系,个体与个体之间通过社会分工与社会交往,形成人与人之间的各种关系,从而构成人类社会这一有机体。"社会不是由个人构成,而是表示这些个人彼此发生的那些联系和关系的总和"②。1867 年,马克思在《资本论》第一版序言中再次指出:"现在的社会不是坚实的结晶体,而是一个能够变化并且经常处于变化过程中的有机体"③。"这种有机体制本身作为一个总体有自己的各种前提,而它向总体的发展过程就在于:使社会的一切要素从属于自己,或者把自己还缺乏的器官从社会中创造出来。有机体制在历史上就是这样生成为总体的。生成为这种总体是它的过程即它的发展的一个要素"④。不言而喻,与孔德、斯宾塞等人把社会有机体简单类比为生物有机体的错误做法相反,马克思的社会有机体理论是把社会有机体看作人类社会的一种存在方式,科学地说明了人类社会是一个在实践基础上生成,由人与人之间各种社会关系构成的统一的有机整体,是人类社会诸多要素之间的全面性联系与有机性互动的充满生机与活力的运动系统。

从社会有机体理论出发,马克思首先明确界定了人类社会的基本结构,并深入分析了社会结构诸构成要素相互联系、相互作用的辩证过程。在《政治经济学批判(序言)》中,马克思指出:"人们在自己生活的社会生产中发生一定的、必然的、不以他们的意志为转移的关系,即同他们的物质生产力的一定发展阶段相适合的生产关系。这些生产关系的总和构成社会的经济结构,即有法律的和政治的上层建筑竖立其上并有一定的社会意识形式与之相适应的现实基础。物质生活的生产方式制约着整个社会生活、政治生活和精神生活的过程"⑤。由此可以看出,人类社会结构中的诸构成要素就像生物器

---

① 《马克思恩格斯选集》第 1 卷,人民出版社 1995 年版,第 143 页。
② 《马克思恩格斯全集》第 30 卷,人民出版社 1995 年版,第 221 页。
③ 《马克思恩格斯选集》第 2 卷,人民出版社 1995 年版,第 102 页。
④ 《马克思恩格斯全集》第 30 卷,人民出版社 1995 年版,第 237 页。
⑤ 《马克思恩格斯选集》第 2 卷,人民出版社 1995 年版,第 32 页。

官一样互相联系、互相依赖。即是说，各个要素作为社会结构的有机组成部分，内含着相互制约、相互作用的辩证统一关系，共同组成人类社会这一有机整体。

在此基础上，马克思把社会有机体的结构大体分为生产力、生产关系（经济基础）和上层建筑三个层次，把社会关系划分为经济关系、政治关系和思想文化关系三个领域，并由此科学说明了人类社会发展的基本规律。他指出："一切历史冲突都根源于生产力和交往形式之间的矛盾"①，"社会的物质生产力发展到一定阶段，便同它们一直在其中运动的现存生产关系或财产关系（这只是生产关系的法律用语）发生矛盾。于是这些关系便由生产力的发展形式变成生产力的桎梏。那时社会革命的时代就到来了。随着经济基础的变更，全部庞大的上层建筑也或慢或快地发生变革"②。这就是说，人类社会的发展源自生产力与生产关系、经济基础与上层建筑之间的矛盾运动。但由于人类社会是其内部相互联系的各种要素共同构成的有机整体，因此，社会的发展必然表现为经济、政治和思想文化等各领域的协调发展、全面发展，其发展规律则体现为生产力、生产关系、经济基础和上层建筑等诸要素相互之间的矛盾运动。

可见，马克思正是从其创立的社会有机体理论出发，以人类的社会实践活动为基础，深刻洞察了社会发展是社会有机体诸构成要素合力作用的结果，并由此揭示了社会发展是社会内部各种因素和关系交互作用的辩证过程和有机整体。

二、从历史与逻辑相统一的视野阐述社会发展是人类全面生产构成的系统整体

马克思不仅强调人类社会是由其内部各个要素交互作用构成的有机整体，

---

① 《马克思恩格斯选集》第 1 卷，人民出版社 1995 年版，第 115 页。
② 《马克思恩格斯选集》第 2 卷，人民出版社 1995 年版，第 32—33 页。

而且认为社会发展是一个自然历史过程，但与自然界进化的纯粹历史过程不同，它是由社会活动的主体人在社会内部各种生产的相互联系、相互作用中，为满足人类不断增长的自身需要而展开的，并随着实践范围和生产领域的逐步扩大，人们不断走向自觉自由的实践活动，推动着人类社会从简单到复杂、从低级到高级发展、从野蛮到文明发展，最终达到共产主义的理想社会形态。鉴于此，马克思早在《德意志意识形态》一书中就提出了原始的、古代的、封建的和现代资产阶级、共产主义几种社会形式。后来又在《政治经济学批判（序言）》一文中进一步指出："大体说来，亚细亚的、古代的、封建的和现代资产阶级的生产方式可以看作是经济的社会形态演进的几个时代"①。这也是今天人们把人类社会的历史划分为五种社会形态依次演进思想的萌芽和根据。但必须指出的是，由于不同国家有着各自不同的阶级状况和历史传统，马克思从来没有把这一进程看作所有国家和民族的社会发展都必须遵循的唯一进程和必经阶段，而是始终认为不同国家、民族的历史发展和社会形态的演进，应该根据各自的社会发展实际，采取不同的形式，走不同的道路。1877年马克思在《给"祖国纪事"杂志编辑部的信》中就强调，他在《资本论》等著作中对资本主义产生和发展道路的分析，仅限于西欧各国。他说，如果谁把它变成"一般发展道路的历史哲学理论，一切民族，不管它们所处的历史环境如何，都注定要走这条道路"②，那就"会给我过多的荣誉，同时也会给我过多的侮辱"③。

早在《1844年经济学哲学手稿》中，马克思就通过对资本主导下的异化劳动的深入分析，首次提出了人的生产是能动的、全面的生产的思想，并认为这是人的生产不同于动物片面的生产的本质区别。他指出："通过实践创造对象世界，改造无机界，人证明自己是有意识的类存在物，就是说是这样一种存在物，它把类看作自己的本质，或者说把自身看作类存在物。诚然，动

---

① 《马克思恩格斯选集》第2卷，人民出版社1995年版，第33页。
② 《马克思恩格斯选集》第3卷，人民出版社1995年版，第342页。
③ 《马克思恩格斯选集》第3卷，人民出版社1995年版，第342页。

物也生产。它为自己营造巢穴或住所，如蜜蜂、海狸、蚂蚁等。但是，动物只生产它自己或它的幼仔所直接需要的东西；动物的生产是片面的，而人的生产是全面的；动物只是在直接的肉体需要的支配下生产，而人甚至不受肉体需要的影响也进行生产，并且只有不受这种需要的影响才进行真正的生产；动物只生产自身，而人再生产整个自然界；动物的产品直接属于它的肉体，而人则自由地面对自己的产品。动物只是按照它所属的那个种的尺度和需要来建造，而人懂得按照任何一个种的尺度来进行生产，并且懂得处处都把内在的尺度运用于对象；因此，人也按照美的规律来构造。因此，正是在改造对象世界中，人才真正地证明自己是类存在物。这种生产是人的能动的类生活"①。

后来，马克思在其与恩格斯合著的《德意志意识形态》中，在批判德国唯心主义和旧唯物主义哲学，阐述新唯物主义历史观的过程中，通过运用历史与逻辑相统一的分析方法，进一步深化了人的全面生产的思想，形成了比较系统的社会全面生产理论。他认为，人类社会的形成和发展首先是由物质生活资料的生产和再生产所决定的，并由与其相应的精神的生产和再生产、人口的生产和再生产、社会关系的生产和再生产以及生态环境的生产和再生产等共同构成和相互作用的系统整体。

第一，物质生活资料的生产和再生产。马克思和恩格斯在《德意志意识形态》中最先深刻阐述了全面生产的第一种生产："我们首先应当确定一切人类生存的第一个前提，也就是一切历史的第一个前提，这个前提是：人们为了能够'创造历史'，必须能够生活。但是为了生活，首先就需要吃喝住穿以及其他一些东西。因此第一个历史活动就是生产满足这些需要的资料，即生产物质生活本身"②，而"一当人开始生产自己的生活资料的时候，这一步是由他们的肉体组织所决定的，人本身就开始把自己和动物区别开来。人们生

---

① 《马克思恩格斯选集》第1卷，人民出版社1995年版，第46—47页。
② 《马克思恩格斯选集》第1卷，人民出版社1995年版，第78—79页。

产自己的生活资料，同时间接地生产着自己的物质生活本身"①。这表明，人类社会的历史首先是物质资料生产的历史，人们的物质关系形成他们的一切其他关系的基础。基于此，马克思发现并揭示了人类历史的发展规律，创立了崭新的唯物主义历史观，从而与一切唯心主义和旧唯物主义的错误历史观划清了界线。

第二，精神的生产和再生产。马克思认为："思想、观念、意识的生产最初是直接与人们的物质活动，与人们的物质交往，与现实生活的语言交织在一起的。人们的想象、思维、精神交往在这里还是人们物质行动的直接产物。表现在某一民族的政治、法律、道德、宗教、形而上学等的语言中的精神生产也是这样。人们是自己的观念、思想等等的生产者"②。"而发展着自己的物质生活和物质交往的人们，在改变自己的这个现实的同时也改变着自己的思维和思维的产物。不是意识决定生活，而是生活决定意识"③。这就是说，人类的精神生产与再生产是伴随着物质资料的生产与再生产而产生的，其发展过程和表现形式也是由物质生产与再生产的发展程度所决定的。后来，马克思还发现，人类的精神生产与再生产并非只是处于从属地位，有时还具有某种相对独立性，并且对物质资料的生产与再生产发挥着能动的反作用。

第三，人口的生产和再生产。随着人们物质资料生产和再生产的不断扩大，马克思认为，社会在实践的基础上又不断引起新的需要，其中一种需要就是"每日都在重新生产自己生命的人们开始生产另外一些人，即繁殖。这就是夫妻之间的关系，父母和子女之间的关系，也就是家庭。这种家庭起初是唯一的社会关系，后来，当需要的增长产生了新的社会关系而人口的增多又产生了新的需要的时候，这种家庭便成为从属的关系了"④。可见，人口的生产和再生产首先是由物质生产和再生产的需要造成的，同时它也是物质生产、精神生产和社会关系生产的推动力量，并为其提供保证。

---

① 《马克思恩格斯选集》第1卷，人民出版社1995年版，第67页。
② 《马克思恩格斯选集》第1卷，人民出版社1995年版，第72页。
③ 《马克思恩格斯选集》第1卷，人民出版社1995年版，第73页。
④ 《马克思恩格斯选集》第1卷，人民出版社1995年版，第80页。

第四,社会关系的生产和再生产。马克思认为:"人们在生产中不仅仅影响自然界,而且也互相影响。他们只有以一定的方式共同活动和互相交换其活动,才能进行生产。为了进行生产,人们相互之间便发生一定的联系和关系;只有在这些社会联系和社会关系的范围内,才会有他们对自然界的影响,才会有生产。"① 这就是说,人们都是在一定的社会联系和社会关系中从事着物质生产的,离开一定的社会联系和社会关系,一切生产都无从谈起。反过来说,"以一定的方式进行生产活动的一定的个人,发生一定的社会关系和政治关系"②。由此可见,一方面,社会关系的生产与再生产是在社会其他生产的过程中形成和进行的,另一方面,物质、精神、人口的生产与再生产也必须在一定的社会关系中才能顺利进行。这说明人类社会不是个人机械相加的简单集合体,而是人们按照一定的生产方式相互联系和彼此结合的生活共同体。

第五,生态环境的生产和再生产。马克思、恩格斯都始终认为,人与自然界的关系表现为自然界对人的制约和人对自然界的能动性的辩证统一。他们一方面肯定人与自然界具有同一性,承认自然界是人类生存和进化的前提,"而人本身是自然界的产物,是在自己所处的环境中并且和这个环境一起发展起来的"③;另一方面又指出人类在物质生产过程中,为满足自身生存和发展的需要,通过有目的、有意识的实践活动去向大自然索取,会产生人类需求欲望的满足与自然界承受能力之间的矛盾。恩格斯曾告诫人们:"我们不要过分陶醉于我们人类对自然界的胜利。对于每一次这样的胜利,自然界都对我们进行报复"④。与此同时,他们还认为人类与动物界不同,人们通过发现、认识、掌握和运用自然规律,能够也应该成为自然界的主人,实现自身与自然界的一体性。正是在这一认识的基础上,马克思、恩格斯设想,在未来的理想社会里,"社会化的人,联合起来的生产者,将合理地调节他们和自然之

---

① 《马克思恩格斯选集》第 1 卷,人民出版社 1995 年版,第 344 页。
② 《马克思恩格斯选集》第 1 卷,人民出版社 1995 年版,第 71 页。
③ 《马克思恩格斯选集》第 3 卷,人民出版社 1995 年版,第 374—375 页。
④ 《马克思恩格斯选集》第 4 卷,人民出版社 1995 年版,第 383 页。

间的物质变换,把它置于他们的共同控制之下,而不让它作为一种盲目的力量来统治自己;靠消耗最小的力量,在最无愧于和最适合于他们的人类本性的条件下来进行这种物质变换"①,以达到"人和自然界之间、人和人之间的矛盾的真正解决"②,从而实现人与自然的和谐相处、永续共生。

马克思的全面生产理论充分说明了社会发展是人类的各种生产活动之间互相制约、相互作用构成的系统整体。在推动社会发展的过程中,必须把人类的各种生产纳入这一系统整体中,否则,就会造成社会的畸形发展。

三、从主客体相统一的高度论证社会发展与人的发展是一个内在的统一整体

马克思历来高度重视人的解放和发展问题,他在阐述整个社会发展的自然历史过程的基础上,突出强调了人作为社会发展的价值主体,不仅以"现实的人"作为社会发展的起点和主体,而且把人的自由全面发展作为社会发展的价值追求,内在地蕴涵着社会发展与人类解放、社会进步和人的发展主客体的内在统一。

首先,人的自由全面发展是社会发展的永恒主题和核心内容。马克思曾深刻地揭示了社会发展与人的发展的本质内在联系。一方面,人是社会的主体,每个人都同他人相联系,都生活在社会关系中,社会发展只有相对于人和人类社会才存在。也就是说,真正意义上的社会发展属于人,属于主体人的自我创造,"历史不过是追求着自己目的的人的活动而已"③。另一方面,社会发展本质上讲就是人的发展。社会是人的存在方式,社会是由人组成的共同体,是以人的存在为前提与标志的,马克思指出,"社会——不管其形式如何——是什么呢?是人们交互活动的产物"④。可见,社会与人就其本性而

---

① 《马克思恩格斯文集》第7卷,人民出版社2009年版,第928—929页。
② 《马克思恩格斯选集》第1卷,人民出版社1995年版,第185页。
③ 《马克思恩格斯选集》第1卷,人民出版社1995年版,第295页。
④ 《马克思恩格斯选集》第4卷,人民出版社1995年版,第532页。

言具有内在的一致性,人的发展规定着社会的发展,社会的发展进步最终要通过人的自由全面发展体现出来。

其次,人的自由全面发展是社会发展的终极目标和最高价值。马克思始终认为,社会发展史归根结底就是人的发展史。他指出,任何有生命的个体存在是人类历史的第一个无条件前提,"人们的社会历史始终只是他们的个体发展的历史,而不管他们是否意识到这一点"①。由此可见,马克思的社会发展理论非常关注人的前途和命运,他通过对资本主义社会各种弊端的深刻揭露、批判以及对未来理想社会的大胆预测和描绘,认为未来代替资本主义社会的共产主义社会应该是消灭了阶级剥削和阶级压迫,人人自由平等,人人全面发展,即"代替那存在着阶级和阶级对立的资产阶级旧社会的,将是这样一个联合体,在那里,每个人的自由发展是一切人的自由发展的条件"②。

最后,人的自由全面发展程度是衡量社会进步的根本尺度。马克思认为,社会发展与进步的程度取决于人的解放与发展程度,社会越向前发展,个人也就越获得解放与发展。马克思曾无情地批判资本主义私有制所造成的人的片面、畸形的发展,把人的发展问题提到了首要地位,科学地论述了人的全面发展的必然性及其对于社会发展的重要意义。他反对抽象地谈论人的发展问题,认为应该将人的发展问题置于特定的历史条件下予以分析,"人的本质不是单个人所固有的抽象物,在其现实性上,它是一切社会关系的总和"③。在马克思看来,人的发展同社会发展一样,也是一个历史过程,并且带有明显的时代特征,要依次出现"人的依赖性社会"(人被自然支配)、"物的依赖性社会"(人与自然异化)、"个人全面发展的社会"(人与自然相和谐)三种社会形态。只有到了人的发展的第三个阶段,即共产主义社会,才能消除各种异化关系,人类最终才能从各种奴役中解放出来,真正实现人与自然、

---

① 《马克思恩格斯选集》第 4 卷,人民出版社 1995 年版,第 532 页。
② 《马克思恩格斯选集》第 1 卷,人民出版社 1995 年版,第 294 页。
③ 《马克思恩格斯选集》第 1 卷,人民出版社 1995 年版,第 60 页。

人与社会、人与人之间的和解，每个人得到自由全面的发展，社会进步与发展的目标才在最终的意义上得到了实现。

四、结语

马克思的社会发展理论通过对人类社会的构成要素、各种生产和主客体之间相互联系、交互作用的全面剖析，不仅深刻揭示了社会发展演进的基本性质、根本动力及内在规律，而且系统阐明了社会发展是一个具有内在逻辑的有机整体，集中展示了社会发展的实践性、总体性、系统性和人本性，对于我国全面建成小康社会的实践具有以下重要启示：

首先，必须牢牢把握科学发展主题，努力实现全面发展。马克思认为，社会发展不是社会某一领域或某些局部的片面扭曲发展，而是社会全面生产的整体和谐发展。这就要求我们必须从理论上坚决摒弃过去那种仅仅把GDP增长和生产力发展等同于社会发展和进步的错误观念，在实践中切实纠正诸如"经济建设是硬任务、文化建设是软任务"，"精神文明是手段、物质文明是目的"，"先污染、后治理"等一系列不合时宜的认识和做法，牢固树立社会全面、和谐、科学发展的理念，更加注重社会生活各领域、各环节的全面发展，整体推进经济、政治、文化、社会和生态文明建设，努力提高经济社会发展的整体水平与质量。

其次，必须始终坚持整体推进，努力实现协调发展。马克思认为，人类社会生产和生活的各个领域不是分散的和封闭孤立的存在，而是社会生产和生活中的各个要素相互依存、相互制约、相互作用的有机统一整体。只有正确处理社会系统内部各要素之间的相互关系，增强系统内部各要素、各环节的发展协调性，才能确保社会有机系统的健康快速运转。因此，在全面建成小康社会的进程中，我们必须从目前我国发展还存在着很多不平衡的阶段性特征和实际出发，努力做到统筹城乡发展、统筹区域发展、统筹经济社会发展、统筹人与自然和谐发展、统筹国内发展和对外开放，使各方面的发展相适应，各个发展环节相协调，促进经济社会发展和人的全面发展相统一，实现经济发展与人口、资源、环境相协调。

再次,必须大力加强生态文明建设,努力实现可持续发展。恩格斯早就指出:"我们统治自然界,决不像征服者统治异民族那样,决不是像站在自然界之外的人似的,——相反地,我们连同我们的肉、血和头脑都是属于自然界和存在于自然之中的;我们对自然界的全部统治力量,就在于我们比其他一切生物强,能够认识和正确运用自然规律。"① 党的十八大报告首次把加强生态文明建设纳入社会主义现代化建设的总体布局,这充分体现了马克思、恩格斯关于自然—人—社会有机整体发展的自然辩证法和历史辩证法思想。因此,在全面建成小康社会的过程中,我们必须自觉把生态文明建设融入经济、政治、文化和社会建设的各方面和全过程,真正将生态文明建设放在更加突出的位置,努力建设美丽中国。

最后,必须始终坚持以人为本,努力促进人的自由全面发展。马克思社会发展理论告诉我们,全部社会生活在本质上是实践的,人类正是通过自主的实践,不仅成就了自己又改造了自然,而且发展了自己又满足了自身,也就是从这个意义上说,社会是人同自然界的完成了的本质的统一。不言而喻,人既是推动社会发展的实践主体,也是检验社会发展的价值主体。因此,这就要求我们在全面建成小康社会的进程中,必须把人的发展作为衡量社会发展和进步的根本尺度,始终把以人为本的要求贯穿于经济、政治、文化、社会和生态文明建设的各环节和全过程,真正做到发展依靠人民,发展为了人民,发展成果由人民共享。

(此文载于《广西社会科学》2014 年第 11 期)

---

① 《马克思恩格斯选集》第 4 卷,人民出版社 1995 年版,第 383—384 页。

马克思主义生命力的历史形成与现实发展[①]

秦正为[②]

摘　要：马克思主义的现实生命力，是马克思主义和科学社会主义继续发展的内在动力，是中国特色社会主义兴旺发达的根本活力。马克思主义的现实生命力，是历史形成的，有着理论上的科学性和实践性，也是以现实为基础的，有着实践上的发展性和创新性。马克思恩格斯的基本理论，是马克思主义生命力的立足点和支撑点；列宁主义是"帝国主义时代的马克思主义"，是马克思主义生命力典型的时代化表现；毛泽东思想是"中国化的马克思主义"，是马克思主义生命力典型的空间化表现；中国特色社会主义理论体系，是马克思主义生命力在当代中国的最新体现。

马克思主义的现实生命力，是马克思主义和科学社会主义继续发展的内在动力，是中国特色社会主义兴旺发达的根本活力。马克思主义的现实生命力，是历史形成的，有着理论上的科学性和实践性，也是以现实为基础的，有着实践上的发展性和创新性。

[①] 作者主持的国家社科基金项目（13BKS022）、山东省社科强化建设基地"山东师范大学马克思主义研究中心"项目（MJDXK0103）阶段性成果。

[②] 秦正为（1973—），男，山东阳谷人，聊城大学政治与公共管理学院、世界共运研究所副教授、博士，中共中央编译局博士后，研究方向为马克思主义基本理论与中国特色社会主义。

一、马克思恩格斯与马克思主义生命力

马克思主义理论的科学性,这是马克思主义生命力的立足点。马克思主义的科学性,体现在其真理性、实践性上。马克思主义的真理性,在于马克思主义揭示了人类社会发展的客观规律,是科学的世界观和方法论,是真理。并且,马克思主义吸收了人类文明的优秀成果,如辩证唯物主义和历史唯物主义吸收了德国的古典哲学,马克思主义的政治经济学吸收了英国的古典政治经济学,科学社会主义吸收了英法的空想社会主义,同时还关注并吸收了自然科学的成果。正如列宁所言:"马克思主义这一革命无产阶级的思想体系赢得了世界历史性的意义,是因为它并没有抛弃资产阶级时代最宝贵的成就,相反却吸收和改造了两千多年来人类思想和文化发展中一切有价值的东西。"①马克思主义的实践性,在于马克思主义认为"全部社会生活在本质上是实践的"②,马克思主义本身也是在实践中产生,并实践中发展的。正因如此,马克思主义也被称为革命的"实践哲学"。深刻揭示和高度宣扬实践在人类生活和社会发展中的基础性地位和作用,不仅充分显示了马克思主义哲学与以往所有哲学的根本不同,也充分显示了马克思主义具有无限生命力的根源所在。马克思恩格斯在创立马克思主义的过程中,不仅积极参与工人运动,而且将"革命的实践"看成为科学社会主义的本质,强调共产党人应当"参加工人阶级的一切真正的普遍的运动,接受运动的实际出发点"③。马克思主义的真理性,使其具有无穷的自身魅力;马克思主义的实践性,使其具有广泛的群众基础。正因如此,马克思主义具有强大的生命力,成为千百万人民群众追求真理、追求自身解放和全人类幸福的理论武器和精神动力。

马克思主义理论的发展性,这是马克思主义生命力的支撑点。马克思主义的发展性,体现在其时代性、方法论上。马克思主义的时代性,在于马克

---

① 《列宁选集》第 4 卷,人民出版社 1995 年版,第 299 页。
② 《马克思恩格斯选集》第 1 卷,人民出版社 1995 年版,第 56 页。
③ 《马克思恩格斯选集》第 4 卷,人民出版社 1995 年版,第 680 页。

思主义立足时代又与时俱进。马克思恩格斯针对自由资本主义在西欧的发展状况，提出了"两个必然"、"同时胜利论"、"暴力革命论"等，创立了科学社会主义。但随着时代的变化，马克思恩格斯及时关注形势的变化和修改自己的理论观点，又提出了"两个决不会"、"跨越卡夫丁峡谷"、"和平斗争"等，特别是强调"随时随地都要以当时的历史条件为转移"①。根据时代的变化，以历史条件为转移，这就是马克思主义时代观，也是马克思主义能够根据时代发展而不断发展的生命力所在。马克思主义的方法论，在于马克思主义的辩证法是辩证的、发展的认识工具。恩格斯在其逝世前不久有句经典名言，即他指出："马克思的整个世界观不是教义，而是方法。它提供的不是现成的教条，而是进一步研究的出发点和供这种研究使用的方法。"② 这是马克思恩格斯创立和发展马克思主义始终坚持的理论原则，也是留给后人如何对待马克思主义的最重要的政治遗言。是方法，而不是教义，是认识工具，而不是教条，这就是马克思主义的认识论和方法论，也是马克思主义不固守、不僵化、不停滞的奥妙所在。马克思主义的时代性，使其能够与时俱进；马克思主义的方法论，使其能够不断创新。正因如此，马克思主义具有强大的生命力，历经160多年，经列宁主义、毛泽东思想、邓小平理论、"三个代表"重要思想、科学发展观而不断创新发展。

二、列宁主义与马克思主义生命力

列宁主义是"帝国主义时代的马克思主义"，这是马克思主义生命力典型的时代表现。随着第二次工业革命的进行，资本主义进入垄断资本主义即帝国主义阶段。帝国主义阶段资本主义的新变化，使得马克思恩格斯针对自由资本主义所做出的一些论断已经"不合时宜"，需要新的解释和发展。在此背景下，伯恩施坦做出了自己的解释，但实质是修正主义；考茨基等人也做出了自己的解释，但实质是教条主义。针对于此，列宁尖锐地指出："临时应

---

① 《马克思恩格斯选集》第1卷，人民出版社1995年版，第248页。
② 《马克思恩格斯选集》第4卷，人民出版社1995年版，第742—743页。

付，迁就眼前的事变，迁就微小的政治变动，……为了实际的或假想的一时的利益，而牺牲无产阶级的根本利益，——这就是修正主义的政策。"① 同时，列宁还指出："从来没有一个马克思主义者认为马克思的理论是一种必须普遍遵守的历史哲学公式，是一种超出了对某种社会经济形态的说明的东西。"② "马克思主义者从马克思的理论中，无疑地只是借用了宝贵的方法，没有这种方法，就不能阐明社会关系。"③ 这样，列宁不仅批判了修正主义，也批判了教条主义。在此基础上，列宁阐明了自己的主张：帝国主义是资本主义的垄断阶段，表现为经济垄断、金融寡头、资本输出、国际同盟、瓜分世界；帝国主义较之过去有了新变化，但危机更严重；资产阶级有民主让步，但仍然需要无产阶级革命和无产阶级专政；帝国主义发展不平衡，无产阶级革命可以"一国胜利"等等。这样，列宁既坚持了马克思主义的基本原理和基本立场，又根据时代的变化创新发展了马克思主义，紧紧抓住战争与革命的时代主题，将马克思主义推进到一个新的阶段——帝国主义时代的马克思主义——列宁主义阶段，从而使马克思主义在新形势下面临僵化或被"修正"的危机中重新焕发了生机与活力，取得了十月革命的伟大胜利。

列宁主义在社会主义建设中发展，这是马克思主义生命力在苏联辉煌成就中的充分体现。列宁主义，是在同民粹派、"合理的马克思主义"、经济派、孟什维克、社会革命党人、"军事反对派"、"民主集中派"、"工人反对派"等错误思想的斗争中形成和发展的，也是在对自己的理论观点进行不断调整和完善的过程中向前推进的。比如，在革命手段上，二月革命后曾一度幻想革命和平发展，后根据形势的变化坚决提出了武装起义的方针，最终取得了十月革命的胜利。比如，对于资本主义的认识，1905 年革命前与民粹派针锋相对，总体肯定资本主义的长处；十月革命前后，对资本主义的否定和消灭的倾向占据上风；新经济政策中，则对资本主义的长处重新认识，主张利用

---

① 《列宁选集》第 2 卷，人民出版社 1995 年版，第 7 页。
② 《列宁选集》第 1 卷，人民出版社 1995 年版，第 58 页。
③ 《列宁选集》第 1 卷，人民出版社 1995 年版，第 60 页。

资本主义发展社会主义。比如，在社会主义国家与资本主义国家的关系上，认为二者"你死我活"，但在特殊形式下也可以"和平共处"，甚至力排众议与德国缔结布列斯特和约，与西方国家贸易往来。比如，在向社会主义的过渡上，一开始设想的是采取战时共产主义的"直接过渡"，后来转向新经济政策的"迂回过渡"。最为重要的是，列宁能够及时认识自己的错误和不足，及时改正和调整理论和政策。如他说："我们计划（说我们计划欠周地设想也许较确切）用无产阶级国家直接下命令的办法在一个小农国家里按共产主义原则来调整国家的产品生产和分配。现实生活说明我们错了。"① 列宁还有两句名言，那就是"对俄国来说，根据书本争论社会主义纲领的时代已经过去了。我深信已经一去不复返了。今天只能根据经验来谈论社会主义"②。"现在一切都在于实践，现在已经到了这样一个历史关头：理论在变为实践，理论由实践赋予活力，由实践来修正，由实践来检验。"③ 正是根据"经验"和"实践"，正是以发展的观点进行社会主义探索，苏联取得了社会主义建设的伟大成就，迅速成为欧洲第一世界第二的强国，也取得了卫国战争的伟大胜利，从而也充分彰显了马克思主义的强大生命力。

三、毛泽东思想与马克思主义生命力

毛泽东思想是"中国化的马克思主义"，这是马克思主义生命力典型的空间表现。十月革命一声炮响，给我们送来了马克思列宁主义。经过"问题"与"主义"之争，马克思主义在五四时期众多社会思潮中脱颖而出，逐渐成为社会的主流思想。不过，十月革命送来的马克思主义实际上是列宁主义或"俄国化"的马克思主义，再加上共产国际的遥控，中国革命便在一开始以及很长时间内都带有俄国的色彩。如"城市中心论"指导下的三大武装起义，如严重影响中国革命的三次教条主义，等等。正因如此，在俄国曾经显示了

---

① 《列宁选集》第4卷，人民出版社1995年版，第570页。
② 《列宁全集》第34卷，人民出版社1985年版，第466页。
③ 《列宁选集》第3卷，人民出版社1995年版，第381页。

强大生命力的马克思列宁主义,生搬硬套到中国则屡遭挫折,险些葬送了中国革命。在此背景下,要发挥马克思主义的伟大力量,就必须进行创新。对此,毛泽东有过精辟的论断:"马克思主义的伟大力量,就在于它是和各个国家具体的革命实践相联系的。对于中国共产党说来,就是要学会把马克思列宁主义的理论应用于中国的具体的环境。成为伟大中华民族的一部分而和这个民族血肉相联的共产党员,离开中国特点来谈马克思主义,只是抽象的空洞的马克思主义。因此,使马克思主义在中国具体化,使之在其每一表现中带着必须有的中国的特性,即是说,按照中国特点去应用它,成为全党亟待了解并亟需解决的问题。"①可以说,这是对马克思主义生命力的深刻洞察和完美表达。正是在此思想指导下,毛泽东以超人的胆识和魄力走出了一条"农村包围城市"的中国式革命道路,以惊人的智慧和毅力写出了一批"民族化"、"本土化"的中国式马克思主义著作,从而创立了中国化的马克思主义——毛泽东思想。从遵义会议的开始独立自主,到延安时期的全面阐发自身主张,再到新中国的跻身独立民族之林,马克思主义的强大生命力实现了马克思主义从西方到东方、从俄国到中国的成功移植。

毛泽东思想在社会主义建设中的发展,这是马克思主义生命力在中国革命和建设成就中的充分体现。毛泽东思想,是马克思主义与中国革命具体实际相结合的产物,但在建国后乃至社会主义建设中仍得到继续发展。在此指导下,中国取得了土地改革、镇反运动、抗美援朝的伟大胜利,开展了三反五反、平抑物价、统一财经等重大行动,创造了"一化三改"特别是对资本主义工商业的"和平赎买"的辉煌成就。在此后进行社会主义建设的开始阶段,毛泽东就清醒地认识到并明确提出要"以苏为鉴",并论述了社会主义建设中的"十大关系"。从中共八大提出中国社会的主要矛盾已经由阶级矛盾转变为落后的农业国与先进工业国的矛盾,再到把正确处理人民内部矛盾确定为国家政治生活的主题,都反映了毛泽东思想的不断深入发展,所取得的成就也反映了马克思主义的现实生命力。对此,毛泽东曾明确指出:"马克思主

---

① 《毛泽东选集》第 2 卷,人民出版社 1991 年版,第 543 页。

义一定要向前发展,要随着实践的发展而发展,不能停滞不前。停止了,老是那么一套,它就没有生命了。"① 批评与自我批评,是毛泽东思想的一大贡献,也是其自身不断发展的推动力。尽管在此后的反对右倾扩大化、"大跃进"、人民公社化、"文化大革命"中,毛泽东在"左"倾思维中愈陷愈深,但也没有丢掉自我批评这一"法宝"。最为典型的是在七千人大会上,毛泽东又一次开诚布公地自我批评"自己的缺点和错误":"似乎我的错误就可以隐瞒,而且应该隐瞒。同志们,不能隐瞒。凡是中央犯的错误,直接的归我负责,间接的我也有份,因为我是中央主席。我不是要别人推卸责任,其他一些同志也有责任,但是第一个负责的应当是我。"② 他又说:"如果有人说,有哪一位同志,比如说中央的任何同志,比如说我自己,对于中国革命的规律,在一开始的时候就完全认识了,那是吹牛,你们切记不要信,没有那回事。"③ 当然,毛泽东晚年的错误本身也是违背了毛泽东思想的,而纠正这些错误也需要用发展的毛泽东思想作为武器。只有这样,才能更好地恢复和发挥马克思主义的生机和活力。

四、中国特色社会主义理论体系与马克思主义生命力

邓小平理论与解放思想,这是马克思主义生命力在时代主题转变条件下的劫后重生。在传统社会主义的僵化体制下,马克思主义的生命力也受到极大限制和摧残。"文化大革命"结束后又出现了"两个凡是",中国社会发展处于"徘徊"状态。对此,邓小平高呼:"我们不能够只从个别词句来理解毛泽东思想,而必须从毛泽东思想的整个体系去获得正确的理解。……毛泽东思想是个体系,是发展了的马克思主义。"④ 从而揭开了"解放思想"、改革开放的序幕。随着苏东剧变,马克思主义"过时论"、"失败论"、"死亡论"、"终结论"等甚嚣尘上。对此,邓小平指出:"我坚信,世界上赞成马克思主

---

① 《毛泽东文集》第7卷,人民出版社1999年版,第281页。
② 《毛泽东文集》第8卷,人民出版社1999年版,第296页。
③ 《毛泽东文集》第8卷,人民出版社1999年版,第300页。
④ 《邓小平文选》第2卷,人民出版社1994年版,第43页。

义的人会多起来的,因为马克思主义是科学。……不要惊慌失措,不要认为马克思主义就消失了,没用了,失败了。哪有这回事!"① 从而稳定了中国特色社会主义的发展方向。作为中国特色社会主义的总设计师和开创者,邓小平不仅搭建起了中国特色社会主义伟大事业的基本框架,更为重要的是提供了建设的指导思想和基本方法,那就是解放思想,大胆创新。特别是在马克思主义的指导思想上,邓小平提出了许多卓有见识的精辟论断。如实事求是是马克思主义的思想基础,学马列要精、要管用,不能忘记"老祖宗"又要不断创新,等等,从而解决了长期以来困扰人们的"什么是马克思主义,怎样对待马克思主义"的根本问题。邓小平还有两句名言,就是:"只有结合中国实际的马克思主义,才是我们所需要的真正的马克思主义。"②"必须根据现在的情况,认识、继承和发展马克思列宁主义。"③这就是说,真正的马克思主义必须与"中国实际"和"现在情况"相结合,才能够得到发展,才具有生命力。正因如此,邓小平理论作为与中国实际和时代特征相结合的马克思主义,不仅给中国带来了改革开放的春天,也使马克思主义的生命力在中国特色社会主义的春天里得到空前绽放。

"三个代表"重要思想与与时俱进,这是马克思主义生命力在世纪之交的昂首阔步。苏东剧变使整个世界社会主义运动陷入低潮,马克思主义的生命力一直遭受质疑;世纪之交世界各国一些大党老党的失政垮台乃至亡党亡国,使中国共产党为代表的马克思主义政党也面临严峻挑战;中国共产党的一些党员干部的贪污腐化,也使人们对进入关键期的中国改革开放的前景产生困惑。针对这一局面,受命于危难之际的江泽民提出了"三个代表"重要思想和建设社会主义政治文明、社会主义市场经济的战略构想。这些重要思想和构想,是马克思主义具体理论的新概括,也是马克思主义指导思想的新发展。与此相适应,江泽民提出了与时俱进的马克思主义观。如马列主义、毛泽东思想不能丢,丢了就丧失根本;离开本国实际和时代发展来谈马克思主义,

---

① 《邓小平文选》第3卷,人民出版社1993年版,第382—383页。
② 《邓小平文选》第3卷,人民出版社1993年版,第213页。
③ 《邓小平文选》第3卷,人民出版社1993年版,第291页。

没有意义；把马克思主义同它在现实生活中的生动发展割裂开来、对立起来，没有出路。如马克思主义的基本原理任何时候都要坚持，马克思主义又具有与时俱进的理论品质，马克思、恩格斯、列宁、毛泽东和邓小平都为我们做出了理论联系实际和理论创新的光辉典范。如确立以实际问题为中心研究马克思主义的方法，是我们党一贯倡导的科学方法论。如创新是一个民族进步的灵魂，是一个国家兴旺发达的不竭动力，也是一个政党永葆生机的源泉；创新就要不断解放思想、实事求是、与时俱进。江泽民也有两段发人深省的论断："一是必须坚持马克思主义的立场、观点、方法，坚持马克思主义的基本原理。这一点，要坚定不移，不能含糊。二是一定要贯彻解放思想、实事求是的思想路线，坚持勇于追求真理和探索真理的革命精神。这一点，也要坚定不移，不能含糊。我认为，这两个'坚定不移'、两个'不能含糊'，始终是检验我们是不是真正的马克思主义者的试金石。"[①] "必须使全党始终保持与时俱进的精神状态，不断开拓马克思主义理论发展的新境界。坚持党的思想路线，解放思想、实事求是、与时俱进，是我们党坚持先进性和增强创造力的决定性因素。……能否始终做到这一点，决定着党和国家的前途命运。"[②] 将对待马克思主义的态度置于"试金石"、"前途命运"的地位，这是中国共产党"岁老根弥壮、阳骄叶更阴"的奥妙所在，也是马克思主义保持与时俱进强大生命力的奥妙所在。

科学发展观与求真务实，这是马克思主义生命力在新阶段下的理性推进。随着新千年的到来，站在 21 世纪的起点上，人们开始反观和反思自己的发展历史。工业革命曾经使资本主义乃至整个人类社会的经济迅速发展，给人类带来了物质上的富足，乃至形成了拜物主义或 GDP 至上，但也导致了人口的迅速增长、资源的日益短缺、环境的逐渐恶化、贫富差距逐渐拉大、全球金融危机等问题。这些曾为马克思主义经典作家们所预见，因而也为马克思主义在当代焕发生机提供了契机（如 2008 年金融危机后《资本论》的畅销，人们对"马克思老爹又回来"的欢呼）。中国发展六十年，取得了举世瞩目的成

[①] 《江泽民文选》第 3 卷，人民出版社 2006 年版，第 335 页。
[②] 《江泽民文选》第 3 卷，人民出版社 2006 年版，第 537 页。

就，但也出现过大轰大嗡、忽冷忽热的各种各样的问题，特别是长期以来的高消耗、高能耗、高污染的粗放型发展模式，带来了一系列严重问题（如2003年"非典"的肆虐，成为这些问题和矛盾积累爆发的代表）。长期积累的老矛盾、前所未有新问题，使马克思主义政党面临新的挑战。马克思主义如果不能认识、回答和解决这些问题，其科学性和生命力又将重新受到质疑，马克思主义政党的合法性和执政地位也将受到威胁。正是在此背景下，胡锦涛"立足社会主义初级阶段基本国情，总结我国发展实践，借鉴国外工作经验，适应新的发展要求"①，提出了科学发展观。由此可见，科学发展观是马克思主义生命力在当代中国需要展现的产物，也是其得以展现的证明。因为"解放思想、实事求是、与时俱进、求真务实，是科学发展观最鲜明的精神实质"②。作为中国化马克思主义的崭新成果，科学发展观始终在昭示这样一个道理，即："《共产党宣言》发表以来近一百六十年的实践证明，马克思主义只有与本国国情相结合、与时代发展同进步、与人民群众共命运，才能焕发出强大的生命力、创造力、感召力。"③

中国梦与继往开来，这是马克思主义生命力在新的起点上的英姿勃发。实现社会主义和共产主义，是马克思主义的终极目标，也是整个人类社会孜孜以求的美好愿景。正因如此，为了这一目标许多仁人志士前赴后继，抛头颅、洒热血，谱写了一曲曲"马克思主义生命力"之歌。党的十八大以来，以习近平为总书记的新一代领导集体，坚持马克思主义的基本原理，立足中国特色社会主义的伟大实践，总结历史，放眼未来，高瞻远瞩，贯微洞密，提出了"中国梦"的治国理政重大战略思想。中国梦的提出，符合马克思主义的历史唯物主义和辩证唯物主义，因为中国梦立足于中国历史和现实，是建党90多年、建国60多年、改革开放30多年探索的结果，"是在对近代以来170多年中华民族发展历程的深刻总结中走出来的，是在对中华民族5000

---

① 《中国共产党第十七次全国代表大会文件汇编》，人民出版社2007年版，第13页。
② 《中国共产党第十八次全国代表大会文件汇编》，人民出版社2012年版，第9页。
③ 《中国共产党第十七次全国代表大会文件汇编》，人民出版社2007年版，第11—12页。

多年悠久文明的传承中走出来的"①，清醒地认识到中国由四大文明古国之一的辉煌到近代的"落后挨打"再到今天的经济总量世界第二的历史演变和现实方位，清醒地认识到"现在，我们比历史上任何时期都更接近中华民族伟大复兴的目标，比历史上任何时期都更有信心、有能力实现这个目标"②。中国梦的提出，体现了中国发展历史的继往开来，习近平和其他十八届中央常委集体参观《复兴之路》时首提"中国梦"的核心主题就是"承前启后，继往开来"；也体现了习近平马克思主义观的继往开来。如习近平曾强调："学习和掌握马克思主义立场观点方法，是深入学习中国特色社会主义理论体系、提高思想理论水平的根本要求"，"坚持实事求是，一定要同解放思想、与时俱进有机统一起来"③；"推进马克思主义中国化，一定要以科学态度对待马克思主义，正确处理坚持和发展、一脉相承和与时俱进的辩证统一关系"④；"要把系统掌握马克思主义基本理论作为看家本领，老老实实、原原本本学习……学会运用马克思主义立场、观点、方法观察和解决问题，坚定理想信念。"⑤ "中国梦"的相关概念和理论内涵，不仅是马克思主义基本原理与中国实际与时代特征相结合的理论结晶，是中国特色社会主义理论体系的最新成果和重要组成，而且显示了马克思主义的现实生命力，显示了中国道路、中国精神、中国力量的蓬勃生机。

（此文载于《理论导刊》2014 年第 1 期）

---

① 习近平：《在第十二届全国人民代表大会第一次会议上的讲话》，载《人民日报》，2013 年 3 月 18 日。

② 习近平：《承前启后 继往开来 继续朝着中华民族伟大复兴目标奋勇前进》，载《人民日报》，2012 年 11 月 30 日。

③ 习近平：《深入学习中国特色社会主义理论体系 努力掌握马克思主义立场观点方法》，载《求是》，2010 年第 3 期。

④ 习近平：《不断推进马克思主义中国化 坚持中国特色社会主义道路》，载《人民日报》，2011 年 6 月 21 日。

⑤ 习近平：《胸怀大局把握大势着眼大事 努力把宣传思想工作做得更好》，载《人民日报》，2013 年 8 月 21 日。

马克思历史分期理论的生成逻辑及方法论意义

陈兆芬①

摘　要：马克思在对人类主体发展历史过程的考察中，始终以人类主体与客体的矛盾关系为逻辑主线，生成了三个具有时序性的逻辑：人类主体精神是历史分期理论的逻辑起点；人类主体现状是历史分期理论的逻辑落点；人类主体解放是历史分期理论的逻辑旨归。这一生成逻辑内在地包含着马克思从历史分期理论的主体向度上认识和批判资本主义社会主客体颠倒的不合理现象，探求出了人类社会从资本主义这种不合理的生产方式走向共产主义的内在规律，为无产阶级起来革命寻求到了科学的理论根据，对从理论上分析人类从必然王国走向自由王国的社会历史必然性具有方法论的意义。

马克思的历史分期理论是我国学术界颇为关注的研究课题。众多学者分别从不同的视角入手，并以马克思主义经典著作中的文献论据为支撑，目的在于想从马克思关于历史分期的丰富论述中寻找出其内在的必然联系，以给马克思关于人类历史阶段的划分依据提供一个合理的界说。但鉴于马克思文本中有关历史阶段划分的复杂性，学界至今没有形成一个公认的、无可争议的马克思关于世界历史的图式。本文从解读马克思在不同时期的著作中，甚至在同一时期的同一著作中出现的对于历史的不同分期的文本现象出发，试着探讨马克思本人之所以有意用一种分期取代另一种分期的理论依据，因为

---

① 陈兆芬（1972—），女，山东平阴人，聊城大学政治与公共管理学院讲师，河海大学马克思主义学院博士生，研究方向为马克思主义基本原理。

历史阶段划分的依据决定着具体的阶段划分，而且只有根据这一依据，才能正确地科学地解释各种社会现象及其产生和发展，才能还原马克思历史分期理论一个合乎逻辑的明晰性。

一、生成逻辑的起点：人类主体精神

众所周知，青年马克思是在19世纪40年代的德国开始自己的理论活动的，因此，他不可能不受到当时德国精神环境的影响，尤其黑格尔主体颠倒的思辨哲学神秘主义影响，这使年轻的马克思也没有超越用抽象的人去解释人类历史和社会现象的唯心主义视域。马克思从黑格尔肯定主体（精神）是自然地脱离实体生活，"也就是脱离受自然制约的生活"的前提出发①，将历史阶段区分为自然起主导作用的古代社会和人的精神占主导地位的近代社会，即"新世界"②。在马克思看来："古代世界起源于自然，起源于实体的东西。贬低和亵渎自然，实质上意味着同实体的、纯粹的生活决裂；新世界起源于精神，它可以轻易地从自身摆脱另一种东西，即自然"。③ 在远古时代，人类生存并未彻底摆脱自然母亲的依赖，人仍然和动物一样在自然生产中维系自身的生命；并且随着时间的推移，人靠着内在的精神（理性）的作用，逐步成为自然的主人，因此，"对于古代人来说，自然的作用是前提，而对于近代人来说，精神的作用是前提。"④ 显然，我们看到此时的马克思关于历史分期理论的源头是囿于黑格尔那种表征人类主体性的客观精神和理性，即绝对精神，表现了马克思在历史分期上把超越社会历史发展的人类主体（精神）与实体性的自然历史过程明确对置起来的理论倾向，这种以主体观念与对象的关系为基点的理论逻辑是先验的、抽象的，远离社会客观历史现实的，也是不可能得到科学界定的。所以我国知名学者张一兵教授指出"这几乎不能算

---

① 《马克思恩格斯全集》第40卷，人民出版社1982年版，第65页。
② 《马克思恩格斯全集》第47卷，人民出版社2004年版，第63页。
③ 《马克思恩格斯全集》第40卷，人民出版社1982年版，第52页。
④ 《马克思恩格斯全集》第40卷，人民出版社1982年版，第61页。

得上是马克思对历史分期的看法"。① 但是，在这里我们的确看到了马克思研究历史分期中那种从人类主客体之间的矛盾关系入手崇尚人类主体能动话语的倾向性，这只不过是有着常人都经历过的成长过程中的青年马克思在黑格尔哲学光环下，从唯心主义向一般唯物主义转变前的基质差异而已。鉴于此，这可以作为马克思历史分期理论的逻辑起点。

二、生成逻辑的落点：人类主体现状

随着早期资本主义生产方式的进一步发展，社会矛盾的尖锐化和阶级关系的明朗化，揭开历史之谜和社会现象本质的条件趋于成熟。1842年大学毕业的马克思在《莱茵报》工作期间真实地接触到现实问题后发现：现实生活中精神本质的异化并非黑格尔所推崇的那种崇高理念的对象化实现，而更多的是人类主体屈服于外界物质对象或客观力量的人与物关系的颠倒，这是真实的现实客观性和人类主体能动性的第一次直接对置。那么如何探究这种可悲的人类理性的历史颠倒，马克思通过自己的理论探索，终于找到了摆脱理论困境的出路，开始把研究的基点放在探讨"现实的人"和"人的世界"，从此在马克思的社会历史理论中，自我清算头脑中存在着的唯心主义世界观和对现实存在状况否定性的社会历史批判成为其重要的理论生长点。1843年马克思在《黑格尔法哲学批判导言》中指出：黑格尔思辨的思维是一种十足的头足倒置，因为在黑格尔那里把"理念变成了独立的主体，而家庭和市民社会对国家的现实关系变成了理念所具有的想象的内部活动。实际上，家庭和市民社会是国家的前提，它们才是真正的活动者"，② 也就是说，不是理念决定社会现实，不是法和国家的政治观念产生社会，而是现实的"市民社会"决定国家和法的观念，因此"对现代国家制度的真正哲学的批判，不仅要揭露这种制度中实际存在的矛盾；而且要解释这些矛盾，真正哲学的批判要理

---

① 张一兵：《马克思历史辩证法的主体向度》，河南人出版社1995年版，第223页。
② 《马克思恩格斯全集》第1卷，人民出版社1956年版，第250—251页。

解这些矛盾的根源和必然性，从它们的特殊意义上来把握它们，"① 即"哲学家们只是用不同的方式解释世界，问题在于改变世界"②，这是马克思对社会历史观察中的一条唯物主义逻辑线索。当然，我们知道，马克思批判黑格尔哲学是与费尔巴哈唯物主义的启发分不开的。正是费尔巴哈那种把整个世界复归于人类主体的观点深深触动了正厣于黑格尔式的精神理性和平等自由与社会现实颠倒困惑中的马克思，也就是说"费尔巴哈的那种要求人的本真存在状态（应该具有的类本质）人本主义逻辑，与青年马克思原来对人类主体地位的关注在理论深层意向上恰恰是可以整合的"③。但是，此时马克思眼中的"人"，已不仅仅是费尔巴哈那种自然意义上的人，而是结合了家庭、财产和"市民社会"等具体的社会关系的人。由此在《黑格尔法哲学批判导言》中，马克思按照市民社会和国家的关系，第一次明确提出了将人类社会划分为古代社会、"人类史上的动物时期"的中世纪专制制度、通过"人的政治解放"获得的资本主义时代，以及未来通过"人类解放"才会到来的真正民主制度（共产主义）的"历史分期"。在马克思看来：中世纪封建专制制度只是使人脱离规定性所摆布的动物状态；即使将人类社会从中世纪封建制度解脱出来的资本主义政治解放也没有使人真正摆脱某种限制，它仍然维系着一种新的社会异化，这种异化"使人的实物本质，即某种仅仅是外在的、物质的东西脱离了人，它不认为人的内容是人的真正现实"④。换而言之，中世纪人的非主体化是来自自然规定性的限定；而在资本主义文明时代，人的非主体化则是一种人造的非人力量支配着。显然，此时的马克思对社会历史过程做历时性动态观察，确定人类社会历史的主导方面时，不再是从先验的抽象的"人"出发，而是开始把人类主体的现实异化状况作为其研究历史分期的逻辑落点。

---

① 《马克思恩格斯全集》第1卷，人民出版社1956年版，第359页。
② 《马克思恩格斯选集》第1卷，人民出版社1995年版，第57页。
③ 张一兵：《马克思历史辩证法的主体向度》，河南人出版社1995年版，第43页。
④ 《马克思恩格斯全集》第1卷，人民出版社1956年版，第346页。

到1844年马克思已经形成了比较完整的人本主义异化观，其中《1844年经济学哲学手稿》是他批判地研究德国哲学、资产阶级政治经济学和空想社会主义的最初成果。书中马克思把德国哲学广为使用的异化概念同私有制的统治和由私有制的统治所产生的社会制度联系起来，以人类主体本质——劳动为逻辑主线把社会历史设定为没有发生异化的人类主体生存状态、作为私有制和劳动异化存在的资本主义，以及扬弃和消灭了劳动异化和私有制的未来社会——共产主义，从这里"我们看到马克思十分激烈地批判和否定了历史发展中人（无产阶级）丧失历史主体地位的经济异化现象，同时马克思为了寻求无产阶级革命的理论根据，很自然地把历史分析与共产主义运动结合在一起，从而形成了马克思在寻求社会历史主导因素为主线的以劳动异化及其扬弃为核心的理论逻辑构架，以及马克思用这种逻辑尺度对资本主义经济生活的更加深刻而系统的价值伦理批判"，① 这也标志着马克思在历史分期理论的研究中开始把人类主体和外部客体的矛盾关系的研究思路从原来那种抽象人学的"应该"转向历史唯物主义的科学思路之上，从而为马克思科学的历史分期理论的形成提供了理论前提。

可以说，马克思科学的历史分期理论是在标志着唯物史观第一次得到系统阐述的《德意志意识形态》一书中形成的。书中马克思第一次使用了"所有制形式"这个概念，并以生产决定分工，分工决定所有制的历史唯物主义为准绳，把人类社会历史上的不同生产阶段区分为"部落所有制——古代所有制——封建所有制——资本主义所有制"以及共产主义②。显然，马克思这种划分社会形态不同时期的落点是放在了客观社会实践的历史进程中，特别是由物质生产水平所制约的社会结构性质之上，那么，这是不是意味着马克思在创立了科学的历史观之后，就抛弃了对人类主体地位的关注了呢？答案是否定的，因为马克思在历史分期理论的研究中不但没有放弃从人类主体和外部客体矛盾关系入手的主体能动性话语，而且把它建立在一定的客观实践

---

① 张一兵：《马克思历史辩证法的主体向度》，河南人民出版社1995年版，第58页。
② 《马克思恩格斯选集》第1卷，人民出版社1995年版，第68—70页。

水平和生产力的具体历史发展状况之上。比如，马克思将所有制形式中的前三种称之为人类主体经常受到自然力量支配的"自然形成的社会"；而在资本主义所有制所创造的"文明"社会里，人类主体却再一次被他们自己创造出的劳动产品所奴役和支配。因此马克思指出只有以人类主体"自主活动"为核心的未来共产主义社会，才能够实现人类主体科学地支配物质力量，可见，马克思探讨历史分期理论的落点，不但没有抛弃关注人类主体的焦点，反而以主体在客观历史过程的现实的具体地位为基本线索，并将历史分期理论的逻辑旨归引向人类主体的解放。

三、生成逻辑的旨归：人类主体解放

随着马克思科学历史观的确立，马克思关于历史分期理论的研究就实现了从思辨的人类主体向现实的具体的人类主体的话语转换，而且马克思在对人类主体处于不同社会历史形态中的独特状况进行反思的过程中，探求出了人类社会从资本主义这种不合理的生产方式走向共产主义的内在逻辑，有了这样一个逻辑参照系，马克思历史分期理论的逻辑旨归即人类主体的解放就彰显出来。1847年后，在《资本论》及其手稿中，马克思以人类主体在历史发展中的质点不同，将人类历史发展划分为三个大的形态。一是："以人的依赖关系（起初完全是自然发生的），是最初的社会形态，在这种形态下，人的生产能力只是在窄狭的范围内和孤立的地点上发展着"，人类主体在自己的生活过程中只是"直接地从自然界再生产自己"。① 二是：以物的依赖性为基础的人的独立性，是第二大形态，在这种形态下，"人的物质生产占据了客观主导地位，成为社会发展的主动轮，并且人类主体也由此创造出以自己生产物为直接基础的新的社会生存条件，人的确在物质生产中现实地实现了自己的主体性"。② 但是马克思发现，在这个财富不断扩大和增长的王国里，人的物质生产活动却表现为对人来说"不是肯定自己，而是否定自己，不是感到幸

---

① 《马克思恩格斯文集》第8卷，人民出版社2009年版，第51页。
② 张一兵：《马克思历史辩证法的主体向度》，河南人民出版社1995年版，第240页。

福,而是感到不幸,不是自由地发挥自己的体力和智力,而是使自己的肉体受折磨,精神遭摧残"①,而且人类主体自己创造的物质生产却颠倒地成为了奴役和统治人的主导性的非主体的客观外部力量。三是:"建立在个人全面发展和他们共同的、社会的生产能力成为从属于他们的社会财富这一基础上的自由个性"的共产主义社会②,而且马克思把共产主义社会以前的社会发展确定为人类社会的"史前时期"③,在这个时期人类的社会历史活动都呈现出一种不自主的非主体状态。当然,马克思绝不会像资产阶级学者那样维护这种物役性和似自然性现象的永恒存在,相反,马克思历史分期哲学思考的内在要求必然是否定这种不合理的历史现象。马克思深刻指出,人类社会在史前时期出现的这种非主体因素占主导地位的历史现象的消除,只有经由资本主义社会生产力发展来创造条件,人类社会才有可能"培养社会的人的一切属性,并且把他作为具有尽可能丰富的属性和联系的人,因而具有尽可能广泛需要的人生产出来",以便"形成普遍的社会物质变换,全面的关系,多方面的需求以及全面的能力的体系"④,在这种情况下,人类主体才能历史地超越这种异化状态,进入"建立在个人全面发展和他们共同的、社会的生产能力成为从属于他们的社会财富这一基础上的自由个性"的共产主义社会⑤,从而获得社会存在上的"更大的自由",即个人从原来的依附关系中解放出来的主体自由。由此可见,马克思历史分期理论的思考逻辑必然是否定了人类社会在史前社会形态中出现的这种主客体颠倒的不合理状态,肯定了未来的共产主义社会才是人类主体能够重新获得在社会历史发展中的主导性支配地位的"自由王国"。换言之,马克思直接把基于物质生产力的产品交换和依赖关系,把人与物的关系同人本身发展的状况联系起来,即抽象掉了其他一切社会关系的中介,凸显了人的社会发展目的本身,进而使人类在现实的历史进程中

---

① 《马克思恩格斯全集》第42卷,人民出版社1979年版,第93页。
② 《马克思恩格斯文集》第48卷,人民出版社2009年版,第52页。
③ 《马克思恩格斯全集》第20卷,人民出版社1971年版,第33页。
④ 《马克思恩格斯文集》第48卷,人民出版社2009年版,第52页。
⑤ 《马克思恩格斯文集》第8卷,人民出版社2009年版,第104页。

从主客体颠倒的"必然王国"跨入自身全面发展"自由王国"的人类主体解放成为马克思历史分期理论的逻辑旨归。

四、生成逻辑的方法论意义

马克思关于历史分期的看法虽然有着从唯心主义向一般唯物主义转变的基质差异，但在理论研究的逻辑主线上倒是十分一致，这就是以主客体矛盾的辩证关系为理论中轴线，并始终让人类主体在社会历史发展中占逻辑上风，这一逻辑内在地包含着马克思从人类主体向度上认识和批判资本主义社会主客体颠倒的不合理现象，即人的异化逻辑，也为从理论上分析人类从必然王国走向自由王国的社会历史必然性起着一种方法论的意义。

（一）马克思批判地继承了黑格尔的历史与逻辑统一的方法。"历史和逻辑相统一"是马克思主义方法论的一个基本命题，而实际上最早是黑格尔为了解决"理性"把握历史规律的可能性问题而提出来的，此后始终贯彻于他对哲学史、政治史等绝对精神发展进程的研究。历史与逻辑统一这一方法的提出，对哲学和历史学研究的意义是划时代的，恩格斯指出："黑格尔第一次——这是他的巨大功绩——把整个自然的、历史的和精神的世界描写为一个过程，即把它描写为处在不断的运动、变化、转变和发展中，并企图提示这种运动和发展的内在联系。"[①] 马克思在历史分期理论的研究中批判地继承了黑格尔的历史与逻辑相统一的方法，始终以历史是逻辑的基础和内容为原则，从人们长期的历史实践活动中总结抽象出合乎自然规律和人的思维规律的人类主客体的矛盾关系，并以逻辑是历史的理论再现的方式对人类主体在实践活动中所发生的与各种事物之间的关系给予了历史阶段的划分，实现了历史与逻辑的辩证统一。正所谓"历史从哪里开始，思想进程也应当从哪里开始，而思想进程的进一步发展不过是历史过程在抽象的，理论上前后一贯的形式上的反映"。但是这种思想进程和历史进程的一致绝不是形而上学的同

---

① 《马克思恩格斯全集》第 20 卷，人民出版社 1971 年版，第 26 页。

一,而是"经过修正的,然而是按照现实的历史过程本身的规律修正的"①,简而言之,逻辑的东西是经过修正的,历史的东西是用概念等思维形式表现出来的。不过这种理论上的"修正"并不违背历史,而是以更加严密的逻辑形式深刻地再现历史过程的规律性,这就是历史与逻辑相统一方法的实质所在。没有历史的逻辑,只是空洞的形式逻辑;没有逻辑的历史,只是无根的事实历史。这就告诉人们对马克思历史分期理论进行研究过程中不能有任何先入之见,不能仅仅停留在马克思文本的一些外在的规定性上,而应该从历史实际出发,拨开覆盖于历史本质之上的重重迷雾,实事求是地得出科学的结论。

(二) 马克思正确地运用了历史辩证法主客体向度统一的方法。对待历史辩证法,仅仅抓住其主体方面,往往会夸大主体意志在历史发展中的作用。仅仅抓住其客体方面,往往又会忽视主体的作用,使主体处于消极被动的地位。对此马克思在《费尔巴哈提纲》中对旧唯物主义机械决定论做出清算时,指出费尔巴哈对于自然和社会现实只是从客体的直观形式去理解,而没有从主体能动的实践方面去理解。那么主客体能否实现一种辩证融合呢?我们可以在马克思的历史分期理论研究中找到答案。马克思从历史辩证法的客体向度与主体向度的辩证统一的逻辑出发,把人类主体与客体之间的矛盾关系定位于：物质资料生产及其方式的积累与人类主体的解放和自由之间的辩证关系,这是因为,一方面"我们首先应当确定一切人类生存的第一个前提"②,即吃喝住穿以及其他一切东西；另一方面,物质资料的生产及其方式的历史演变并非能够离开人的活动,它根本上也是为了人和服务于人类主体的需要,而"推动人类主体的发展和解放正是物质资料生产及其方式历史更迭的目标和价值所在"③。换而言之,马克思在历史分期理论的研究中深刻揭示了人类社会历史发展的内在规律,即作为人类社会所依存的现实的物质生产和再生产这个基础(客体向度)与人类主体的能动实践以及通过能动实践追求不断

---

① 《马克思恩格斯选集》第 2 卷,人民出版社 1995 年版,第 43 页。
② 《马克思恩格斯文集》第 1 卷,人民出版社 2009 年版,第 531 页。
③ 禹国峰：《现代性的历史定向、解构路径与解构方法——以马克思人类历史分期理论为视角》,载于《云南社会科学》,2007 年第 6 期。

解放的成长过程（主体向度）是历史的辩证的统一。显然，在马克思这里，人的因素和物的因素都受到了重视，而且物的因素是基础性的因素，人的因素则是创造性的因素，人是实践的主体，也是实践的目的。也如，我们通过社会主义的市场经济有效地发展物质生产力，并不是我们社会主义发展的最终目的，社会主义的市场经济仅仅是我们达及社会经济文化现代化的手段，是为将来的共产主义实现人类主体的解放准备基础。中国特色社会主义今天的建设，恰恰是为了在一个更加坚实的高度发展的物质生产力水平之上，创造明天人类主体的真正解放和全面自由发展，实现历史辩证法的客体向度和主体向度的历史统一。

总之，人是社会历史的主体，是世界大舞台上"演出"的主角。人本身的发展既是社会历史活动的结果，也是衡量社会历史进步的尺度。然而在私有制占主体地位的阶级社会，人的发展与社会进步并不是一致，因为只有那些掌握和控制生产条件和发展条件的少数人，才能自由和全面地发展其能力和个性，但那些没有生存和发展条件支配权的大多数人，则丧失了自由和全面发展其能力和个性的权利。马克思通过对人类主体处于不同社会历史形态的独特状况的反思，探求出了人类社会从资本主义这种不合理的生产方式走向共产主义的内在逻辑，为无产阶级起来革命寻求到了科学的理论根据，即人类主体自由个性的解放是区别于资产阶级旧社会的未来社会应该实现的理想目标和必须坚持的根本原则，也是马克思科学历史分期理论的逻辑旨归。

（此文载于《广西社会科学》2014年第3期）

马克思主义权力观的动态分析

宋义明　张　娟[①]

摘　要：权力观是人们对于权力这一社会现象的基本的理论解读和观点。马克思主义权力观是被历史证明了的科学的正确的理论。中国共产党作为以马克思主义理论为指导的执政党，如何认识权力，如何对待权力，不只是共产党人的信仰问题，而且是关系我国长治久安的重大课题。

权力观是人们对于权力这一社会现象的基本的理论解读和观点。马克思主义权力观是被历史证明了的科学的正确的理论。中国共产党作为以马克思主义理论为指导的执政党，如何认识权力，如何对待权力，不只是共产党人的信仰问题，而且是关系我国长治久安的重大课题。

一、马克思主义权力观的内涵

权力作为一种社会现象，是随着社会的发展和进步而不断演变的。权力观是指人们对国家权力的来源、权力的配置机制、权力的运行机制、权力的监督机制等问题所阐述的科学化和系统化的根本观点。

马克思主义权力观是指马恩列斯及其中国共产党的理论家和领导者关于权力问题的解读和看法，主要涵盖了对权力出处、权力的配置机制、权力的

[①] 宋义明（1979—），男，山东聊城人，聊城大学政治与公共管理学院分团委书记、讲师，研究方向为执政党建设。张娟（1982—），女，山东聊城人，聊城大学外国语学院讲师，研究方向为外语文学。

运行机制、权力的监督机制等问题所阐述的科学化、系统化的论述。

马克思主义认为，人类社会的生存和发展有其自身的规律，只有善于发现并遵循这种规律，社会才会发展，人类才会进步。权力作为一种特殊社会事物，其实现过程也必然有其自身的规律。马克思主义权力观对权力动态过程的论述，就是一个发现权力实现规律的过程。

二、马克思主义权力观的动态分析

马克思主义对于权力的动态过程进行了深刻的分析。所谓权力的动态过程，就是权力的实现过程，即权力主体通过把自己的意志强加于客体，使客体的行为发生改变来实现自己意志的过程。权力的实现是一个复杂的动态的体系，按时间的逻辑顺序可以分为权力的配置机制、权力的运行机制和权力的监督机制。一个科学有序的权力实现，应该是这三种机制设置合理高效，相互协调，这样才能防止出现权力的腐败。

（一）从权力的配置机制分析

1. 权力配置机制的概念

权力的配置是指根据国家权力的性质和职能的不同，按照民主集中制的要求，合理规范各种权力的运行范围，从而形成一个总体平衡同时又相互制约的权力结构。权力配置包括宏观和微观两个方面。宏观的权力配置，主要是指各级政府之间以及国家机关之间依据职权的不同而产生的权力划分；微观的权力配置，是指在一个机关内部，按照一定的组织原则做出的行使职权的程序和职能的规定。

权力配置是一个国家政治体制的坚核，是权力实现的基础和前提。因此，权力配置机制是否科学合理直接决定一个国家的政权稳定。权力设置必须遵循一定的原则，在此我们必须要强调的是适度分权的原则。

2. 权力配置机制必须坚持适度分权的原则

适度分权是权力配置的核心内容。权力的配置机制，关系到权力的运行是否符合权力的主体的意志和利益,关系到权力目的能否得到实现。①

马克思主义适度分权的理论主要体现在:一是在微观的权力配置层面上要反对"一把手"集权。党委讨论,党委书记是"班长",应做好带头作用,但在做出决定时,地位是平等的。邓小平在《党和国家领导制度改革》中,对于权力过分集中的问题,进行了尖锐的批评,指责它在干部中形成了人身依附关系。邓小平同志认为:"从党和国家的领导制度、干部制度方面来说,主要的弊端是官僚主义现象,权力过分集中的现象,家长制的现象,领导干部职务终身制现象和形形色色的特权思想。"②邓小平一针见血地指出了权力过度集中必然会产生腐败。胡锦涛同志非常重视党内民主,反对一把手集权,主张民主集中制,积极探索发展党内民主的有效途径和方式,健全各项党内的民主决策机制,充分调动广大党员的积极性。要通过发扬党内民主,加强对主要领导的权力约束,防止权力异化为谋取私利的工具。党内民主有利于党的创新,有利于巩固党的团结统一。二是在宏观的权力配置层面上要反对党政不分。革命导师列宁在领导苏维埃俄国的革命和建设中,就充分重视合理分权的重要性和必要性。列宁认为党政要分开,不能以党代政,他强调"党的任务则是对所有国家机关的工作进行总的领导,不是像目前那样进行过分频繁的、不正常的、往往是琐碎的干预。"③党政不分的现象会严重干扰了行政机关的权力运行效率,导致了大量社会资源的浪费。

长期以来,有些人将马克思主义权力思想等同于集权思想,并以此为理论指导,进行社会主义革命和建设。建国以来,我国施行高度集权的政治体制,为此我国付出了惨重而深刻的代价。文化大革命是高度集权的直接结果。在十年文革期间,我国的工农业生产处于停滞状态,热衷于搞阶

---

① 吴振钧:《权力监督与制衡》,中国人民大学出版社2006年版,第276、96页。
② 《邓小平文选》第2卷,人民出版社1994年版,第328—329页。
③ 《列宁全集》第43卷,人民出版社1987年版,第64页。

级斗争，导致主要领导者的权力凌驾组织之上，"一言堂"、"家长制"取代了民主集中制，而一些重大决策频频失误，严重干扰了社会主义现代化的正常进行。

上世纪80年代末90年代初，苏联和东欧剧变，一个最重要的原因就是，作为执政党的共产党内缺少民主和权力制约，国家政治体制僵化，高度集权的政治制度导致各国执政党生活腐化，权力缺少监督和制约，以至于不能适应经济和社会的发展，最终落到执政党垮台的结果。马克思认为现实的国家必然是分权的，只有通过不同职能的国家机关，国家才是现实的存在，否则国家就不存在了。从以上马克思、恩格斯、列宁以及中国共产党领导人对适度分权的论述中，我们可以看出，对分权的必要性都达成了高度的一致。这些关于适度分权的论述涉及国家权力运行、政党建设、党政关系等多个方面，他们都从不同的角度，对于适度分权原则在权力配置体系的重要作用做了阐述。这对当前我国的政治体制建设提供了重要借鉴。

（二）从权力的运行机制分析

为避免权力的腐败和变质，就需要有一套科学合理的运行机制。权力运行机制的设置应坚持公开、法制和民众参与的原则。

1. 公开原则

（1）概念

权力运行的公开原则是指权力行使者必须将行使权力的依据、过程以及结果通过法定的形式向权力相对方公布。

（2）公开原则的内容

一是将权力运行的程序公开。程序公开是现代权力程序的重要原则，公开可以防止权力主体或权力行使者依法谋私，公开便于民众监督，公开有利于民众对权力运行结果的认同，程序公开是民主的要求。在权力的运行中，马克思主义经典作家都强调权力的行使要公开透明的原则。1871年5月，马克思在总结巴黎公社的成败后，写出了《法兰西内战》，在该文中马克思指出，权力机关公布机关工作信息，便于接受群众的监督，只有这样做，才能避免权力的过度集中,保障权力的正常运行。

二是将权力运行的内容公开,也可以称之为实体公开。实体公开主要是涉及国家权力运行的各个方面。从立法权力运行看,要求立法的过程和立法预案以及立法的结果即法律的公开;从行政权力运行看,要求权力行使者行使权力行为向行政相对人和社会公开执法依据、执法过程和执法结果;从司法权力运行来看,要求司法权力的运行公开,即公开审判和公开宣判。统治阶级通过把国家权力的神秘化,造成国家权力来源、决策、执行等运行与人民群众不相关,从而使真正的权力主体无法监督权力的运行,导致实际上拥有权力的人滥用权力,牟取非法的利益。可以上,权力公开是权力得到监督的一个前提条件。毛泽东同志认识到将党对一些违法乱纪的腐败分子的处理结果公开,可以更大程度上震慑心存侥幸的领导干部,更好保持党的纯洁性。胡锦涛总书记十七大报告中强调:"确保权力正确行使,必须让权力在阳光下运行。完善各类公开办事制度,提高政府工作的透明度和公信力。"

2. 法制原则

(1) 概念

权力运行的法制原则是指在权力主体行使权力行为的过程中,要严格按照宪法和法律的规定,使权力行为运行的程序、条件和结果,都符合事先制定的法律要求。法制原则是当代民主社会最为根本的一条权力运行原则,也是区别与人治的根本标志。

(2) 法制原则的目的

一是规范和限制权力的运行。由于权力与生俱来的扩张性的特点,决定了权力的运行必须在一个事先制定的框架之内,否则权力就会滥用。列宁指出:"我们的政权愈趋向稳固,民事流转愈发展,就愈需要提出加强革命法制这个坚定不移的口号。"① 列宁在领导苏维埃政权的革命和建设中,逐步探索

---

① 《列宁全集》第 42 卷,人民出版社 1987 年版,第 353 页。

出一条关于社会主义国家权力制约与监控的理论,并将其付诸与实践。建国以后,我党也高度重视法制原则对于限制权力运行的重要价值。邓小平同志多次强调要用制度管事管人。他认为,制约权力,克服腐败,法制是根本,搞法制更靠得住些。"我们过去发生的各种错误,固然与某些领导人的思想、作风有关,但是组织制度、工作制度方面的问题更重要。这些方面的制度好可以使坏人无法任意横行,制度不好可以使好人无法做好事,甚至会走向反面。"① 胡锦涛总书记多次重要讲话都谈到了法律制度建设对规范权力运行的重要性。胡锦涛指出,要坚持用制度管权、管事、管人,进一步健全法制和程序规则,保证国家机关按照法定权限和程序行使权力。

二是保障权利的实现。法制的价值基础和终极目的就是保障人民的权利。当国家权力的运行能够最大限度地保障人民权利并为其服务的时候,民主权利才有实现的可能,如果权力异化,民主从根本上是得不到真正保障的。邓小平同志指出:"为了保障人民民主,必须加强法制。必须使民主制度化、法律化,使这种制度和法律不因领导人的改变而改变,不因领导人的看法和注意力的改变而改变。"②党的十三届四中全会以来,党的十三届四中全会以来,江泽民、胡锦涛也在多个场合进一步强调了依法治权的重要性。强调要依法行政,依法施政建设社会主义法治政府。

3. 公民参与的原则

(1) 概念

所谓公民参与原则,意味着在权力运作过程中加入权力行使相对方的意志,使公民(或通过其组织和媒介)对权力行使的过程和结果通过平等对话、沟通、协商、交涉程序进行实质性的参与,并通过这种参与影响权力运作的结果或决定。简而言之,参与的原则是指在权力运行过程中,作为国家权力相对方的普通人民群众直接进入权力运行中,进而影响权力运行的进程和效果。

---

① 《邓小平文选》(第1卷),北京:人民出版社1994年版,第272页。
② 《邓小平文选》(第1卷),北京:人民出版社1994年版,第272页。

(2) 公民参与的制度设计

一是人民管理制。马克思认为人民群众应该参与到国家政权建设中来。他高度赞扬了巴黎公社式的直接民主形式，即直接"人民管理制"。对掌握国家权力的官员进行选举，并且随时可以撤换，这样做可以防止"国家公仆"成为"社会主人"。马克思在这里充分强调了"人民直接管制"对于国家权力运行，尤其是在选举国家权力的行使者中人民参与的重要意义。人民在参与到国家权力运行的各个方面，即"人民管理制"，才能真正监督权力行使者运行权力的经过，并且及时将自己的愿望向行使者反映，来确保权力运行符合法律规范和权力主体的利益要求。

二是代表大会制。中国共产党从建国初期开始就一直执行和很好地实践了代表大会制的制度设计，并不断地进行探索和完善。进入到改革开放的攻坚阶段，胡锦涛总书记在总结和规划公民参与国家各项事业建设中时指出："要结合社会发展和人民群众参与愿望增强的要求，从基层经济、政治、文化、社会生活等方面，扩大人民群众的有序参与"。可以看出，胡锦涛同志将公民参与的范围，从单纯的舆论，发展到政治经济文化社会建设等更广的领域，同时也更加注重参与的制度保障建设。

可以看出，马克思主义学者对于公民参与到权力运行的制度设计，基本上是呈现出螺旋上升的模式。从构想到实践，从单一到复杂，从缺乏可操作性到具有可行性，公民参与制度完善的过程，也是科学理论不断完善的过程。

（三）从权力的监督制约机制分析

1. 概念

权力的监督机制是指相关国家机关、社会团体及其个人依照法律规定，对权力执行者行使权力的程序、范围、结果等做出评价和判断，能起到制约权力的作用一系列制度的总称。

2. 权力监督的主体

(1) 立法机关的监督

马克思高度评价了《黑森宪法》，对于其中规定的立法机关监督行政机关的做法，他强调："没有哪一部宪法对执行机关的权限做过这样严格的限制，在更大程度上使政府从属于立法机关，并且给司法机关以如此广泛的监督权。……高等法院有权对有关任免制度的一切问题做出最后决定。众议院从议员中选出一个常任委员会，组成类似雅典最高法院的机构，对政府的活动实行监督，并把违反宪法的官员送交法院审判，即使是下级执行上级的命令时违反宪法，也不得例外。"①

（2）人民群众的监督

马克思对人民监督政府作了专门的论述。他认为，无产阶级国家的公职人员必须接受广大人民的监督，并赋予人民罢免公职人员的权利。列宁指出广大人民是党和政府机关的监督主体。列宁主持通过了《工人监督条例》和《罢免权法令》，强调实行工人监督权和人民的罢免权。毛泽东在1945年回答黄炎培"共产党如何跳出历史周期率"的提问时指出：实行人民民主专政，让人民群众监督政府，才能确保中国共产党的统治能跳出"其兴勃焉，其亡也忽也"的历史规律。

在我国人民参与权力运作过程，是由人民民主专政的国家性质决定的。新中国成立以来，人民直接参与国家权力运行的机制越来越健全，方式越来越多样。公民参与模式的实现就是要让权力相对方的利益都能够得到某种程度的彰显，使权力行使者在运行权力的过程中最大可能地听取权力所有者即人民的利益诉求。丰富和拓展公民参与政治的制度设计，是实现公民和政府之间良性互动的基础，是增强政府公信力的要求，也是在建设和谐社会中政府坚持以人为本的必然选择，更是防止政治权力滥用的武器。

（3）舆论的监督

列宁非常重视舆论监督的作用。列宁认为新闻舆论监督是克服公权力异化的重要保障。他把报刊、广播等新闻媒介作为监督领导机关工作，克服消极腐败的重要渠道和工具。在1924年俄共第十二次代表大会上，列宁强调：

---

① 《马克思恩格斯选集》第17卷，人民出版社1995年版，第251页。

"工农检查院和中央监察委员会应当有系统有计划地利用苏维埃的和党的报刊来揭发各种犯罪行为。"中国共产党的领导集体历来也非常重视舆论的监督作用,从各种舆论宣传角度加强对党的各项工作的监督和促进。

(4)政党间的监督

在谈到我国的政党制度时,以毛泽东同志为中心的党的第一代领导集体创造性地提出多党合作的政党制度,中国共产党是执政党,其他党派是参政党,执政党和参政党互相监督,确保权力运行中避免形成一党专政的政治局面。

在权力监督方面,邓小平就指出:"党要实现对政权指导和监督的作用,首先就要从切实指导与监督自己的党团和党员做起。"邓小平并且自己设计权力监督的制度框架,他指出:"所谓监督来自于三个方面:第一,是党的监督;第二,是群众的监督;第三,是民主党派和无党派人士的监督。"在这里,我们可以看到邓小平同志的权力监督理论是以权力监督权力和以权利监督权力的统一。

(5)党内民主监督

马克思恩格斯对于党内民主监督的一次伟大探索,体现在《共产主义者同盟章程》的制定过程中。"根据该章程,同盟从基层到中央委员会的各级领导机构,都必须由民主选举产生;选举者如认为担任公职人员的工作不能令人满意,可随时撤换;区部委员会和中央委员会委员实行任期制,任期为一年,一年以后须经确认方得连任。"毛泽东、邓小平也在不同的讲话中多次阐述了加强党内民主的观点。2002年以来,以胡锦涛为总书记的中国共产党人对权力的监督机制有了更加深刻的认识。胡锦涛同志非常重视党内民主,认真总结实现党内民主的有效途径和形式,健全党内意识和决策程序,切实保障广大党员的基本权利。

可以看出,从马克思、恩格斯到列宁再到后来的中国共产党人对权力监督对于防止权力异化必要性认识得非常深刻。对于权力监督体制的探索呈现出一种由点到面,由单一到综合的局面。可以看出,马克思主义学者从监督主体、监督的方式、监督的权力配置体系等多个方面,对权力监督制约机制对预防腐败的必要性和重要性,进行了反复甚至是不厌其烦的强调和论述,并在权力监督的具体方式上,进行了理论和实践的大胆探索。这对我们当前对权力观的科学认识和解读提供了的重要的参考和借鉴。

(此文载于《人民论坛》2014年第29期)

马克思主义时代化：内在逻辑与现实问题①

刘子平②

摘　要：马克思主义时代化是马克思主义的题中应有之义，它包括理论逻辑、实践逻辑与本质逻辑三个层面的内容。从理论逻辑上看，"马克思主义时代化"是"时代化"的子概念。从实践逻辑上看，马克思主义时代化就是要推进马克思主义与当今时代特征、时代发展需要紧密结合起来，从而能够适应时代发展的需求，引领时代发展趋势。从本质逻辑上看，马克思主义时代化包括马克思主义时代化的本质、核心与关键三个方面。马克思主义时代化在中国的推进表现为一个历史过程。不同时期的马克思主义时代化都会面临不同时期的现实问题。新的形势、新的课题、新的技术条件给当代中国马克思主义时代化推进提供了良好的机遇，同时也带来了巨大的挑战。正确面对并解决其发展中面临的现实问题，才能实现当代中国马克思主义时代化的发展与创新。

马克思主义时代化是马克思主义的题中应有之义。中国共产党十七届四中全会提出了"马克思主义时代化"的重大命题与战略任务，这是在我党历史上首次提出"马克思主义时代化"的重大命题，是我党的一个重大

---

① 本文系作者主持的国家社科基金项目"中国共产党社会整合史论"（11BDJ015）、山东省高校人文社科研究计划项目"基层党建科学化：现实问题与对策方略"（J13WA13）、聊城大学博士科研启动基金项目的阶段性成果。

② 刘子平（1979—），男，山东临沂人，聊城大学政治与公共管理学院副教授，博士，研究方向：科学社会主义与政党政治。

理论创新。尽管在我党历史首次以概念的形式提出了马克思主义时代化，但作为一种实践活动，马克思主义时代化在马克思主义诞生时就已经开始了。因此，我们要科学、全面地推进马克思主义时代化，就要明确马克思主义时代化的基本逻辑，然后在此基础上把握马克思主义时代化发展中面临的现实问题。

一、马克思主义时代化的内在逻辑

自从党的十七届四中全会提出马克思主义时代化的命题以来，学术界围绕马克思主义时代化进行了多层面多视角的探讨与解读。对马克思主义时代化的基本概念、基本内涵也从不同角度进行了诠释与解读。有的学者从突出马克思主义时代化的静态规定角度来界定马克思主义时代化，认为，"马克思主义时代化就是让马克思主义同当前时代发展的需要与时代特征结合起来，从而能够使其适应时代发展需要，解决时代提出的新课题。"[①] 有的学者从马克思主义自身的动态发展性来分析与诠释马克思主义时代化，指出，"马克思主义作为反映人类社会发展一般规律与趋势的科学，自身所具有的与时俱进性推动者其必然也要随着时代与实践的发展而发展。"[②] "马克思主义时代化是一个动态发展的过程，体现了世界性与民族性、继承性与发展性的统一。"[③] 有的学者从静态与动态相结合的视角对马克思主义时代化的科学逻辑进行诠释，指出，"马克思主义时代化是指马克思主义作为一种认识与改造世界的世界观与方法论需要同时代主题与时代特色紧密结合，能够从人类社会的发展中汲取新东西，不断补充自己，能够不断接受实践的检验，从而能够进一步丰富和发展马克思主义。"[④]

---

① 何毅亭：《推进马克思主义中国化、时代化、大众化》，载《人民日报》，2009年10月27日。
② 梅荣政、杨瑞：《推进对马克思主义中国化、时代化、大众化的科学认识》，载《思想理论教育》，2010年第17期。
③ 熊建生、胡拓：《马克思主义时代化的科学意蕴》，载《湖北日报》2010年04月09日。
④ 刘昀献：《谈马克思主义中国化、时代化、大众化》，载《求是》，2010年第5期。

尽管学者从不同层面、不同视角对马克思主义时代化的科学内涵进行了不同的诠释与解读，并大都强调马克思主义基本原理与时代发展需求的结合，近而提升马克思主义回答时代课题的能力。但是，我们也发现，一些学者在对马克思主义时代化科学内涵进行诠释的时候，过分突出了世情的方面，而忽视了国情的方面，过多地突出了某一个方面，而忽视了马克思主义时代化的逻辑性与系统性。因此，对马克思主义时代化的科学内涵界定与诠释还不够深入、还不够充分。

基于上述分析，我们认为马克思主义时代化的基本逻辑应该从理论逻辑、实践逻辑与本质逻辑三个层面来进行分析与把握。

从理论逻辑上看，"马克思主义时代化"与"时代化"这两个概念是被包含与包含的种属关系，"马克思主义时代化"是"时代化"的子概念。因此，所谓马克思主义时代化就是要对产生于过去时代的马克思主义理论成果进行"时代化"，让其能够随着时代发展不断呈现新的时代精神与时代特色。当然，这种"时代化"既是一个过程，也是一个结果，"时代化"的过程推动着"时代化"的结果，"时代化"的结果体现着"时代化"的过程。

从实践逻辑上看，马克思主义时代化就是要推进马克思主义与当今时代特征、时代发展需要紧密结合起来，能够反映时代精神，解答时代课题，从而能够适应时代发展的需求，引领时代发展趋势。所以，实践逻辑层面的马克思主义时代化包括两个方面：一是马克思主义化时代，一是时代化马克思主义。所谓马克思主义化时代就是运行马克思主义的观点、方法认识当今时代、分析当今时代，尽而能够科学全面的把握时代主题，回答时代提出的新问题，使马克思主义能够指导时代实践，引领时代实践，实现时代实践的马克思主义化；所谓时代化马克思主义就是马克思主义作为一种产生于过去时代的科学理论，要永葆它的科学性就需要不断地从时代实践中汲取营养，总结时代实践的精华，形成能够全面反映时代特色的马克思主义理论。理论只有植根于现实才具有持久的生命力，马克思主义理论也不例外，也必须植根于时代实践之中，在时代实践中实现马克思主义的与时俱进。由此可见，"马克思主义化时代"与"时代化马克思主义"二者是既有区别，又紧密联系，共同统一于马克思主义时代化之中。马克思主义化时代是马克思主义时代化的前提、手段,"时代化马克思主义"是马克思主义时代化的结果、目的。

从本质逻辑上看,马克思主义时代化包括马克思主义时代化的本质、核心与关键三个方面。与时俱进是马克思主义时代化的本质,保持先进性是马克思主义时代化的核心,时代化马克思主义是马克思主义时代化的关键。马克思主义时代化从精神实质上看,是本质、核心与关键的逻辑统一。只有全面地把握了这三个方面才能从整体上把握与认识马克思主义时代化的科学内涵。

为什么要推进马克思主义时代化呢?从本质上就是要马克思主义保持与时俱进性,使其能够不断适应社会发展要求,实现马克思主义的理论创新。正如江泽民同志所讲的那样,"与时俱进,就是党的全部理论和工作要体现时代性,把握规律性,富于创造性。"① 与时俱进是马克思主义的本质属性,也是马克思主义时代化的本质属性。

马克思主义时代化从本质就是要与时俱进地推进马克思主义的发展,使其能够反映当前时代的特色,解答当前时代提出的新问题,其核心正是永葆其先进性,使马克思主义能够反映时代精神与时代特色,能够引领时代发展,使马克思主义既不超越历史阶段,又不滞后于时代发展,实现马克思主义的历史性、阶段性与时代性的有机统一。马克思主义时代化正是实现马克思主义先进性的基本路径。

时代化马克思主义就是通过马克思主义与时代精神、时代特色的紧密结合而产生出马克思主义新的理论形态或标志性理论成果。② 马克思主义时代化的最终落脚点就是体现在时代化马克思主义的最终理论成果上,这也是衡量马克思主义时代化是否实现最终目标的根本标准。

前面我们提到,马克思主义时代化的本质就是要与时俱进地推动马克思

---

① 江泽民:《江泽民文选》(第3卷),北京:人民出版社2006年版,第537页。
② 产生于苏联的列宁主义就是时代化马克思主义的典型成果。中国共产党历史上产生的毛泽东思想、中国特色社会主义理论体系也是时代化马克思主义的标志性理论成果。

主义的发展，马克思主义时代化的本质如何在实践形态中体现出来呢？时代化马克思主义的标志性理论成果就是最好的形式。可以说，马克思主义发展的160多年就是马克思主义时代化的160多年。马克思主义的发展史就是马克思主义时代化的历史，是不断与时代特征与时代精神紧密结合，不断创造马克思主义新的理论形态的历史。

二、马克思主义时代化的现实问题

马克思主义时代化在中国的推进表现为一个历史过程。不同时期的马克思主义时代化都会面临不同时期的现实问题。当代中国的马克思主义时代化也不例外，它是在一个全新的时代背景与历史条件下进行的。在这种全新的时代背景与历史条件下，如何科学、全面、完整、准确地把握与理解马克思主义，如何正确地运用马克思主义解决时代课题，是当代中国马克思主义时代化过程中必须解决的核心问题。新的形势、新的课题、新的技术条件给当代中国马克思主义时代化推进提供了良好的机遇，同时也带来了巨大的挑战。当代中国马克思主义时代化的顺利推进必须解决其发展中面临的现实问题。只有这样，当代中国马克思主义时代化才能实现持续不断的发展与创新。

（一）新时期形势新变化背景下马克思主义时代化面临的现实问题

马克思主义时代化是我们党准确把握时代主题与时代特征，紧跟时代潮流，充分认识与全面把握世界形势、当代国情与党情的基础上，提出的具有战略性、前瞻性的时代命题。随着时代的发展，我们党科学认识与推进马克思主义时代化的基础——世情、国情与党情也在发生改变。新时期形势的新变化给当代中国马克思主义时代化带来了冲击与挑战。当代中国，全面推进马克思主义时代化需要正确应对与化解这些挑战。

1. 新时期世界形势的新变化给当代中国马克思主义时代化带来冲击与挑战

马克思主义自诞生以来，就在不断地时代化，从而使马克思主义能够接受各种困难与问题的考验与洗礼。在人类进入21世纪的新时代，世界已经发生了巨大的变化，人类社会已经从工业经济时代步入到信息经济时代，世界从两极对峙格局向多极化趋势发展，经济全球化深入发展，科学技术迅猛发展并日益成为生产力中的第一决定性因素。世界形势的新变化给马克思主义的真理性提出更高的要求，对马克思主义时代化也提出了比以往任何时候都要高的要求。另外，当今世界的竞争主要就是综合国力的竞争。世界各国大都在一门心思搞建设、谋发展，世界各国的综合国力也明显增强。这些新变化给我们中国特色社会主义事业的发展带来发展机遇与挑战的同时，也给当代中国马克思主义时代化带来更大的挑战。

中国的改革开放，面对世界多极化发展的曲折性与非均衡性，面对全球性问题的复杂多变，要解决这些问题的困难是无法预知的。所以，新时期世界形势的新变化给当代中国马克思主义时代化带来了巨大挑战，如何及时、有效地解决这些问题，关系到当代中国马克思主义时代化的进程与实效。

2. 新时期中国特色社会主义建设中出现的新问题给当代中国马克思主义时代化带来挑战

1978年11月，在党的十一届三中全会上，我们党作出了改革开放的重大决策，从此我国进入了改革开放的社会主义建设新阶段。进入20世纪90年代以来，我国的改革开放和社会主义现代化建设取得了巨大成就，进入了全面建设小康社会和社会主义现代化建设的新时期。在新的阶段，我们既面临快速发展的战略机遇期，同时也是中国特色社会主义建设的矛盾凸显期。在这一关键新时期，我们必须正确认识我国的国情，认识中国特色社会主义建设中出现的新问题，只有这样我们才能把握时代发展脉搏，科学认识时代变化与国情新变化，才能有效推进当代中国马克思主义时代化。

中国特色社会主义建设取得的巨大成就是我们党坚持以马克思主义为指导带领全国各族人民一心一意搞建设，一心一意谋发展的结果。新时期中国特色社会主义建设面临的新问题与新矛盾给马克思主义发展提出新的要求，给马克思主义时代化带来了新挑战。如何应对与解答这些新问题是新时期马克思主义时代化亟需解决的时代课题。

3. 新时期中国共产党党情的新变化给当代中国马克思主义时代化带来挑战

时代在发展，社会在进步，随之而来的中国共产党的党情也在发生着变化。中国共产党作为领导中国特色社会主义事业的执政党，担负着团结和领导全国各族人民推进中华民族伟大复兴的历史使命。在变化的党情面前，如何克服在执政中面临的风险与挑战是新的时代背景下我们必须亟待解决的时代课题与现实问题。这也是马克思主义时代化面临的新课题与新挑战。可以说，改革开放三十多年来，无论是我们党所处的历史方位、执政环境、领导体制与工作机制，还是党员干部队伍都发生了巨大的变化。

随着新时期形势的新变化给党的建设提出了更高的要求，给当代中国马克思主义时代化带来了更大的挑战。因此，我们要充分认识到时代新变化给我们带来的挑战，积极推进当代中国马克思主义时代化的历史进程。

（二）文化多元化背景下马克思主义时代化面临的现实问题

随着全球化的加快推进，多元思想文化呈现相互渗透、相互制约的发展态势。一方面西方资本主义国家利用自身的优势对社会主义国家进行全面的文化渗透，企图实现对马克思主义主流意识形态的"边缘化"。另一方面，随着我国改革开放的深入推进与发展，我们国内的社会思潮也呈现出多元化、多样化发展态势。在文化多元化的背景下，各种社会思潮可谓是鱼龙混杂，泥沙俱下。新时期，在我国的意识形态领域存在各种社会思潮，如民主社会主义、新自由主义、新保守主义、历史虚无主义、极端个人主义与享乐主义等等。这些思潮中有的公开歪曲马克思主义，有的公然否定中国特色社会主义。另外，目前在文化多元化背景下，我国对马克思主义的认识与研究还存在着认识误区与研究不力等问题。上述问题的存在对当代中国马克思主义时代化带来了巨大挑战。如何坚持马克思主义在意识形态的主导地位，如何提升马克思主义的适应性，如何提升马克思主义在广大人们群众中的认同度是目前我们在推动马克思主义时代化中必须认真面对与解决的时代课题。

1. 多元社会思潮对马克思主义的主流意识形态地位带来冲击与挑战

什么是社会思潮呢？社会思潮是时代的产物，所谓社会思潮是指"在一定时期在某一社会得到广泛传播并对社会生活具有某种程度影响的思想趋势或思想潮流。它们从一个层面反映社会生活的变化，对人们的精神及社会发展产生性质不同、程度不等的影响"①。随着全球化浪潮和多元文化价值谱系的冲击，特别是我国改革开放的深入进行，西方多元社会思潮不断加大对我国的思想渗透，冲击着马克思主义在我国意识形态的主导地位。可以说，"各种非马克思主义、甚至反马克思主义的意识形态从来都没有放弃走向社会主流意识形态的努力，它们总是利用各种机会和渠道，千方百计地同主流意识形态的马克思主义争夺话语权，力图主导中国社会发展的方向，影响中国社会的性质"②。当前在中国影响比较大的西方社会思潮主要有：民主社会主义、新自由主义、新保守主义、历史虚无主义、消费主义、拜金主义等思潮。这些思潮直接冲击着马克思主义主流话语权，冲击着马克思主义的价值认同度，冲击着马克思主义在我国意识形态的主导地位，对马克思主义时代化产生了负面作用。

2. 对马克思主义基本理论的认识误区对马克思主义时代化带来挑战

马克思主义时代化本质上就是要与时俱进地推进马克思主义的发展，使其能够反映当前时代的特色，解答当前时代提出的新问题，其核心正是永葆其先进性，使马克思主义能够反映时代精神与时代特色，能够引领时代发展，使马克思主义既不超越历史阶段，又不滞后于时代发展，实现马克思主义的历史性、阶段性与时代性的有机统一。因此，在推进马克思主义时代化进程中，对马克思主义基本理论的正确、全面、准确的认识与把握是实现马克思主义时代化的前提与基础。然而，现实中存在着对马克思主义基本理论的认识误区与错误看法，主要有：一是极"左"思潮对马克思主义基本理论的误读影响仍然存在。由于极"左"思潮往往给人以正统的印象，带有极强的迷惑性。在目前的中国社会中依然存在着这一思潮，其影响仍然不可小觑。因

---

① 邢贲思、江涛：《当代西方思潮评析》，载《中国社会科学》，2000 年第 1 期。
② 王国敏：《挑战与回应：坚守马克思主义在意识形态领域的主流地位》，载《马克思主义研究》，2007 年第 11 期。

此,极"左"思潮是马克思主义时代化的一大障碍;二是马克思主义"过时论"与"意识形态终结论"。马克思主义"过时论"与"意识形态终结论"是对马克思主义虚无化处理的典型表现,是对马克思主义时代价值的否定,是对马克思主义的错误认识与教条化解读的必然结果。三是实用主义、功利主义地对待和运用马克思主义。这些问题的存在对马克思主义时代化带来冲击与挑战。

在马克思主义时代化进程中需要正确处理马克思主义理论与中国传统文化、西方文化的关系。在推动马克思主义时代化过程中必须处理好马克思主义与中国传统文化的继承与发展关系,处理好马克思主义与西方文化的借鉴与创新关系。只有这样,才能实现马克思主义在时代发展中的继承、借鉴与创新。目前,国内一部分人认为,马克思主义与中国传统文化之间没有契合点,对西方文化存在两极化的认识,要么过度肯定,要么过度否定,对科学技术对马克思主义发展的推动认识也不够全面。上述认识误区与错误观点的存在是当代中国马克思主义时代化的一大障碍。

3. 对马克思主义研究的不足给马克思主义时代化带来挑战

马克思主义是从实践中来,是从社会主义革命与建设的实践中来,是对社会主义革命与建设实践的经验总结与理论升华。同时,马克思主义也要回到实践中去,用不断发展的马克思主义指导社会主义革命与建设的实践,这也是马克思主义科学性的基本体现。实践是不断发展的,实践的发展既是马克思主义发展的现实动力,也是马克思主义发展的必然要求。因为马克思主义需要不断与时俱进地应对与回答现实对马克思主义提出的挑战与时代课题。如何做到这一点呢?这就需要我们对马克思主义有科学态度,不断加深对其的研究,增强广大人民群众对马克思主义的认识与了解,进而在现实生活中运用马克思主义。

然而,目前我国理论界对马克思主义的研究还存在种种不足,理论研究的不足使得对实践经验的总结与升华不足,使得现实中对马克思主义面临的挑战与冲击回应无力,最终导致马克思主义的生命力与批判力下降,减弱了广大人民群众对马克思主义的信服力与认同度。当前,我国理论界对马克思主义的研究不足，主要体现在以下三个方面：一是缺乏对马克思主义的整体性研究。二是马克思主义研究与现实脱节。三是马克思主义研究的学术批判性不足。

由于上述问题的存在使得我国的马克思主义研究对非马克思主义思潮对马克思主义的挑衅与责难缺乏有力的批判与论战，对一些学者对马克思主义理论的置疑之声也缺乏有力的批判与回应。① 这就严重制约了马克思主义的发展，阻碍了马克思主义时代化的推进。

（三）新媒体时代背景下马克思主义时代化面临的现实问题

随着人类社会的不断发展，科学技术在人类社会发展的作用日益凸显。可以说，科学技术在人类社会发展中起着根本性、决定性作用。发端于上个世纪80年代的以信息技术为标志的第四次科技革命实现了对人类社会信息传播方式与传播结构的革命性变革——以网络、手机、数字传媒为主要形式的新媒体已经成为广大人民群众获取外界信息的主要途径之一，新媒体已经改变了人们的生产、生活与学习方式。新媒体技术的发展在提升人们的言论自由度与信息获取度的同时，也带来一系列负面问题，给马克思主义在意识形态领域的主导地位带来严峻挑战。有关数据显示："现在世界上80%以上的网上信息是由美国提供的，世界上75%的电视节目和60%以上的广播节目的生产和制作也是由美国控制的。美国电影产量虽然只占世界的7%左右，但却占总放映时间的50%以上。"② 由此可见，在信息社会的背景下，媒体技术的普及与发展在带给人们生产、生活便利的同时，也给信息传播过程中的信息控制与管理带来更大的难度，给马克思主义在意识形态领域的主导地位带来冲击，这就给马克思主义时代化的推进带来严峻的挑战。要在新媒体时代背景下推进马克思主义时代化，必须对新媒体技术与新媒体予以极大关注，合理利用其优势与长处，规避其劣势与短处，提升信息管理与控制的力度。

---

① 刘繁荣、龚言：《对我国推进马克思主义时代化的几点思考》，载《中共乐山市委党校学报》，2012年第3期。

② 顾建键：《略论信息时代马克思主义的坚持与发展》，载《中共福建省委党校学报》，2006年第3期。

1. 信息传播自由度影响着马克思主义时代化理论成果的公信力

新媒体技术的发展使得信息的传播更加迅速、更加自由。传统的书籍、广播、电视等信息传播载体可以非常清楚地掌握信息的出处，然而，以网络、手机、数字媒体等新媒体的信息来源与出处往往很难把握。在浩瀚的新媒体信息中，可以说是鱼龙混杂，良莠不分。信息传播自由度的提升一方面推进了社会正向信息的传播，另一方面也无形中使得各种虚假信息、负面信息得以广泛传播。在新媒体信息传播载体中，互联网无疑是在广大人民群众中影响最大、最深的传播载体，它在广大人民群众中的普及度也大幅提升。互联网的普及度的提升并不代表网络信息传播的真实性、准确性与科学性的提升，反倒是都大大降低了，出现了信息失真等一系列问题。在这种情况下，如果对信息传播自由度不加任何管理，或者管理不善，就会给马克思主义理论发展，给中国特色社会主义事业建设带来极大的威胁与风险。这种问题一旦被敌对分子、敌对势力利用的话，就会严重制约我国的意识形态安全建设。如果任由非主流意识形态的新媒体传播，就会严重损害广大人民群众原有的马克思主义主流意识形态，损害党和人民群众的血肉联系。非主流意识自身也在不断发展，不断维护自身的利益，这就会导致广大人民群众的世界观与价值观被扭曲，导致思想混乱，理想信念淡化，最终导致马克思主义时代化理论成果的公信力被削弱，马克思主义主流意识形态被"边缘化"。另外，如果任由马克思主义时代化理论成果通过新媒体传播载体被恶意丑化与传播，会进一步降低马克思主义时代化理论成果的公信力，会严重削弱中国共产党的执政基础，降低广大人民群众对我党执政的政治认同。

在新媒体的技术环境中，无论信息的发布者，还是信息的传播者，他们的身份往往是虚拟的，他们发布的信息的真实性也是很难考证的。这种不受控制的信息传播技术往往会导致一些伪科学等大量观点在新媒体上的传播，这也严重影响广大人民群众的思想和观念。这些伪科学等观点在新媒体上的传播严重冲击了马克思主义时代化理论成果的传播主控权，不利于马克思主义时代化理论成果的大众化推进。

中国特色社会主义理论体系是马克思主义时代化的最新成果，如何实现对这一理论成果的有效宣传，事关今后马克思主义时代化的进一步发展。消除由于新媒体技术的发展与普及对马克思主义时代化的消极影响，是推进马克思主义时代化亟待解决的时代课题。

2. 信息管理制度的滞后严重影响马克思主义时代化理论成果的传播实效性与针对性

在信息来源于传播多元化的当今时代，要实现对马克思主义时代化理论成果的广泛、有效传播必须有一个完善的信息管理制度。只有这样，才能在新媒体技术不断发展的今天，掌握马克思主义时代化理论成果传播的主动权，实现马克思主义时代化理论成果大众化的历史重任。什么样的信息管理制度是完善、有效的制度呢？判断信息管理制度好坏的标准不在制度本身，而在于马克思主义时代化理论成果的传播效果的好坏。目前，在传统信息传播载体方面，马克思主义时代化理论成果的传播一直占据着主导地位，传统信息传播媒介的信息管理制度相对较为健全，但新媒体的传播载体的崛起与发展，使得我们在新媒体传播媒介的信息管理制度与管理经验相对落后与不足，使得马克思主义时代化理论成果的传播效果与理想目标之间还有较大差距，还不能满足马克思主义发展的需要。

当前，新媒体传播媒介的信息管理制度建设的滞后与不完善也严重影响了马克思主义时代化理论成果的传播针对性。由于网络、手机等新媒体无论是在信息的承载量上还是信息的传播速度上都远远优于传统媒体，这就使得新媒体承载了大量的信息，这些信息既包括有价值的信息，也包括毫无价值的垃圾信息。大量垃圾信息的出现一方面严重影响了广大人民群众的学习耐心、学习兴趣与学习效率，另一方面在大量的信息中所混杂的不良信息也严重影响了广大人民群众的信息选择的甄别力与判断力。过多的信息判断与甄别往往会耗费人们的大量精力，很难保证人们坚持学习马克思主义时代化理论成果的正确导向。

综上所述，鉴于新媒体信息传播载体在广大人民群众中的影响力越来越大，我们在推进马克思主义时代化的过程中，在正确对待新媒体带来信息传播自由度提升的同时，更要积极应对新媒体的发展给马克思主义时代化带来的各种挑战。顺应其优势，避免其弊端，运用各种合理合法的方式方法，积极提升广大人民群众对马克思主义时代化理论成果的关注度。同时，加大新媒体信息管理制度建设，加大信息管理力度，保证信息传播的马克思主义主导方向，引导正确的大众舆论。

从《对华战争》看列宁早期俄中关系思想及其意义[①]

李士峰[②]

摘　要：《对华战争》一文是列宁最早论述俄中关系思想的重要著作。该文分析了沙俄政府对华战争的真实目的，揭示了沙俄时期俄中关系的性质；论述了沙俄侵华政策给中国人民和俄国人民造成的危害影响，提出了俄国无产阶级支持中国人民反帝斗争的任务；阐明了实现俄国对华和平政策的基本要求。列宁在该文中阐释的俄中关系思想对人们认清近代以来包括沙俄在内的帝国主义国家对外政策的实质，为世界各国人民争取和平国际环境、确立平等友好的交往关系政策奠定了理论基础。

俄中关系思想是列宁国际关系理论的重要内容。研究列宁俄中关系思想有助于我们准确认识沙俄时期俄中关系的性质和实质，有助于全面了解列宁时期俄中关系发展与演变的理论根源，从而深化对列宁国际关系理论体系的研究。当前，学界就列宁对沙俄政府外交政策的态度、列宁关于苏俄对外政策的基本思想等方面的研究形成了较为丰富的学术成果，而对列宁俄中关系思想的研究有待进一步深化。在十月革命胜利以前，列宁就已经关注中国，关注沙俄对华政策和这一时期的俄中关系。撰写于1900年9—10月的《对华战争》一文是列宁最早论述中国问题的著作，也是列宁早期俄中关系思想形

[①]　本文为李爱华教授主持的国家社会科学基金重点项目"马克思主义和平理论研究"（批准号：13AGJ002）的阶段性研究成果。

[②]　李士峰（1981—），男，山东高唐人，聊城大学讲师，山东师范大学政治与国际关系学院博士研究生，主要从事马克思主义基本原理研究。

成的标志性著作。列宁的俄中关系思想为开辟俄中关系新局面作出了积极贡献，对于维护和促进现时期和平国际环境亦具有重要理论意义和实践价值。

一、《对华战争》是列宁谴责沙俄侵华政策的经典之作

中日甲午战争以后，帝国主义列强掀起了瓜分中国的狂潮，中华民族面临着空前严重的民族危机。以农民为主体的义和团运动，提出了"扶清灭洋"的口号，斗争矛头直指帝国主义列强，逐渐发展成一场声势浩大的反帝爱国运动。义和团运动兴起后，帝国主义列强通过联合照会、武力威胁等方式向清政府施压，要求取缔义和团，维护列强在华权益。在1900年5月中旬以前，清政府对义和团采取了"以晓谕解散为主，毋轻用兵"的方针。由于清政府对待义和团的这种暧昧态度以及义和团运动的进一步发展，列强不得不改变政策：在对清政府施压的同时，准备实施直接的武装干涉，以保持并扩大其在华侵略权益。①

1900年5月底6月初，由俄、英、法、德、美、日、意、奥等八国组成的联合远征军，发动了震惊中外的八国联军侵华战争。随后，慈禧太后实际统治下的清王朝政府被迫向列强宣战。战争的结局可想而知，腐朽落后的清政府不得不再一次割地赔款，再一次牺牲国家和民族的利益换取清王朝的"和平"统治。1901年9月，清政府同包括出兵侵华的八国在内的11国签订了《辛丑条约》，条约规定了包括巨额赔款、拆除军事设施、设定使馆区、镇压国内反帝斗争等在内的一系列不平等条款。《辛丑条约》是中国近代史上赔款数额最大、破坏中国主权最为严重的不平等条约，它进一步加深了中国社会的半殖民地化程度。从此，清政府完全成为"洋人的朝廷"，成为列强侵犯中国主权、掠夺中国资源、奴役中国人民的工具。

义和团运动的兴起，特别是东北义和团的迅猛发展，给长期盘踞中国东北的沙俄侵略势力以沉重打击，遏制了其嚣张气焰。但是，东北义和团的抗俄斗争也成为沙俄进一步控制中国东北、侵略中国的借口。沙俄政府在派出

---

① 李德征、苏位智、刘天路：《八国联军侵华史》，山东大学出版社1990年版，第44—51页。

军队伙同八国联军行动的同时，以"保护中东铁路"为名，"先后动员十七万七千多人，共组成五个军，分成六路侵入中国东北。"① 1900 年 10 月，沙俄政府军队基本占领了我国东北的主要城市。沙俄政府参与对华战争以及侵犯中国东北的过程中，掠夺财物，屠杀当地居民，制造多起惨案，暴行累累；另一方面，沙俄的侵华战争也加重了俄国人民的经济负担，使人民生活更加恶化，而沙俄侵华过程中虚伪的舆论宣传则毒害了俄国工人和劳动群众的政治意识。

作为无产阶级革命家的列宁一直关注沙俄的对华政策及其参与的八国联军侵华战争，并于 1900 年 9—10 月撰写了《对华战争》一文，刊登于 1900 年 12 月《火星报》创刊号上。列宁在文中全面分析了沙俄对华战争的真实目的、原因和影响，谴责了沙俄等列强的侵华暴行，揭露了对华战争是沙俄等列强侵略中国、瓜分中国的罪恶战争。《对华战争》一文戳穿了沙俄政府"美化"对华战争的谎言，使包括俄国人民在内的世界各国人民认识到沙俄等列强对华战争的真实面目，成为列宁谴责沙俄侵华政策的经典之作。

二、《对华战争》对沙俄侵华政策及其危害的揭露和抨击

《对华战争》一文蕴涵着丰富的俄中关系思想。列宁坚持民族平等原则，站在无产阶级国际主义的立场，揭示了沙俄时期俄中关系的性质；论述了沙俄侵华政策对俄中两国人民的影响，提出了俄国无产阶级支持中国人民反帝斗争的任务；阐明了沙俄对华政策的阶级性质，揭示了实现俄国和平对华政策的基本要求。

（一）分析了沙俄对华战争的真实目的，揭示了沙俄对华关系的侵略性质

在中国近代史上，帝国主义列强总是为其发动的每一次侵华战争极力寻找"合理"的借口，沙俄等八国列强发动的侵华战争也不例外。关于沙俄政府参与发动对华战争的目的，沙俄政府统治者给出了"冠冕堂皇"的答案，

---

① 复旦大学历史系《沙俄侵华史》编写组：《沙俄侵华史》，上海人民出版社 1975 年版，第 346—347 页。

它妄图使人民相信:"它并不是在同中国打仗",它参加对华战争"只是在平定暴乱,制服叛乱者,帮助合法的中国政府恢复正常的秩序"。① 对于沙俄政府混淆视听,妄图掩盖其对华侵略的强盗政策本质的行径,列宁在《对华战争》一文中给予了揭露。列宁明确指出:"欧洲各国资产阶级政府早就对中国实行这种掠夺政策了,现在俄国专制政府也参加了进去。这种掠夺政策通常叫做殖民政策。凡是资本主义工业发展很快的国家,都要急于找寻殖民地,也就是找寻一些工业不发达、还多少保留着宗法式生活特点的国家,它们可以向那里销售工业品,牟取重利。"② 列宁的论述揭示了沙俄政府对华战争的真实目的:掠夺中国资源,满足资本主义对利润的追求;侵略中国,对中国实施强盗的殖民政策,压迫中国人民。

沙皇政府发动对华战争的同时,其主战派为了迷惑劳动群众,大肆宣扬沙俄政府参加对华战争是因为"中国人对欧洲人的袭击",是由"黄种人敌视白种人"、"中国人仇视欧洲的文化和文明"引起的。③ 事实真的是这样吗?列宁认为,中国人不是仇视、憎恨欧洲人民和俄国人民,而是憎恨对中国实施掠夺、镇压、毒害劳动人民政策的资本家以及欧洲各国反动政府。列宁质疑说:"那些到中国来只是为了大发横财的人,那些利用自己吹捧的文明来进行欺骗、掠夺和镇压的人,那些为了取得贩卖毒害人民的鸦片的权利而同中国作战(1856年英法对华的战争)的人,那些利用传教伪善地掩盖掠夺政策的人,中国人难道能不痛恨他们吗?"④ 可见,在列宁看来,所谓"中国人对欧洲人的袭击"是有原因的,是帝国主义的强盗政策引起了中国人民的反抗。列宁进一步揭示了沙俄政府为首的列强发动对华战争的深层原因:"欧洲各国政府(最先恐怕是俄国政府)已经开始瓜分中国了。不过它们在开始时不是公开瓜分,而是像贼那样偷偷摸摸进行的。"⑤ 也就是说,中国义和团运动的

---

① 《列宁选集》第 1 卷,人民出版社 2012 年版,第 278 页。
② 《列宁选集》第 1 卷,人民出版社 2012 年版,第 279 页。
③ 《列宁选集》第 1 卷,人民出版社 2012 年版,第 278—279 页。
④ 《列宁选集》第 1 卷,人民出版社 2012 年版,第 279 页。
⑤ 《列宁选集》第 1 卷,人民出版社 2012 年版,第 279 页。

反帝斗争使沙俄等列强在华侵略权益受到威胁，沙俄政府对华战争的直接原因是镇压义和团运动，以维护沙俄政府在华既得利益；深层原因是瓜分中国，扩大其侵略权益。

列宁关于沙俄对华战争真实目的和原因的分析与论述，揭示了沙俄时期俄中关系的基本性质，这就是沙俄政府对中国的侵略和掠夺，对中国人民的压迫和剥削。俄中两国关系开始于17世纪下半叶甚至以前更早的时期。1689年，俄中签订了《尼布楚条约》，划定了中俄东部边界，保证了俄中一个半世纪的边界相对稳定与和平往来。1840年鸦片战争以后，帝国主义列强纷纷强迫清政府给予经济、政治等特权，使中国逐步沦为半殖民地半封建社会。侵略成性的沙皇俄国，自然也不甘于落后，力图在侵略中国中分得一杯羹。自19世纪50年代起，沙皇俄国通过武力占领、战争威胁、外交讹诈等手段，先后强迫清政府签订了《瑷珲条约》、《天津条约》、《北京条约》等一系列不平等条约，攫取在中国诸多经济、政治等特权，侵占中国领土达150多万平方公里，沙皇俄国是掠夺中国领土最多的国家。可见，沙俄时期的俄中关系是一种侵略与被侵略、掠夺与被掠夺、压迫与被压迫的关系。面对沙俄的侵略、掠夺和压迫，当时的清朝政府只是被动应付，以牺牲国家和民族利益满足沙俄的贪欲，换取暂时的和平，维护摇摇欲坠的封建王朝统治。正是俄中两国这种不平等的关系，激起中国人民反抗沙俄等列强侵略和压迫的斗争。义和团运动是中国民众反对帝国主义掠夺和压迫的典型代表。

（二）谴责了沙俄侵华政策的危害，提出俄国无产阶级应支持中国人民的反帝斗争

列宁在《对华战争》一文中，不仅论述了沙俄侵华政策给中国人民造成的灾难，揭露了对华战争期间沙俄在华暴行，而且分析了沙俄政府的对华侵略战争给俄国人民造成的影响，揭示出沙俄侵华政策也不符合俄国人民的利益，阐明了俄中两国人民之间真实关系："中国人民从来也没有压迫过俄国人民"；而且俄中两国人民具有相似的命运："中国人民也同样遭到俄国人民所遭到的苦难，他们遭受到向饥饿农民横征暴敛和用武力压制一切自由愿望的亚洲式政府的压迫，遭受到侵入中华帝国的资本的压迫。"①

第一，沙俄侵华政策给中国人民造成的灾难。沙俄政府对华执行的是一种极为反动的政策，不仅是资源的掠夺、领土的扩张，更是给中国人民生命财产造成沉重灾难。正如列宁所指出："沙皇政府在中国的政策是一种犯罪的政策"。② 首先，列宁揭露了沙俄政府对中国主权的践踏和对中国工人的剥削和压迫。1896 年的《中俄密约》使沙俄攫取在中国修筑中东铁路的权利；沙俄政府在中国土地上修筑铁路，付给中国工人极低的报酬，并利用中东铁路扩大对中国的侵略。然而，沙俄政府却将这一系列侵略行径"美化"到像是"基督教徒那样毫无私心"。对此，列宁反问指出："修筑中东铁路，每天只付给中国工人 10 戈比的生活费，难道这就是俄国毫无私心的表现吗？"③ 其次，列宁揭露了沙俄军队在对华战争期间的野蛮罪行。沙俄等八国联军侵华的总兵力在最多时达到"十二万八千余人（实际参战兵力约三四万人），装备火炮二百七十六门。"其中，沙皇俄国政府军队"两万人。司令为李涅维奇中将。……加上附属人员，共约两万三千人，随带火炮四十四门。"④ 正是在沙俄这支军队的参与下，联军血洗天津、攻占大沽炮台、在北京公开抢劫、杀人放火，……残酷镇压了中国义和团反帝爱国运动。列宁在评论沙俄政府和军队在对华战争中取得的这"一连串的胜利"时，愤怒地指出："这些胜利与其说是战胜了敌人的正规军，不如说是战胜了中国的起义者，更不如说是战胜了手无寸铁的中国人。水淹和枪杀他们，不惜残杀妇孺，更不用说抢劫皇宫、住宅和商店了。"⑤ 然而，对于沙俄政府来说，趁火打劫是它扩张领土、侵略邻国惯用的手法。事实上，在伙同联军行动的同时，沙俄政府派出大批军队侵犯中国东北，妄图实现其独占中国东北的野心。沙俄军队所到之处，

---

① 《列宁选集》第 1 卷，人民出版社 2012 年版，第 282 页。
② 《列宁选集》第 1 卷，人民出版社 2012 年版，第 282 页。
③ 《列宁选集》第 1 卷，人民出版社 2012 年版，第 280 页。
④ 军事科学院《中国近代战争史》编写组：《中国近代战争史（第二册）》，军事科学出版社 1985 年版，第 237—238 页。
⑤ 《列宁选集》第 1 卷，人民出版社 2012 年版，第 278 页。

烧毁村庄，屠杀平民，且手段极其残忍，在中国犯下了罄竹难书的罪行。沙俄军队在海兰泡和江东六十四屯两地对中国平民实施灭绝人性的大屠杀，至少有7000人在这两次惨案中被杀害。对于沙俄政府军队在中国的暴行，列宁评论指出："它们盗窃中国，就像盗窃死人的财物一样，一旦这个假死人试图反抗，它们就像野兽一样猛扑到他身上。它们把一座座村庄烧光，把老百姓赶进黑龙江中活活淹死，枪杀和刺死手无寸铁的居民和他们的妻子儿女。"① 这是沙俄军队在华暴行的真实写照，充分暴露了沙俄帝国对华政策的野蛮、残暴及其反动本质。列宁认为，沙俄政府军队在华暴行是对沙俄政府官方媒体和"摇尾乞怜的记者们"宣扬的所谓"文明的欧洲人"、"俄国负有开导的使命"、"基督教徒那样毫无私心"② 的极大讽刺。

第二，沙俄侵华政策给俄国人民造成的危害。沙俄政府的对华政策践踏了中国主权，给中国人民造成沉重灾难，也给俄国人民造成诸多沉重负担，沙俄政府对中国的政策也使俄国"人民更加贫困，使人民受到更深的毒害和更大的压迫"。③ 首先，加重了俄国人民的经济负担。战争必然需要庞大的军费支出，这是毋庸置疑的。沙俄对华战争中的战费起初甚至每天就达到几十万卢布。那么，庞大的军费支出来源于哪里？列宁指出，沙俄发动对华战争耗费的是"从人民身上搜刮来的大量钱财"；④ 列宁引用财政大臣维特的言论进一步论证指出："1900年1月1日以前，国库尚存闲置现款25000万卢布"，但是"现在这笔钱已经没有了，都投入了战争"。⑤ 而为了维持侵略战争进行以及继续推行侵略政策，沙俄政府必然增加人民的征收税额，使人民的经济负担更加沉重。列宁指出："这次新的胜利征战的重负，都落在劳动人民的肩上，从他们中间抽人到遥远的地方去，为了弥补庞大的开支，向他们征收了

---

① 《列宁选集》第1卷，人民出版社2012年版，第279—280页。
② 《列宁选集》第1卷，人民出版社2012年版，第280—282页。
③ 《列宁选集》第1卷，人民出版社2012年版，第282页。
④ 《列宁选集》第1卷，人民出版社2012年版，第279页。
⑤ 《列宁选集》第1卷，人民出版社2012年版，第281页。

重税。"① 其次，对华战争使俄国人民的生活更加恶化。列宁一针见血地指出："成千上万个家庭因劳动力被拉去打仗而破产，国债和国家开支激增，捐税加重，剥削工人的资本家的权力扩大，工人的生活状况恶化，农民的死亡有增无减，西伯利亚大闹饥荒，——这就是对华战争能够带来而且已经带来的好处。"② 列宁的论述准确揭示了对华战争给俄国人民生命财产以及生产和生活造成的有害影响。再次，沙俄的对华政策毒害人民的政治意识。沙俄政府通过御用媒体的宣传，歪曲对华战争的性质，挑拨俄中两国人民的关系，激起俄国群众对中国的仇恨情绪，以对中国的战争转移国内人民对沙俄政府的不满，从而使人民群众无法认识自己的"真正敌人"，维护专制统治。列宁在《对华战争》中揭露了沙俄政府的险恶用心。他指出："沙皇政府对中国实行的政策不仅侵犯人民的利益，而且还竭力毒害人民群众的政治意识。凡是只靠刺刀才能维持的政府，凡是不得不经常压制或遏制人民愤怒的政府，都早就懂得一个真理：人民的不满是无法消除的，必须设法把这种对政府的不满转移到别人身上去。"③

由此可见，沙俄的对华政策及对华战争给俄中两国人民都造成了沉重灾难。俄国人民同样是沙俄政府专制制度和对外侵略政策奴役的对象。正如列宁所说："沙皇政府不仅把我国人民变成奴隶，而且还派他们去镇压那些不愿做奴隶的别国人民……它不仅帮助俄国资本家剥削本国工人，把工人的双手捆起来，使他们不能团结自卫，而且还为了一小撮富人和显贵的利益出兵掠夺别国人民"。④ 因此，沙俄对华掠夺政策是俄中两国人民都不愿接受的。反对沙俄对外侵略政策，实现俄中平等关系，符合俄中两国人民的利益。列宁认为，俄国的觉悟工人有责任带领劳动群众认识其"真正敌人"，引导人民不被专制政府转移人民"注意力"的虚伪宣传所迷惑，使劳动人民同觉悟工人一道投身反对本国专制统治和剥削阶级的斗争，以支持声援中国人民反对沙

---

① 《列宁选集》第1卷，人民出版社2012年版，第278页。
② 《列宁选集》第1卷，人民出版社2012年版，第280—281页。
③ 《列宁选集》第1卷，人民出版社2012年版，第281页。
④ 《列宁选集》第1卷，人民出版社2012年版，第282页。

皇政府掠夺政策的斗争。在这里，列宁提出了俄国无产阶级支持中国人民反帝斗争的任务，这是列宁"全世界无产者和被压迫民族联合起来"思想的萌芽和重要组成部分。列宁这一思想的提出对于包括中国人民在内的被压迫民族的民族解放运动及压迫民族自身的解放都具有重要意义，这是因为，"一个民族当它还在压迫其他民族的时候，是不可能获得自由的。"①

（三）揭示了沙俄对华政策的阶级性，阐明了实现俄国对华和平政策的基本要求

马克思主义认为，国家是人类社会发展到一定阶段的产物，是阶级统治的工具，一个国家占统治地位的阶级的性质决定国家的性质，国家的性质决定了其对内对外政策。一个国家的对外政策体现国家统治阶级的利益和要求。那么，沙俄对华政策服务于那些人呢？沙俄政府的对华战争对谁有利呢？列宁在《对华战争》一文中自问自答指出：沙皇政府"为什么要对中国实行这种疯狂的政策呢？这种政策对谁有利呢？它对一小撮同中国做生意的资本家大亨有利，对一小撮为亚洲市场生产商品的厂主有利，对一小撮现在靠紧急军事订货发横财的承包人有利（有些生产武器、军需品等等的工厂正在拼命地干，并且增雇成百上千的日工）。这种政策对一小撮身居要职的贵族有利。"②列宁的论述明确指出了沙俄对华政策"对谁有利"的问题，即代表哪个阶级的利益、为哪些人服务的问题。显而易见，沙俄对华政策损害了占人口大多数的俄国工人和劳动群众的利益，只是代表了少数资本家和贵族统治者的利益，是为少数人服务的。也就是说，沙俄政府"为了这一小撮资本家和狡猾的官吏的利益，竟然毫不犹豫地牺牲全国人民的利益"③。这是沙俄对华政策阶级性质的最直接体现。

通过对沙俄对华政策阶级性质的分析和批判，也促使列宁以无产阶级国际主义的立场进一步思考：要改变俄国的对外政策，实现对华平等与和平的外交政策，必须"打碎战争强加在劳动人民身上的新的枷锁"，迫使政府"不

---

① 《马克思恩格斯文集》第 1 卷，人民出版社 2009 年版，第 696 页。
② 《列宁选集》第 1 卷，人民出版社 2012 年版，第 280 页。
③ 《列宁选集》第 1 卷，人民出版社 2012 年版，第 280 页。

要光照顾宫廷奸党的利益"①，而应从维护工人阶级和劳动群众利益的立场出发解决问题。列宁认为，首先要发挥觉悟工人的作用，壮大反对专制政府的力量。因为觉悟工人是"千百万劳动人民的先进代表"②，俄国觉悟的工人"已经开始从人民群众所处的那种政治上的愚昧无知中挣脱出来"③。而工人阶级的历史使命决定了其带领劳动群众开展反对专制政府斗争的必然性和重要性；其次，召开人民代表大会，结束专制统治，实现工人阶级和劳动群众的政权，是维护俄国人民利益、实现和平对外政策的唯一的办法。这是因为"只有工人阶级才能在夺取政权以后，在行动上而不是口头上执行和平政策"。④

三、《对华战争》关于俄中关系思想的理论意义和实践价值

《对华战争》一文是列宁分析、论述沙俄时期俄中关系的基础之作，包含了列宁对早期俄中关系的认识、批判和思考的一系列重要思想，标志着列宁早期俄中关系思想的形成。列宁《对华战争》一文中的俄中关系思想具有重要的理论意义。

其一，列宁关于对华战争目的、原因的论述，使包括俄国人民在内的各国人民能够认识中国义和团运动的反帝爱国性质，使沙俄等帝国主义"美化"侵略战争的虚伪宣传不攻自破，有力地回击了"中国人仇视欧洲的文化和文明"的谬论，这有利于唤起俄国人民以及全世界人民对中国人民反帝斗争的同情和支持，声援了中国人民反侵略的斗争。⑤

其二，列宁关于对华战争的阶级性质和沙俄等帝国主义在华暴行的论析，有利于帝国主义国家劳动人民正确认识本国剥削阶级政府的侵略本性和反动本质，有利于工人阶级和先进分子正确认识被压迫、被剥削的经济根源和阶级根源，有利于唤起工人阶级和劳动群众开展反抗本国剥削阶级反动统治和压迫的斗争，从而推动压迫民族的无产阶级支持和配合包括中国在内的被压

---

① 《列宁选集》第1卷，人民出版社2012年版，第282页。
② 《列宁选集》第1卷，人民出版社2012年版，第278页。
③ 《列宁选集》第1卷，人民出版社2012年版，第282页。
④ 《列宁全集》第32卷，人民出版社1985年版，第145页。
⑤ 俞良早：《列宁关于中国人民革命的思想》，载《荆州师范学院学报》，2003年第1期。

迫民族反抗压迫、反对侵略的斗争。

其三，列宁关于改善俄国对外政策基本要求的主张，有助于增强工人阶级的政治觉悟和使命感，提升工人阶级在劳动群众中的政治影响力，为工人阶级和劳动群众争取自身权利、改变自身命运的斗争指明了方向，也成为实现无产阶级和被压迫民族的国际联合的重要理论指导，因为"无产阶级不仅要推翻资产阶级对本阶级的压迫和剥削，也要摧毁资产阶级对其他民族的压迫和剥削"①，这是由全世界无产阶级的历史使命所决定的。

1917年11月，列宁领导十月革命取得了胜利，建立了苏维埃政权，实现了社会主义由理论到实践的飞跃，揭开了社会主义国家外交实践的序幕。列宁《对华战争》一文中关于沙俄时期俄中关系的评价和思考，对于苏维埃政权外交实践产生了重要影响。

首先，苏维埃政府提出了与沙俄政府完全不同的外交政策主张。1917年11月8日，全俄苏维埃第二次代表大会通过了列宁亲自起草的《和平法令》，这是苏维埃俄国的第一个外交文件，体现了苏俄发展对外关系的基本原则和基本主张。《和平法令》向第一次世界大战各交战国呼吁立即缔结"没有兼并（即不侵占别国领土，不强制归并别的民族）没有赔款的和约"②，并以劳动群众的立场阐明了苏俄政权对待民族问题和民族国家关系的态度；主张废除秘密外交，废除"替俄国地主和资本家谋取利益和特权"③的秘密条约，倡导建立持久和平为基础的国家关系，这与沙俄时期对中国侵略扩张的政策具有截然不同的性质。

其次，苏维埃政权宣布放弃沙俄在华一切侵略权益。十月革命胜利以后，中国北方的邻居已不再是"侵略成性"的沙皇俄国，而是"工农政府"的社会主义苏维埃俄国。列宁领导下的苏俄主张与中国发展平等的外交关系。1919年7月，苏维埃政府发布《对中国人民和中国南北政府的宣言》即第一次对华宣言，这是苏俄发展对华关系最直接、最明确的纲领性文件。《宣言》

---

① 李爱华：《马克思主义国际关系理论专题研究》，人民出版社2013年版，第161页。
② 《列宁选集》第3卷，人民出版社2012年版，第340页。
③ 《列宁选集》第3卷，人民出版社2012年版，第341页。

宣布放弃沙俄在华一切侵略特权，拒绝接受庚子赔款，建立俄中平等关系，实现持久和平，这体现了列宁领导的苏维埃政府对华政策的真正平等原则。第一次对华宣言为苏俄政府和以后的苏联政府与中国建立平等国家关系奠定了重要的前提条件。①

最后，苏俄政府积极援助中国革命。苏俄政府成立之初，在争取与中国建立外交关系的同时，根据列宁的指示，多次派出革命者与中国民主派和具有共产主义倾向的先进知识分子取得联系，积极帮助中国建立无产阶级政党，援助中国民主革命和共产主义革命的发展。正是苏俄政府及共产国际的帮助，推动了中国共产党的成立，推进了中国国民党的改组，促成了第一次国共合作的实现，这是列宁俄中关系思想及其指导下的苏俄对华政策的无产阶级国际主义原则的充分体现。

沙俄政府参加的八国联军侵华战争已经过去一个多世纪。但是，对华战争给中国人民造成的伤痛却无法抹去。"历史是现实的一面镜子"，包括八国联军侵华战争在内的中国近代被压迫被奴役的屈辱历史，永远是激励我们致力于独立自主，争取民富国强，实现中华民族伟大复兴中国梦的精神动力。正如邓小平指出："我是一个中国人，懂得外国侵略中国的历史。当我听到西方七国首脑会议决定要制裁中国，马上就联想到一九〇〇年八国联军侵略中国的历史。……要懂得些中国历史，这是中国发展的一个精神动力。"② 列宁论述俄中关系的重要著作《对华战争》也已经发表一个多世纪，但是他在该文中阐发的俄中关系思想仍然闪耀着真理的光辉，仍值得我们深入学习和研究。

（此文载于《河南师范大学学报（哲学社会科学版）》2014 年第 6 期）

---

① 王凤贤：《对"苏俄第一次对华宣言"的再认识——基于苏联解体后公布之档案资料的考察》，载《学习与探索》，2011 年第 5 期。

② 《邓小平文选》第 3 卷，人民出版社 1993 年版，第 357—358 页。

中国特色协商民主理论研究的历程、现状及思考[①]

孙德海[②]

摘　要：经过学术界十余年的介绍、评析、借鉴和探索、创新、发展，我国逐步形成了中国特色社会主义协商民主理论，并取得了可观的研究成果。但通过对有关成果的深入分析发现，理论界对协商民主理论研究，无论是理论、功能、价值，还是制度、体制、机制，都还不够成熟和完善，与其在我国民主政治建设中的地位还不相称，亟需进一步聚焦中国特色协商民主自身的理论建设和实践发展，不断拓宽研究路径，丰富研究内容，创新研究方法，提升研究质量，努力构建和完善概念清晰、范畴规范、论证深刻、逻辑严密、结构合理的中国特色社会主义协商民主理论体系和制度机制，为推进协商民主广泛、多层、制度化发展提供学理支撑和制度保障。

协商民主作为当今世界民主政治发展的一种新型民主理论范式和形态，已引起中外政治理论界的持续广泛关注。特别是党的十八大提出"推进协商民主广泛、多层、制度化发展"[③]后，协商民主成为我国政治生活中的一个热门话题。但客观地讲，虽然我国政治协商的实践探索较早，但对协商民主理

[①]　山东省社会科学规划研究重点项目《中国特色协商民主发展理路与制度创新研究》（14BZZJ01）、聊城大学科研基金项目《社会主义协商民主发展研究》（321021405）的阶段性成果。

[②]　孙德海，男，聊城大学政治与公共管理学院党总支书记，苏州大学政治与公共管理学院博士生。

[③]　胡锦涛：《坚定不移沿着中国特色社会主义道路前进　为全面建成小康社会而奋斗》，载《人民日报》，2012年11月9日。

论的研究却起步较晚。国内有关研究成果表明,协商民主理论建树还不够成熟,制度机制也不很完善,实践路径更有待拓展,不少领域仍有许多待解之谜。可以说,我国协商民主的建设还任重道远,亟需理论界进一步深入研究和探讨。只有尽快改变协商民主理论研究滞后于实践发展的状况,才能不断健全社会主义协商民主制度,完善和发展中国特色社会主义制度,推进国家治理体系和治理能力现代化。

一、中国特色协商民主理论研究的发展历程

"协商民主"是美国克莱蒙特大学政治学教授约瑟夫·毕塞特1980年在《协商民主:共和政府的多数原则》一文中,首次从学术意义上发明和使用的,后来逐渐演变成西方学术界讨论的一种新的民主理论范式。协商民主的兴起,主要是因近些年来,西方国家越来越多的政治理论家认为,由于政治过程的极其复杂性,间接的代议民主(或选举民主)奉行的简单多数原则已不能充分体现全体民众的真实意愿,由此引发的决策合法性缺失、公民政治冷漠、民众政治疏离、政府公权膨胀等问题,使西方国家面临着政治合法性危机。为了弥补和解决代议制民主自身固有的缺陷与不足,他们认为,以倡导公民通过理性的对话、沟通、讨论、商量、辩论等方式参与公共决策和政治生活为主要特征的协商民主,能够实现对代议民主(或选举民主)的完善和超越,从而赋予立法和决策以合法性。所以,协商民主概念一经提出,立即在西方引起广泛讨论,并迅速发展成为政治理论界的重要成果之一。特别是随着美国著名政治哲学家罗尔斯、英国著名社会政治理论家吉登斯、德国著名思想家哈贝马斯等一些当今西方政治思想界的领军人物对协商民主理论的支持、倡导和发展,"到20世纪90年代晚期,协商民主已经成为大多数民主理论的核心"[①]。此后,越来越多的西方学者开始从不同视角研究协商民主,推动着民主不断走向协商。

[①] [澳]约翰·德雷泽克:《协商民主及其超越:自由与批判的视角》,丁开杰等译,中央编译出版社2006年版,第2页。

我国学术界关于协商民主理论的研究和探讨是最近十几年的事情,大体经历了一个介绍、评析、借鉴和探索、创新、发展的过程。

1. 我国理论界对西方协商民主理论的介绍、翻译和评析

我国学术界开始关注协商民主理论主要是在2000年以后。2001年4月,德国思想家哈贝马斯在访华期间所作的"民主的三种规范模式"的演讲中,提出了第三种民主模式——协商民主,开始引起了我国学术界对西方协商民主的关注。2002年,俞可平教授在《当代西方政治理论的热点问题》(上)一文中,简要介绍了新兴的西方协商民主理论。2004年,上海三联书店出版了陈家刚博士选编的国外学者《协商民主》论文集。2006年和2009年,中央编译出版社分两批出版了"协商民主译丛",分别是:《协商民主:论理性与政治》、《公共协商:多元主义、复杂性与民主》、《作为公共协商的民主:新的视角》、《协商民主及其超越:自由与批判的视角》、《协商民主:挑战与反思》、《民主与差异:挑战政治的边界》、《协商民主论争》、《美国民主的未来:一个设立公众部门的方案》,这些著作为我国学者了解和研究西方协商民主理论提供了丰富的国外文献参考资料。这期间,《审议民主》、《西方协商民主理论研究》、《协商民主与政治发展》等介绍和评析西方协商民主理论的著作也相继面世。上述成果从不同视角对西方协商民主理论的兴起原因、基本概念、核心要素、价值诉求等进行了较为详细的介绍和评析。

2. 借鉴西方协商民主理论反思和探索我国的政治制度与政治发展

自2003年起,我国学者在引介西方协商民主理论的同时,开始借鉴西方协商民主理论考量和观照我国的政治制度和政治实践,并反思和探索我国的民主政治建设问题。从笔者目前查阅到的国内文献看,复旦大学林尚立教授是最早从事这一研究工作的国内学者。2003年,林尚立在《协商政治:对中国民主政治发展的一种思考》一文中,提出协商政治"应该成为中国新世纪民主政治建设的重要任务与目标"①的观点。之后,陆续有学者加入这一领域的研究和讨论,并开始呈现出研究视角逐步拓展、研究内容不断深化、研究

---

① 林尚立:《协商政治:对中国民主政治发展的一种思考》,载《学术月刊》,2003年第4期。

成果逐年增加的特点。特别是在 2006 年《中共中央关于加强人民政协工作的意见》提出"人民通过选举、投票行使权利和人民内部各方面在重大决策之前进行充分协商，尽可能就共同性问题取得一致意见，是我国社会主义民主政治的两种重要形式"①后，关于政治协商与协商民主的关系等方面的研究取得较大进展。这期间，国内出版的代表性著作主要有：《软法与协商民主》、《中国特色协商民主研究》、《协商民主与中国当代政治》、《中国特色协商民主论》等。论文方面，据中国知网的《中国期刊全文数据库》统计表明，国内发表的篇名中包含"协商民主"的学术论文，2007 年以前还不足 100 篇，到 2012 年底已达 1000 余篇。其中，博士学位论文从不同角度涉及协商民主问题的也有近 10 篇，已经以著作形式出版的主要有《当代中国民主协商研究》、《从政治协商走向协商民主》等。

这一时期理论界关于协商民主的研究主要集中在这几个方面：协商民主的内涵、特征、价值，协商民主与我国政治协商的关系，协商民主与我国人民政协的关系，中国协商民主的理论渊源、历史传统与实践经验等，并开始尝试在研究工作中对协商民主进行理论创新。但在研究过程中也出现许多争论与分歧，表现为各自观点迥然不同、甚至针锋相对的状况。有的学者主张协商民主是外生论即舶来品，认为协商民主是 20 世纪末在西方政治学界兴起的一种民主形态，但与我国的政治协商有许多相似之处，我们应该大胆借鉴并汲取其合理成分，发展我国的多党合作和政治协商制度。有些学者主张内生论即创造物，认为协商民主在西方只是正在讨论和研究的一种新的民主范式，对中国来讲，实践中早已存在，并积累了丰富的成功经验，现行的政治协商制度就是我国协商民主的特有形式，协商民主是中国共产党和中国人民在社会主义民主形式方面的伟大创造，二者在理论基础、文化传统和发展路径等方面存在着重大差异，并在研究工作中逐渐开始使用"中国特色协商民主"的特定概念，以示与西方协商民主的区分。

---

① 《中共中央关于加强人民政协工作的意见》，载《人民日报》，2006 年 3 月 2 日。

3. 深入开展中国特色协商民主理论与实践的研究与探讨

2012年11月召开的党的十八大充分肯定社会主义协商民主是我国人民民主的重要形式后，国内学术界和实际工作者围绕学习、贯彻和落实党的十八大精神，掀起了新一轮协商民主理论研究的热潮，发表了一批研究成果，除了著作《中国社会主义协商民主思想史稿》外，其余主要是学术论文。据中国知网的《中国期刊全文数据库》统计，在十八大召开后一年多的时间里，国内发表的篇名中包含"协商民主"的学术论文已达600余篇，占我国协商民主研究学术论文总数的三分之一以上，超过十八大召开之前十多年发表的有关协商民主研究学术论文的一半以上。可见，我国的协商民主研究工作进入了一个新的发展和繁荣时期。

特别值得一提的，经过十余年的研究和讨论，我国的协商民主研究在不断创新的基础上，开始出现了一个明显的转向，即从过去试图用西方协商民主的概念、特征和内涵来考量、观照我国的政治制度和政治实践，更多地转向了中国特色社会主义协商民主理论与实践自身的探讨和阐释，并基本达成了中国特色协商民主与西方协商民主具有本质不同的共识，认为协商民主是我国在民主形式方面的伟大创造，是社会主义民主政治的特有形式和独特优势。

在这一时期，研究内容主要是围绕中国特色社会主义协商民主自身的起源、属性、功能，特别是从健全社会主义协商民主制度、机制和程序等方面展开的，彰显了我国学术界在协商民主研究上的理论自觉和理论自信。

二、中国特色协商民主理论研究的问题分析

十几年的发展历程表明，我国的协商民主理论研究取得了显著成绩，为健全和发展中国特色社会主义协商民主制度奠定了理论基础。但通过对我国协商民主理论研究成果的深入分析，不难看出，研究工作中也存在一些问题与不足。

从研究成果上看，虽然协商民主已与选举民主一起成为我国实现人民民主的两种重要形式，但与选举民主、代议民主等相对成熟民主形式的理论形

态相比，还存在着研究成果的总量偏少、视域不宽、重复度较高的现象，一定程度上反映出我国的协商民主理论研究还不够系统和全面，研究水平尚有待进一步加强和提升，研究领域更需进一步拓宽和深化。从笔者目前查阅和搜集到的国内学者关于协商民主的研究文献看，国内已经出版的著作仅有20余部，其中，专著不足10部，并且独著更少，其余全部为译著或论文集，而且大多为国外学者的论文集。论文方面，据中国知网的《中国期刊全文数据库》统计，国内学者十多年来发表的篇名中含有"协商民主"的学术论文共计1600余篇，但无论是题目本身还是研究内容都存在着重复度较高的现象，主要集中在党际协商、政治协商等方面，特别是围绕人民政协的协商民主开展研究的学术论文最多，而对其他类型、领域和层次的协商民主的研究论文较少，不能及时和真实反映出我国协商民主的发展状况，更落后于我国各级各类组织不断探索并正在开展的民主协商的生动实践。以上状况表明，即便我们不谈已取得成果的质量，如果仅仅从成果数量的角度讲，对于一种新型理论的建构、发展和成熟来说，也是远远不够的。

从研究方法上看，存在着定性描述多、定量分析少，史实叙述多、逻辑论证少的现象，还不能为建构科学完善的中国特色协商民主理论体系提供经验和学理上的有力支撑。从现有的研究成果分析，不少成果注重对协商民主的概念、属性、地位、功能的定性研究，对我国不同层面特别是社会基层组织在实践中创造的丰富多彩的民主协商形式以及取得的鲜活经验关注不够，缺乏系统的定量分析、归纳总结和理论提炼，仅有少数学者对个别基层乡镇的民主协商实验和社区的民主协商议事活动进行过实证研究和定量分析，而对各级人大、政府等组织时常开展的立法听证、决策听证等民主协商形式，很少有学者问津和深入研究，从而导致我国协商民主研究成果的针对性、实效性和应用性不强。与此同时，还有些研究成果过多地依赖历史资料和现实做法说明问题，对协商民主的哲学基础、基本精神、原理方法、内在机理等缺乏严谨的逻辑论证和缜密的逻辑推理，造成理论说服力和解释力较弱，不利于中国特色协商民主理论体系的建构和完善。有的学者就指出，"一些学习十八大关于社会主义协商民主制度方面的文章，感到有些作者对中国协商民主的体制、机制甚至基本情况了解甚少,主要是在一些翻译过来的概念或定义的基础上进行演绎推理。而有关部门的一些同志的文章,则往往停留在具体工作层面谈问题,眼界窄了,理论性也不够"[①]。

从研究内容上看,存在着注重对国家层面已有协商民主制度的规范研究,忽略对其他层次民主协商的微观探视问题,主要表现为研究领域窄、具有创新性和建设性的对策研究较弱现象,不利于推进协商民主的广泛多层制度化发展。从现有的成果可以看出,我国的协商民主研究主要集中在现有国家层面的中国共产党领导的多党合作和政治协商制度等发展较为成熟的宏观政治领域,特别是对中国人民政治协商会议的各种民主协商制度和形式研究较多,而对于近年来我国政治发展过程中,各级国家政权机关(包括人大、政府)、群众团体、基层组织、社会组织和网络社区等不断探索创造的、广泛多层开展的、涉及经济领域、文化领域、社会领域和生态文明领域的各种形式的民主协商,并没有引起学术界的足够重视。一方面,表现为从事这些领域研究的学者较少;另一方面,有关这方面的研究成果不仅数量少,而且也很不深入、系统,与推进协商民主广泛多层制度化发展的要求还很不适应。另外,理论界关于我国民主协商内部工作机制和原则方法的研究显得更加薄弱,特别是对于各级各类不同层面民主协商的主体、内容、形式、场域、程序等内部微观问题的探讨较少,尤其是具有创新性、建设性和指导性的成果更少,在很大程度上制约了我国协商民主的规范有序开展,影响了民主协商的效果和质量。

以上分析表明,我国的协商民主理论研究虽然取得了可观成果,但其总体研究水平与其在我国民主政治建设的地位、功能和作用还很不相称,无论是在理论深化、经验总结,还是在制度建设、机制创新等方面,都需要进一步深入研究和探讨。国内较早从事协商民主介绍和研究的著名学者俞可平认为:"协商民主已成为我们中国特色民主政治的重要内容,但是,在我看来,

---

① 卞晋平:《贯彻中共十八大精神 推进协商民主建设》,载《中国政协理论研究》,2013年第2期。

我们对协商民主的探索才刚刚开始。在理论上,我们还缺乏系统的理论建构;在实践上,我们还缺乏完善的制度机制"①。由此可见,中国特色协商民主的研究还处于理论体系的起步和建构阶段。

三、中国特色协商民主理论研究的路径思考

党的十八大在全面总结我国协商民主理论研究与实践发展的基础上,在党的历史上首次确认"社会主义协商民主是我国人民民主的重要形式"②,并把"健全社会主义协商民主制度"③作为坚持走中国特色社会主义政治发展道路的重要组成部分。党的十八届三中全会进一步指出:"协商民主是我国社会主义民主政治的特有形式和独特优势,是党的群众路线在政治领域的重要体现"④,并重申把"推进协商民主广泛多层制度化发展"⑤作为政治体制改革的重要内容。这些重要论断是中国共产党在民主政治领域的重大实践创新、理论创新和制度创新,集中体现了我们党发展社会主义民主政治的道路自信、理论自信和制度自信。但我国协商民主理论研究的整体水平与上述科学论断并不十分匹配,尚缺乏系统完备的理论体系和健全完善的制度机制,还不能为之提供强有力的学理支撑。要实现党的十八大和十八届三中全会作出的战略部署,"我们应该以一种马克思主义的政治自觉,抓住十八大为中国民主政治建设提供的极好机遇,深化对中国民主政治特别是协商民主的研究"⑥。

根据我国协商民主理论与实践的发展现实,结合研究过程中存在的问题与不足,具体地说,今后我们要立足历史与逻辑、批判与借鉴、解析与建构等多重维度,进一步拓宽研究路径,拓展研究领域,丰富研究内容,创新研

---

① 俞可平:《中国特色协商民主的几个问题》,载《学习时报》2013年12月24日。
② 胡锦涛:《坚定不移沿着中国特色社会主义道路前进 为全面建成小康社会而奋斗》,载《人民日报》,2012年11月9日。
③ 胡锦涛:《坚定不移沿着中国特色社会主义道路前进 为全面建成小康社会而奋斗》,载《人民日报》,2012年11月9日。
④ 《中共中央关于全面深化改革若干重大问题的决定》,载《人民日报》,2013年11月16日。
⑤ 《中共中央关于全面深化改革若干重大问题的决定》,载《人民日报》,2013年11月16日。
⑥ 李君如:《以高度政治自觉推进协商民主的研究》,载《北京日报》,2013年2月4日。

究方法，重点从以下三个层面深化中国特色协商民主的研究工作。

从宏观层面来讲，我们应从完善和发展中国特色社会主义制度的战略高度，紧密联系我国协商民主实践发展与理论研究的历程，尤其是要结合我国改革开放以来出现的社会阶层、组织形式、利益诉求、价值观念等日益多元化的实际，全方位地考察和剖析中国特色协商民主发展的理论基础、实践资源、历史演进和国际借鉴。特别是要从镜鉴的视角，进一步深化对中西协商民主理论的比较研究，从学理上真正厘清中西方协商民主在理论来源、历史背景、发展理路和未来前景等方面的本质区别和差异，尽快从西方协商民主话语体系的束缚中摆脱出来，真正实现理论上的追根溯源、正本清源，切实增强发展社会主义协商民主的理论自觉和理论自信。同时，还要从法理上对现行的中国共产党领导的多党合作和政治协商制度、中国人民政治协商会议等一系列政治架构和实践模式进行系统分析，切实把协商民主放在党和国家民主政治建设的全局中去考量，深刻阐释协商民主在中国特色社会主义民主政治发展中的本质属性和功能定位，不断提高对社会主义协商民主的认知水平，并通过逐步加强其制度化、规范化和程序化建设，进一步满足公民参与诉求，从而真正彰显我国社会主义协商民主的中国特色和独特优势。

从中观层面来看，我们应从建设社会主义政治文明的整体视野，着眼中国特色社会主义协商民主的理论体系构建，对中国特色协商民主的发展规律进行规范研究，多视角地探讨和阐发中国特色协商民主的发展路径、制度体系、机制创新和价值目标，着力从理论上阐释其生成路径和内在机理，分析其发展困境和实现条件，努力构建和完善概念清晰、范畴规范、论证深刻、逻辑严密、结构合理的中国特色社会主义协商民主理论体系，不断增强健全和发展社会主义协商民主的自觉性和坚定性。与此同时，还要从推进国家治理体系和治理能力现代化的角度，从逻辑上探究国家与社会、政府与公民、组织与个人之间的良性互动关系，推动我国政治文化由传统管理方式向现代治理模式的转变，为构建程序合理、环节完整、立体多层的协商民主体系提供理论指导，不断拓宽国家政权机关、政协组织、党派团体、基层组织、社会组织、网络社区的协商渠道，努力实现不同阶层人民群众有序政治参与的全覆盖，充分发挥协商民主在国家治理、社会治理和基层治理等领域中沟通交流、化解矛盾、形成共识的重要作用，从而积极稳妥有序推进我国的政治体制改革，始终坚定走中国特色社会主义民主政治发展的道路自信。

从微观层面来说，我们应从推进协商民主广泛多层制度化发展的现实要求出发，紧紧围绕完善和创新中国特色协商民主的实践路径和体制机制，认真和及时总结我国在各个层次、不同领域探索和发展协商民主中的经验教训，对中国特色协商民主的实践经验进行理论概括和凝炼升华，分类型、分层次、分领域地明晰和完善中国特色协商民主的协商主体、协商内容、协商形式、协商方法和协商程序等具体问题，特别是从发展的视域提出具有针对性和可操作性强的对策建议，不断健全社会主义协商民主制度体制和工作机制，为深入开展立法协商、行政协商、民主协商、参政协商、社会协商等提供科学合理的原则和方法指导，构建系统完备、科学规范、运行有效的体制机制，努力推进不同民主协商形式的规范有序开展，切实提高我国各种形式民主协商的效率和质量，从而不断拓展社会主义协商民主的深度和广度，坚定发展中国特色社会主义民主政治的制度自信。

最后，我们还要加强和深化对选举民主和协商民主两种民主形式之间关系的研究，努力推进选举民主与协商民主的有机结合，使二者相辅相成、优势互补、形成合力，为人民当家作主提供更加广阔的平台，从而发展和实现更加广泛、更加充分、更加健全的人民民主，为世界民主政治的发展和完善作出我们独特的贡献。

(此文载于《中州学刊》2014年第10期)

论国家治理体系现代化与党的领导制度科学化

邹庆国①

摘 要：推进国家治理体系和治理能力现代化的宏大命题，诠释出一种全新的执政理念与治国方略。国家治理体系与党的领导制度分别以"现代化"和"科学化"为目标取向和衡量标准，归结于完善和发展中国特色社会主义制度的根本定位。执政党的强力主导是构建国家治理体系现代化的根本前提。党的领导制度科学化是国家治理体系现代化的题中之义。党的领导制度科学化水平的高低，决定着国家治理体系现代化的程度和质量。实现党的领导制度与国家治理体系的无缝对接和有机融合，是构建现代化的国家治理体系的关键所在，必须以改革创新为根本动力，以法治为基本方式，以民主为核心诉求，坚持顶层设计与基层创新的结合。

党的十八届三中全会提出"推进国家治理体系和治理能力现代化"的宏大命题，诠释出一种全新的执政理念与治国方略。对于肩负全面深化改革领导责任的中国共产党来说，从"专政"到"管理"再到"治理"，不仅仅是话语表述的转换，更是治国理政模式的转型升级。在这一模式中，国家治理体系更具有基础性和关键性，而国家治理体系与党的领导制度的共生共建则是核心环节，二者分别以"现代化"和"科学化"为目标取向和衡量标准，归结于完善和发展中国特色社会主义制度的根本定位。

---

① 邹庆国（1971—），男，山东聊城人，法学博士，聊城大学政治与公共管理学院副教授，党史党建专业硕士生导师。

一、构建现代化的国家治理体系离不开执政党的强力主导

对于处于全面深化改革阶段的当代中国来说,以现代化的标准来构建国家治理体系,实现社会管理从单向度转向多向度,从一元独治走向多元共治的深刻变革,离不开巩固和完善党的领导这个核心元素。换言之,执政党的强力主导是构建国家治理体系现代化的根本前提。

在当代中国,构建国家治理体系不仅是一个实践课题,更是一个重大的理论命题,必须跳出西方语境,保持执政党的话语主导权。肇始于20世纪80年代的治理理论,是对当时导致西方陷入危机的国家与市场双重失败的反思结果,"愈来愈多的人热衷于以治理机制来对付市场/(或)国家协调的失败"。① 概而言之,治理理论的解释框架和实践范式是对社会变革深刻化、公共事务复杂化、利益主体多元化、民众需求多样化和社会矛盾显性化这样一种时代背景的有效回应,"是一场国家、社会、公民从着眼于对立对抗到侧重于交互联动再到致力于合作共赢善治的思想革命;是一次政府、市场、社会从配置的结构性变化引发现实的功能性变化再到最终的主体性变化的国家实验",② 是对传统的国家中心主义的反思与超越,是由社会危机倒逼而引发的制度变迁的产物。但是,任何一种理论都不是包治百病的灵丹妙药。在不同的历史阶段和政治生态中,不同国家面临的问题不同,治理的内涵有很大差异,治理体系及治理形态也体现出多样性和特殊性。在中国国情下构建国家治理体系,必须跳出西方语境下的去权威化、过分强调分权及社会自治的治理窠臼,保持中国执政党的话语主导权,以最大限度凝聚社会共识为目标,有效防范社会价值和社会结构的碎片化风险,在马克思主义国家理论和中国传统政治文化的滋养下,在改革开放生动实践的淬炼中,赋予其新的内涵,使其逐步融入中国特色社会主义理论体系,体现出马克思主义中国化的理论

---

① 杰索普:《治理的兴起及其失败的风险:以经济发展为例的综述》,载《国际社会科学》,1999年第2期。
② 江必新:《推进国家治理体系和治理能力现代化》,载《光明日报》,2013年11月15日。

逻辑、建设中国特色社会主义的历史逻辑和全面深化改革的实践逻辑的高度统一。

构建国家治理体系是中国共产党执政理念演进的最新成果。从20世纪90年代起,"治理"概念开始进入中国学者的视野,并出现于党的重要文献。党的十六大报告提出"依法治国是党领导人民治理国家的基本方略",治理理念开始生成为党的执政理念。党的十七大报告进一步提出,"要坚持党总揽全局、协调各方的领导核心作用,提高党科学执政、民主执政、依法执政水平,保证党领导人民有效治理国家。"这一表述,一方面深化和拓展了"党的领导"的内涵;另一方面,又在"治理"一词前面加上"有效"二字,突出了治理的科学化、规范化、高效化要求。在党的十八大报告中,"治理"成为一个高频词,提出"要更加注重改进党的领导方式和执政方式,保证党领导人民有效治理国家"、"法治是治国理政的基本方式"、"更加注重发挥法治在国家治理和社会管理中的重要作用"等,在领导和执政的双重语境下,把改进党的领导方式和执政方式作为高效国家治理的根本条件。党的十八届三中全会决定提出,全面深化改革的总目标是"完善和发展中国特色社会主义制度,推进国家治理体系和治理能力现代化"。这一表述,内含着四层意蕴:其一,根本定位是完善和发展中国共产党领导下的中国特色社会主义制度;其二,完整、有效、合法的国家治理体系是前提和基础;其三,治理能力是治理体系功能发挥的外在体现;其四,现代化是国家治理的价值取向和衡量标准。这四层含义共同构成中国特色国家治理模式的基本框架。这种国家治理,"实际上是在政权属于人民的前提下,中国共产党代表和领导人民执掌政权、运行治权的体系和过程;是指在坚持、巩固和完善我国政治经济根本制度和基本制度的前提下,科学民主依法有效地进行国家和社会治理;是指坚持中国共产党总揽全局、统筹各方的格局下的治国理政。"① 通过上述考察,可以清晰呈现党的领导与国家治理的内在关联,党的领导制度是国家治理体系的核心构件,党的执政能力是国家治理能力的根本标志,党的现代化是国家治理

---

① 王浦劬:《科学把握"国家治理"的含义》,载《光明日报》,2013年12月29日。

现代化的重要基础。

以政党为中坚力量的政治权威的强力推动是发展中国家现代化的内在要求。现代化是人类社会的发展趋势，是过程与形态的统一体。区别于发达国家的现代化进程，发展中国家的现代化有其特殊规律。这种特殊性的重要表现之一就是政党在现代化进程中的权威性主导地位。对此，亨廷顿作出的结论是："处于现代化之中的政治体系，其稳定取决于其政党的力量，而政党强大与否又要视其制度化群众支持的情况，其力量正好反映了这种支持的规模及制度化程度。那些在实际上已经达到或者可以被认为达到政治高度稳定的处于现代化之中的国家，至少拥有一个强大的政党。"[①] 20世纪五六十年代，执政早期的中国共产党就孕育形成了"四个现代化"的宏伟目标。从内容上看，早期的现代化主要侧重于物质指标，是适合当时的中国国情的正确决策。随着执政实践的深入展开，我们党对现代化的认识也不断深化，开始从推进文明形态整体演进的高度来审视中国的现代化课题。这种现代化，不仅是物质指标，还要涵盖政治、社会、文化和生态等领域，从"四个现代化"到国家治理层面的现代化，标志着党对现代化的中国形态形成了科学认知和理论升华。"中国形态现代化内含的发展机理是：以国家主导、集社会资源、基稳定秩序、借后发优势、籍持续发展、行跨越战略。"[②] 这一机理客观上要求塑造以党为领导核心的政治权威进行强力推动。

二、党的领导制度科学化与国家治理体系现代化的内在关联

科学的领导制度是党有效治国理政的根本保证。从实质来看，制度化是实现党的领导与国家治理的根本归宿。强调党对构建现代化的国家治理体系的领导作用，并不等于党自身可以游离于体系之外。党的领导活动贯穿于国家治理体系现代化之中，必然也在现代化进程的影响下改变着自己。习近平

---

① [美]塞缪尔·P. 亨廷顿：《变化社会中的政治秩序》，上海人民出版社2008年版，第341页。

② 林尚立：《政党与现代化：中国共产党的历史实践与现实战略》，载《政治学研究》，2001年第3期。

同志在党的十八届三中全会第二次全体会议上讲话中指出："国家治理体系是在党领导下管理国家的制度体系，包括经济、政治、文化、社会、生态文明和党的建设等各领域体制机制、法律法规安排，也就是一整套紧密相连、相互协调的国家制度。"毫无异议，党的领导制度必然包含在上述这一整套"国家制度"之中，而做到"紧密相连、相互协调"则是党的领导制度科学化与国家治理体系现代化的共同目标。

首先，党的领导制度处于国家治理体系的核心部位。党的各级组织发挥领导作用，实施领导活动的各项制度安排，本来就是国家治理体系的组成部分，并且是核心内容。构建现代化的国家治理体系，根本前提是解决如何界定治理主体及各自职能、如何规范多元主体之间关系的问题。这个问题的探讨基点是党的十六届四中全会在《中共中央关于加强党的执政能力建设的决定》中首次提出的"建立健全党委领导、政府负责、社会协同、公众参与的社会管理格局"。在党的十八大报告中进一步完善为"加快形成党委领导、政府负责、社会协同、公众参与、法治保障的社会管理体制"，彰显出法治在社会管理中的重要作用。在党的十八届三中全会决定中，"社会管理"升级为"国家治理"，提出要"坚持系统治理，加强党委领导，发挥政府主导作用，鼓励和支持社会各方面参与，实现政府治理和社会自我调节、居民自治良性互动"。尤其需要强调的是，这次全会提出"市场在资源配置中起决定性作用"，把处理好政府和市场的关系作为经济体制改革的核心问题，内含着市场也是多元治理主体中重要一元的变革取向。由此，可以从宏观上界定中国国家治理的五大主体力量，即执政党、政府、市场、社会和公众，领导、主导、协同、参与、自我调节、自治等表述，初步勾勒出五大主体力量的职能配置关系框架。国家治理体系现代化的首要任务，应当是上述五者之间形成边界清晰、分工协作、平衡互动的多元共治关系，形成国家治理的结构性体系。深入探究我们会发现，在这一结构性体系中，以执政党为原点所构成的党与政府、党与市场、党与社会、党与民众，包括执政党内部的关系范畴，正是发挥总揽全局、协调各方作用的领导制度所需要规范的基本关系范畴，具体来说，涉及党政关系、党企关系、党群关系、党与社会组织的关系、党与媒体的关系等方面的制度设计。正是在这种意义上来说，国家治理体系在本质上体现为一个系统、整体、协同的制度化治理结构体系，党的领导制度是其核心构件，处于体系运作的中轴地位。

其次，党的领导制度科学化是国家治理体系现代化的题中之义。从语义上说，科学化本身就是现代化的一个子命题。国家治理体系现代化必然会对党的领导制度改革与完善产生倒逼效应，最大限度地减小体制摩擦与规则冲突，以增强治理体系的系统性、协同性和整体性。这种要求即是不断提高党的领导制度科学化水平。在这样的思路下，党的领导制度必须适应社会发展的要求和客观环境的变化，在求真、创新、批判、宽容的氛围中，以科学理念为指导，揭示、归纳并自觉遵循制度设计、运行与变迁的内在规律，高效发挥制度功能，实现领导和执政目标。在当代中国，党的领导制度科学化具体体现为适应全面深化改革的新要求，不断改进自身的组织结构、功能、机制和活动方式并使其制度化、规范化、常态化。如果党的组织结构、机制、运作、活动方式不科学，缺乏适应性，变会延缓乃至阻碍国家治理体系现代化的进程。从国家治理的视野中来看，党在经济、政治、社会、文化和生态文明领域实施领导活动的制度安排必须严格遵循不同领域的独特规律。如此，才称得上科学化。

再次，党的领导制度科学化水平的高低，决定着国家治理体系现代化的程度和质量。党的领导制度安排能够遵循国家治理的内在逻辑和基本规律，使自身的体制、机制、功能和活动方式等方面与国家治理体系高度契合，就能为国家治理体系现代化提供合理性支持和可靠保障。其一，从体制角度来说，现代化的国家治理，要求作为主体力量的执政党、政府、市场、社会和公众之间形成一种相互支撑又相互制约的平衡互动关系，维系国家治理结构的内在张力，更加注重释放市场、社会和公众中所蕴含的治理能量，核心问题是权力配置，即政治资源的分配关系。执政党以什么样的体制架构去承载和配置领导权和执政权，决定着国家治理体系的基本框架。一方面，构建科学的领导体制，会对国家治理体系形成良好的价值导向和示范带动作用；另一方面，改变历史上形成的权力过分集中于党委的政治生态环境，尤其是形成科学化、制度化、规范化的党政关系，本身也是推进治理体系现代化的关键环节。之所以这样说，是因为党政关系涉及国家治理体系构建和运行的方方面面，在理论和实践上仍是一个长期没有得到很好解决的问题，科学的党政关系是正确处理政府与市场的关系，激发社会和公众的治理能量的重要前提和基础。其二，从功能角度来说，在现代化的国家治理体系之中，需要科学划分不同治理主体的职责界限和作用向度，注重对不同功能的优化整合，体现成本效益原则，实行廉价合作，不断提升治理体系的整体效能。党作为领导核心和深化改革的顶层设计者，能否正确坚持总揽全局、协调各方的原则，适应新要求侧重履行好利益综合、组织动员、服务协调等职能，充分发挥各主体力量的功能优势，对于降低国家治理体系的运行成本，提升运行质量至关重要。比如，上世纪80年代建立的社会治安综合治理制度，实质就是对多种组织功能的优化整合与合作治理，是一个很好的制度创新典型。

三、国家治理体系现代化与党的领导制度科学化共同推进的路径选择

一个国家和民族的现代化，不仅需要现代的科技和经济，更需要现代化的政党和政府；不仅是器物和工具的现代化，更是制度和能力的现代化。党的领导制度科学化与国家治理体系现代化是一种双向互动、共生共建的关系。如何实现党的领导制度与国家治理体系的无缝对接和有机融合，是构建现代化的国家治理体系的关键所在。

1. 改革创新是根本动力

习近平同志指出："推进国家治理体系和治理能力现代化，就是要适应时代变化，既改革不适应实践发展要求的体制机制、法律法规，又不断构建新的体制机制、法律法规，使各方面制度更加科学、更加完善，实现党、国家、社会各项事务治理制度化、规范化、程序化。"这段论述清晰阐明包括党的领导制度在内的治理体系现代化的根本动力即是改革与创新。

第一，主线是把权力关进制度笼子。当代中国国家治理面临的诸多问题有着特定的体制背景，这种体制是在长期实施国家权力主导下的赶超型发展

战略过程中形成的,权力高度集中是其主要特征。在这种体制下的治理理念及思路很容易体现出短期化、功利化取向。工业化、城镇化、市场化的深入,不断重塑着现代经济、政治和社会生活的逻辑,使传统的治理体制机制面临着考验和挑战,提出分解权力、规范权力、监督权力的改革要求。近年来尤其是党的十八大以来,以习近平同志为总书记的新一届中央领导集体坚持把权力关进制度笼子作为切入点,在改革创新包括党的领导制度在内的国家治理制度方面取得突破性进展。比如,各地开始从制度层面着手解决"一把手"权力过分集中的体制困境。2013年6月,云南省出台《权力公开透明运行规定》,明确主要领导不直接管人事、财务、物资采购和工程招标等,在重大项目决策、重要干部任免、重要项目安排和大额度资金使用等事项上,研究时须末位表态;2013年1月,安徽省委主要领导在省纪委九届四次全会上表示,安徽将实行"一把手"不直接分管人、财、物、项目等具体事务制度和"末位表态制";2014年2月,山西省出台《关于党政主要领导不直接分管部分工作的若干规定(试行)》,规定党政主要领导不直接分管下列工作:干部人事工作;财务工作;工程建设项目;行政审批;物资采购。① 对各级党政主要领导进行的限权改革,是把权力关进制度笼子的具体反映,彰显出把党的领导制度直接作用于国家治理的过程与党组织内部的制度化运作过程有机结合的改革思路,为构建科学的体制机制来承载权力、运行权力,推进国家治理体系现代化进程,提供了基本的路径选择。

第二,重点和难点是突破利益固化的藩篱。国家治理的一项重要任务就是营造公平的社会环境,形成体现正义的治理制度。破除影响社会公平正义的固化利益,是当今国家治理领域最具挑战性的问题之一,亦是深化改革的最大阻力。十八大以来,党中央以作风建设为突破口,从"八项规定"到扭转"四风",逐步延伸到领导干部工作、生活待遇规定等深层领域,体现出以破除既得利益为试金石,高层率先垂范,由高层到基层,由党内到党外,由个人、群体到部门利益,由政治领域延及其他社会领域的清晰思路。沿着这

---

① 孙艳敏:《限权定责:"一把手"才能用好权》,载《检察日报》,2014年2月11日。

样的思路，必然会极大冲击部分领域中资源的垄断性占有局面，引发国家治理制度层面的深刻变革，提升治理体系现代化水平。

第三，关键是提升制度执行力。因法律制度执行乏力而导致的"法不责众"现象长期困扰着我们，学者和实际工作者从各种角度对此提出过很多观点。再严谨的理论也不如实践更具说服力。十八大以来党中央坚持以踏石留印、抓铁有痕的劲头抓作风问题，中纪委建立落实八项规定情况的月报制度并设立"曝光台"，地方各级纪委也定期公布违纪问题和案例，各类问题得到快速处理并公布于众，态度之坚决，范围之广，力度之大都是历次整党整风活动所无法比拟的，对塑造国家治理制度的权威，提升执行力的路径选择作出生动诠释。沿着这一思路，还应高度关注以下几个问题：一是提升制度供给的质量，增强制度安排的系统性、严谨性、可行性、稳定性和连续性；二是领导干部要率先垂范，做制度执行的引领标杆；三是培育制度文化，增强公众对法律制度的认同、忠诚与敬畏，在全社会确立对法律制度的信仰，增强制度执行的软实力；四是强化监督，从严问责，加大违纪成本，提升制度的震摄力，真正把制度体系的优势转化为国家治理的实际效能。

2. 民主是核心价值诉求

"民主是现代国家治理体系的本质特征，是区别于传统国家治理体系的根本所在。所以，政治学家也将现代国家治理称为民主治理。"[1] 民主也是衡量党的领导制度科学化水准的基本标尺。以民主为核心价值诉求实现国家治理体系现代化和党的领导制度科学化共同推进，应把握以下几个着力点：其一，丰富以党内民主带动人民民主的途径和载体，使这种"带动"作用更具针对性和可操作性。比如，党的十八大提出在乡镇层级试行党代会年会制，是推进党内民主的重大步骤。这种工作不能孤立进行，应在与同级人代会实现有效对接问题上进行探索和创新，增强基层党内民主带动基层人民民主的实效性。其二，创新体制机制充分挖掘与发挥协商民主的优势，构建执政党、参政党、权力机关、行政组织、社会团体以及广大民众多元参与的协商平台，

---

[1] 俞可平：《民主法治：国家治理的现代化之路》，载《中国青年报》，2013年12月4日。

推进协商民主制度化、程序化、常态化，使协商民主真正成为体现人民主体地位，保障人民知情权、参与权、表达权、监督权的重要形式。其三，坚持让权力在阳光下运行，构建党务公开与政务公开协同并进的工作体制，加大权力监督和问责的力度，保证权力的纯洁性。

3. 法治是基本方式

法治是治国理政的基本方式，也是现代国家治理体系运作的基本遵循。构建现代化的国家治理体系就是要逐步破除传统的运动式、活动式、会议式的治理模式，破除人治思维和权力崇拜，保证国家治理行为在法治的轨道上运行。作为国家治理中坚力量的中国共产党，既是领导者又是执政者，依靠什么样的手段开展领导活动，实施执政行为，对整个治理体系的有效运行影响重大。首先，应把党的领导制度建设同法治国家、法治政府、法治社会一体建设结合起来，确立宪法和法律的最高权威，围绕"两个关系"（党的政策和国家法律的关系、坚持党的领导和确保司法机关依法独立公正行使职权的关系）加强党的领导，规范执政活动。其次，以限制和铲除特权为重点，培育领导干部个体的法治思维和素养，不允许任何组织和个人有超越法律的权力，坚决杜绝以言代法、以权压法、徇私枉法现象。

需要强调指出的是，尽管法治具有其他治理方式所不具备的优势，但并不是唯一手段。国家治理需要多元的方式和手段协同使用，要科学区分治理过程中不同性质的问题，坚持因问题性质而选择方式方法的原则，杜绝过去在一些地方出现的过度依赖单一行政化命令，或者经济问题用政治手段去解决，法律问题用政治、经济手段去解决（如涉法涉诉上访问题）等现象，科学运用法律、政策、行政、经济、教育、疏导、协商等多元方式。此外，适应由互联网、物联网到大数据时代的新变化，还应注重引入并应用电子治理的理念和方法，比如近年来兴起的云计算技术、电子政务云平台、智慧城市、智慧政府建设等，加快推进治理方式和手段的现代化。

4. 坚持顶层设计与基层创新相结合

坚持顶层设计与基层的创新实践互相促进，是在中国这样一个发展中大国中实现国家治理现代化的一条最佳路径，既能实现高层决策与基层创新的有机结合,又能维护政治体系的相对稳定,大大降低试错纠错的成本。在党的制度建设过程中积累了很多这方面的成功经验和做法。比如,在理顺党内权力授受关系,实现党内权力向最高权力机关回归的制度改革中,一直是沿着基层试点先行,逐级演进的思路,先后开展县(市、区)党代会常任制试点,试行乡镇党代会年会制等,在此基础上,推行党的代表大会代表任期制、党代会代表提案制等。再如,党的十八届三中全会提出推行新任领导干部有关事项公开制度试点,必然会对反腐败领导体制机制的顶层设计产生积极深远的影响。与此同时,2013年又出台《中央党内法规制定工作五年规划纲要(2013—2017年)》,是加强党内法规制度建设顶层设计和整体布局的重大举措,有利于保证其系统性、协调性和前瞻性。

加强顶层设计与基层治理改革创新相结合,也是推进国家治理体系现代化的原则遵循。国家的治理体系是涵盖政治、经济、社会、文化、生态等各个领域的制度系统,必须坚持在中央全面深化改革领导小组的领导和指导下,从战略高度进行全局性的统筹规划,有效防止传统治理体系中的碎片化、短期行为、政出多门,以及部门和地方保护主义等不良现象。同时,也不能"闭门造车",必须重视基层治理经验,保护创新活力,为顶层设计提供动力源泉。

(此文载于《新视野》2014年第3期)

构建党的建设制度改革运行机制论析

周浩集　张书林①

摘　要：推进党的建设制度改革，建构形成其运行机制势在必行。党的建设制度改革运行机制在其横向维度上，主要凸显了动力机制、保障机制、评估机制、自我纠错机制中的问题。造成问题的原因，有思想认知偏差、路径模式依赖以及党的建设制度改革尚处于起步阶段。科学建构党的建设制度改革运行机制：在其价值运行上，应坚持科学执政、民主执政、依法执政；在其主体运行上，应囊括党的建设制度改革的所有范畴；在其纵向运行上，应构建自上而下的联动机制；在其横向运行上，应构建系统完备的机制链条；在其关联运行上，应同步推进党的建设制度改革外部运行机制建设。

党的建设制度改革是全面深化改革的重要组成部分，也是全面深化改革的政治统帅、坚强后盾。推进实体性党的建设制度改革，总体上要依赖于改革的程序性设计、动态性实践，其实质是党的建设制度改革的运行机制。运行机制是党的建设制度改革的内部要素、外部要素、关系要素、关联要素等改革链条上的所有要素耦合而成的运转流程和工作机理。研究党的建设制度改革的运行机制，关系党的建设制度改革推进的力度、广度与深度，关系党的建设制度改革的现实功效。

---

① 周浩集（1978—），男，山东莘县人，聊城大学马克思主义学院讲师、法学博士，研究方向为中国共产党执政理论与实践；张书林（1978—），男，山东冠县人，中共山东省委党校党建部副教授、博士、博士后，研究方向为党的建设与党的学说。

一、党的建设制度改革运行机制的问题状态

从狭义上看,党的建设制度改革的运行机制主要体现在横向维度,涵盖了动力机制、保障机制、评估机制、自我纠错机制等基本面。探究党的建设制度改革运行机制存在的问题,重心应围绕着上述基本面展开。

(一)动力机制存在的问题。没有动力或动力不足,党的建设制度改革就缺乏成效或举步维艰。因此,构建党的建设制度改革的动力机制是基础所在。动力机制就是涵盖推进党的建设制度改革的动力来源、生成、释放、效用的机制体。从广义上讲,内生动力、外在压力综合构成党的建设制度改革的动力要素体。内生动力主要是从政党政治规律、政党法治设定、政党情感激发入手,基于全党对党的建设制度改革在思想理念上的新认知,对党面向未来发展的新期待,对依法治党、依规治党、制度建党的新渴求,而建构形成的推进党的建设制度改革的内在持续动力供给模型。外在压力则是基于党的生存发展、执政兴国面临的种种危机、风险、挑战,而对党的建设制度改革所形成的结构与功能性倒逼。这种倒逼压力在一定条件下必然又转化为党的建设制度改革的推动力。

时下,党的建设制度改革的内生动力、外在压力均出现了缺损。其一,从内生动力看。党的建设制度改革的实质是权力配置模式改革、权力格局变革。权力的背后是利益。党的建设制度改革终将引发党内乃至国家、社会层面的利益格局变革。众所周知,基于原有党的建设制度体系的党内权力格局及与之相应的利益格局已经形成,某些既得利益集团事实上在左右政治运作。在这种情况下,推进党的建设制度改革必将会引发党内权力、利益格局的变革,进而导致有的人得利、有的人失利。得利的人肯定会出面支持拥护改革,失利的人肯定会出面阻止阻挠改革。亨廷顿指出:"因为改革意味着走向社会、经济、政治上的更加平等,它就必然会遭到受惠于现存秩序下不平等现象的既得利益集团的反对"[①] 这就意味着,党的建设制度改革内生动力的产生

[①] 塞缪尔·P.亨廷顿:《变化社会中的政治秩序》,王冠华等译,三联书店1989年版,第326页。

必然要经历一个艰难的博弈过程，而这恰恰是动力机制生成的原点。其二，从外在压力看。外在压力虽然可以转化为改革动力，但是这种转化需要借助人格化主体的主观能动性。如果作为主体的党员干部不能对党的建设制度改革的外在压力有充分感知、理性认知、准确把握和有效内化，这种压力将失去意义。在全心全意为人民服务、忠实代表人民利益的基本导向之下，党员干部对外在压力的认知、把握和内化，很大程度上又是以自己是否在改革中综合"得利"为出发点和落脚点的。正如列宁所指出的那样："要是一下子看不出是哪些政治集团或者社会集团、势力和人物在维护某些提议、措施等等，那总是要提出'对谁有利？'这个问题的"；"公众先生们！别相信空话，最好是看看对谁有利！"① 一般说来，当人格化主体不能从改革中综合"得利"时，其对压力的感知就是麻木的，那么外在压力对党的建设制度改革的倒逼在很大程度上就是失效的了。

（二）保障机制存在的问题。"兵马未动，粮草先行"。党的建设制度改革要推开，必要的保障机制及体系安排是必要的。推进党的建设制度改革，是一项宏大的、长期的、艰巨复杂的工程，必须同步健全完善相应的保障机制。推进党的建设制度改革的主体是党、关键在党。因此，保障机制的前提、核心是必须始终坚决维护党的集中统一领导、党自身的团结统一。在这一前提与核心之下，推进党的建设制度改革的保障机制涵盖了顶层设计保障、规划实施保障、党内思想统一保障、资金投入和时间投入保障、环境氛围与舆论保障、组织机构保障、抗干扰保障、风险预警和规避保障，等等。

目前总的看来，这些保障因素并没有在机制运作中充分发挥作用，而是存在着诸多缺失性。具体表现为：关于推进党的建设制度改革的顶层设计，正处于研究探讨中，尚没有一个清晰的路线图、规划案、时间表、任务书；对党的建设制度改革的推开实施，中央层面总体上处于酝酿阶段，地方层面总体上处于等待观望阶段；全党对推进党的建设制度改革，其主流在思想上是统一的，但是在其支脉上仍有不同声音和诉求，有的则干脆是私下里的反

---

① 《列宁全集》第23卷，人民出版社1990年版，第61—62页。

对之声;将党的建设制度改革作为一项新的事业来审视,我们对此究竟应投入多大的人力、财力、精力去抓,尚需深入研究和反复权衡;就全国人民、全社会而言,对党的建设制度改革的认识尚是模糊的,主流媒体和社会舆论对此的正确导引也是不到位的,从而使得改革的整体环境氛围营造不浓;在组织机构保障上,虽然从中央到地方都相应地成立了党的建设制度改革领导小组及办事机构,但是这些机构的作用发挥实质上并不充分,有的则是有名无实、徒有虚名;党的建设制度改革中可能会面临哪些不确定性因素,会遇到哪些风险及挑战,对之如何规避及防范,尚没有予以重点关注;等等。这些情况表明,目前推进党的建设制度改革的保障机制事实上是不到位的甚至是缺失的,以这样的保障机制去支撑改革全局,结局是可想而知的。

（三）评估机制存在的问题。任何一项改革的成效都需要作出评估,这既是改革的前置要件,也是其后置要件。评估是指挥棒、测评表、成绩单,决定着改革的走向和力度。推进党的建设制度改革,是有目标导向、价值追求的。改革是否达到既定的目标导向、价值追求,要进行客观评估。为实施对党的建设制度改革效力的评估而建构形成的一套运作机制,客观上就体现为党的建设制度改革的评估机制。其主要构成要件包括评估主体、评估客体、评估导向、评估内容、评估标准、评估方法、评估手段、评估效力认定、评估效力应用等等。

从目前党的建设制度改革评估机制建构的现状来看,以下几个问题较为突出。一是评估主体不明确。对党的建设制度改革效力的评估,不能单纯地由党自身来充当评估主体,否则就易形成同体评估掩盖客观评估的现象,难保评估效力的真实性。但是,对于我们党这样一个兼具领导党、执政党身份的中国最大的政治集团和精英群体而言,谁有资格和能力充当异体评估的主体,尚是一个需要深入探讨的问题。二是评估导向的模糊性。开展党的建设制度改革效力评估,就是要解决"为什么评估"的问题,目的是规制党的建设制度改革的走向,为推进党的建设制度改革提供方向性指导。而从一些地方已经开展的评估来看,其导向性是不明确的,有的则严重偏离了中心目标。三是评估方法的非科学性。对党的建设制度改革进行评估,正确科学的方法是坚持定性分析与定量分析的有机统一,既实事求是地形成对改革的价值判断,又能够有根有据地通过设定指标体系、测评体系对改革加以量化。但从目前情况看,相关的评估多是抽象笼统的,定性评估占据绝对主流,定量评估基本没有展开。四是评估结果被束之高阁。对党的建设制度改革的评估,目的是发现、防范、规避改革中的风险及问题,使改革保持正确轨道、维持良性运转。但是,现在的问题是,已经开展的改革评估所形成的评估结果,得不到足够重视,也没有被改革进程所吸收,事实上形成了评估与应用的严重脱节,失去了开展评估的价值意义。

(四)自我纠错机制存在的问题。党的建设制度改革是宏观顶层设计与微观摸石头过河的过程,改革所设定的规划方案有时总是赶不上现实情况的变化,从而导致"计划赶不上变化"式的错误;党的建设制度改革是权力格局、利益格局的调整,需要大胆细致,稍微考虑不周不细,都有可能出现"细节决定成败"式的错误。出现错误并不可怕,关键是要及时准确地予以纠错,防止小错变大错,防止"针尖大的窟窿透出斗大的风"。因此,党的建设制度改革要顺利推行,就必须有健全完备的纠错机制。

目前看来,对党的建设制度改革的纠错机制是总体缺失的,该纠的错要么长期拖延,要么不了了之。究其根由,大致有以下方面。其一,纠错意识淡薄。这些年来,党内清风正气有下降趋势。有时我们在推进党的建设制度改革上出现问题和错误,有的同志在思想上也不愿意去承认,甚至讳疾忌医;有的不敢实事求是地指出党自身存在的错误,担心那样就是在挑战组织权威;有的对党的责任心、使命感降低,奉行事不关己高高挂起、明知不对少说为佳。其二,纠错路径上行。从纠正文革那样的全局错误,到中央八项规定大力整治"四风",我们党的纠错路径都是自上而下的。这是因为有些党内错误往往是自上而下蔓延开来的,所以在纠错时如果不从上层开始率先垂范,则很难奏效。八项规定对党的工作作风、密切联系群众日益累积的错误和问题的纠正,很大程度上得益于习近平是从村支部书记一步步干起来的,是从基层到地方再到中央一步步成长起来的,他特别了解这些年来党风与党群关系的严重状况,因而能够稳准狠韧地进行纠错。但是,如果上层所了解到的不是真实情况,而是被粉饰太平、歌舞升平所蒙蔽,对已经存在的错误没有清晰理性的认知,就不能充分认识到纠错的必要性和紧迫感,那么纠错过程就很难铺开。其三,纠错环境氛围不浓。纠错需要一个实事求是、解放思想、风清气正的党内小环境、社会大环境。如果相应的环境氛围缺失,纠错很可能跑偏,成了有左纠右、有右反左,甚至指鹿为马、混淆视听,不但不能及时纠错,反而会导致错误升级。所以,敢说真话、直面错误、向错误开刀的党内和社会环境氛围,对于纠错是不可或缺的。目前看来,虽然经过了两批群众路线教育实践活动开展党内批评和自我批评的纠错洗礼,党内纠错的整体环境氛围仍然不浓厚,把纠错等同于"找茬"、把纠错者等同于"刺头",还很有市场。在党的建设制度改革中,谁要是指出改革的错误或失误,有时则可能被认定为企图阻挠或否定改革,这个罪名显然无人敢担。

二、党的建设制度改革运行机制的问题肇因

造成党的建设制度改革运行机制中上述问题的原因是多维度的。既有主观原因,也有客观原因;既有历史原因,也有现实原因;既有理论原因,也有实践原因。归纳起来,主要是以下原因导致了党的建设制度改革运行机制建构上的问题。

(一)思想认知偏差。推进党的建设制度改革,重在行动。行动的制度化载体则是运行机制。建立健全党的建设制度改革的运行机制,必须思想先行,首先在思想观念上对运行机制高度重视起来。列宁指出:"没有革命的理论,就不会有革命的运动。"[1] 如果思想观念上重视不够,不从思想上下功夫费心思去抓,运行机制上出现问题就在所难免。目前,全党对党的建设制度改革运行机制的建构在思想上明显地重视程度不足。主要有三种表象。

1. 重制度建设,轻制度改革。我们党在重视制度建设上有过好的经验,更有过践踏制度的惨痛教训。从严格意义上讲,党的制度建设真正有实质性推进,是从1980年邓小平"8·18讲话"开始的。但是,30多年来我们更多

---

[1] 《列宁全集》第6卷,人民出版社1986年版,第23页。

强调的是党的制度建设，十八届三中全会前也几乎没有谈到过党的建设制度改革的问题。因此，在一些党员、干部的头脑中，关于党的建设制度改革的观念都没有树立起来，更别说在头脑中重视党的建设制度改革运行机制了。

2. 重静态制度，轻动态机制。制度是一个广义复杂的概念，既是静态的，也是动态的。在党的十六大之前，我们通常认为制度是静态的，是根本制度、具体制度、体制，是条文规范、是必须遵守的规则、是制度架构与框架设计。十六大以来，受新制度主义之思想要义的影响，我们在强化制度建党的过程中扩展了党的制度的外延，不仅在静态上同时也在动态上把控制度概念，进而确立形成了与制度的运行状态、活动状态相适应的制度形态——机制。不过，在一些党员、干部的思维定势和认知逻辑中，还是传统制度主义的思维，认为制度就是静态的，囊括根本制度、具体规定、体制模式，不应涵盖动态的机制。这种思想认知反映在党的建设制度改革运行机制的建构上，则是将制度改革与机制建构对立起来，不认可机制建构在推进制度改革中的功效。

3. 重单一机制，轻机制链条。党的建设制度改革运行机制仅在横向层面就是由动力机制、保障机制、评估机制、自我纠错机制等若干机制组合而成的机制链条，并不是某一方面的单一机制。但是，在一些人的认知把握中，往往过分突出强调某一方面的机制建构，而忽视其他方面的机制功能，甚至将运行机制等同于某单一机制。

（二）路径模式依赖。建立健全党的建设制度改革运行机制，要追溯到党的制度建设，应沿着"党的制度建设——党的建设制度改革——党的建设制度改革运行机制"的逻辑规程展开。党的制度建设以"立"为核心，重心在"建设"，侧重于制度建构过程。党的建设制度改革以"破"为核心，重心在"改革"，侧重于制度变革过程。党的建设制度改革运行机制以"动"为核心，重心在"运行"，侧重于运行机制的建立健全过程。因此，三者推进的路径模式是有重大区别的，党的制度建设的路径不适合党的建设制度改革路径，更不利于推进党的建设制度改革运行机制的建立健全。党的制度建设的路径模式具体样式为：将党的制度建设融入思想建设、组织建设、作风建设、反腐倡廉建设等各项基础性建设之中，形成"以各项基础性建设支撑制度建设、以制度建设统领各项基础性建设"的良性互动局面。由于十八届三中全会提出推进党的建设制度改革的时间不长，对党的建设制度改革运行机制的探索也是刚刚起步，所以，目前我们仅仅是在推进党的制度建设上有了较为成熟定型的路径模式，在推进党的建设制度改革及其运行机制建设上尚没有成熟的路径。在此态势下，基于同类性、相似性、相关性原理，基于路径依赖的强大威力，我们有时习惯于用党的制度建设的路径模式去思考和推进党的建设制度改革运行机制的建构。但事实是，党的制度建设、党的建设制度改革、党的建设制度改革运行机制的各自路径是不兼容的，也不存在并轨运行的可能性。因此，习惯于对既定党的制度建设路径的依赖，既影响了党的建设制度改革的推进，更制约了党的建设制度改革运行机制的建构。

（三）起步推开伊始。就其严格的时间起点而言，建立健全党的建设制度改革运行机制，是从 2013 年 11 月党的十八届三中全会之后开始起步的。目前，总体上处于起步阶段，面临着诸多的成长缺陷。一是顶层设计缺位。推进党的建设制度改革需要自上而下的统一规划、顶层设计，其运行机制的建构也应同样如此。但从目前来看，从中央到地方对如何推进运行机制的构建，尚没有一个成熟的意见、完整的规划设计。这就事实上导致运行机制的构建处于混沌状态，前进方向不明。二是局部试点未展开。一般说来，在党的建设制度改革运行机制全局性设计安排暂时不可能到位的情势下，选择一些地方进行党的建设制度改革运行机制的局部试点在理论和实践中都是可行的。局部试点的功能是，为全局推开去探索做法、总结经验、趟出路子。但是，目前来看，各地关于推进党的建设制度改革运行机制的局部试点尚未完全展开，大都在面朝中央等待观望，不敢越位"抢跑"率先试点。这就事实上延误了运行机制的建构时间，对机制运转中可能出现的问题不能未雨绸缪地解决到位。三是摸石头过河。由于运行机制的规划设计、局部试点尚处于起步阶段，探索摸索运行机制建构的过程必然是摸着石头过河。这就增加了更多的不确定性因素和变数，使之面临各种潜在风险，因而党的建设制度改革运行机制建构中存在这样那样的问题也就属正常了。

三、党的建设制度改革运行机制的建构路向

推进党的建设制度改革运行机制的建构，必须深入贯彻十八届三中全会提出的党的建设制度改革的总体要求，即"紧紧围绕提高科学执政、民主执政、依法执政水平深化党的建设制度改革，加强民主集中制建设，完善党的领导体制和执政方式，保持党的先进性和纯洁性，为改革开放和社会主义现代化建设提供坚强政治保证"①。在此基础上，围绕着科学完备的动力机制、保障机制、评估机制、自我纠错机制的建构，围绕着动力机制的横向铺开与纵向展开，围绕着动力机制的综合构成因子权衡，理性建构形成党的建设制度改革运行机制的路径框架。

（一）价值运行：科学执政、民主执政、依法执政。我们党是我国的领导党和执政党。说到底，其核心政治使命是执政，其远大政治抱负是长期执政、永远执政。为此，就必须确立能够照应当前、关系未来的执政战略。科学执政、民主执政、依法执政就是我们在长期探索基础上的战略选择。作为一个系统化的东西，科学执政、民主执政、依法执政是在2004年9月党的十六届四中全会上被第一次明确提出来的。所谓科学执政，就是要结合中国实际不断探索和遵循共产党执政规律、社会主义建设规律、人类社会发展规律，以科学的思想、科学的制度、科学的方法领导中国特色社会主义事业；所谓民主执政，就是要坚持为人民执政、靠人民执政，支持和保证人民当家作主，坚持和完善人民民主专政，坚持和完善民主集中制，以发展党内民主带动人民民主，壮大最广泛的爱国统一战线；所谓依法执政，就是要坚持依法治国，领导立法，带头守法，保证执法，不断推进国家经济、政治、文化、社会生活的法制化、规范化。党的建设制度改革是以科学执政、民主执政、依法执政为其价值目标和价值追求的，它力图通过推动科学执政、民主执政、依法执政的实质呈现，完善和发展中国特色社会主义制度，推进国家治理体系和治理能力现代化。既然党的建设制度改革是以科学执政、民主执政、依法执

---

① 《中共中央关于全面深化改革若干重大问题的决定》，人民出版社2013年版，第5页。

政为其价值追求的,那么,服务于党的建设制度改革的其运行机制,也必须以科学执政、民主执政、依法执政为价值导向。这就要求整个运行机制的建构必须将科学执政、民主执政、依法执政的价值底蕴融入其中,并以此为价值标准对相关的机制要素作出取舍:有利于科学执政、民主执政、依法执政的要保留和强化,与之背离的要坚决剔除。

(二)主体运行:党的建设制度改革的涵盖范畴。根据党的制度建设的现状,深化党的建设制度改革要本着"统筹谋划、突出重点,缺位的抓紧建立,不全面的尽快完善,不合理的坚决革除,不适应的努力改进"的原则,朝着"使党的建设制度更加成熟更加定型"① 的方向进行努力。由此切入,我们党初步从党的组织制度改革、干部选拔任用制度改革、干部管理制度改革、健全改进作风常态化制度、健全党的基层组织体系、强化权力运行制约和监督体系等六个方面确立了党的建设制度改革的主体框架。为推动这六个方面内容的有效落地生根,党的建设制度改革的运行机制必须全面涵盖到这六个基本面。根据 2014 年 2 月 19 日刘云山在省部级主要领导干部学习贯彻十八届三中全会精神全面深化改革专题研讨班上的讲话精神,党的建设制度改革的运行机制在这六个基本面上的具体建构要求是:以"更好地坚持民主集中制、严格党内生活、强化组织纪律"为机制建构目标,深化党的组织制度改革;以"抓紧解决干部选拔任用中的新情况新问题,构建有效管用、简便易行的选人用人机制,培养选拔党和人民需要的好干部"为机制建构目标,深化干部选拔任用制度改革;以"针对干部管理工作中的漏洞,扎紧制度的笼子"为机制建构目标,深化干部管理制度改革;以"落实八项规定精神,持而不息解决四风问题"为机制建构目标,健全改进作风常态化制度;以"让基层党组织真正强起来"为机制建构目标,健全党的基层组织体系;以"建立科学有效的权力制约和协调机制,加强反腐败体制机制创新和制度保障,健全责任追究制度,更好用制度管权管事管人"为机制建构目标,强化权力运行

---

① 《刘云山在省部级主要领导干部专题研讨班上强调 积极稳妥扎实深入推进党的建设制度改革》,载《人民日报》,2014 年 2 月 20 日。

制约和监督体系。

（三）纵向运行：构建自上而下的联动机制。推进党的建设制度改革是全党的事情，是全党各级组织、各个层面的事情，需要全党自上而下的全面发力。具体说来：推进党的建设制度改革，既要依赖于中央层面的宏观规划、顶层设计、高层推动；也要依靠地方层面承上启下、结合各地党的建设实际的中观组织、创造性执行；更要依赖基层层面的根据各自组织特点、任务使命、创新趋向的微观贯彻落实，并使之具体化、可操作。基于此，建立健全党的建设制度改革的运行机制，客观上就不能是党的某一层面的单一性活动，而必须是全党各级组织、各个层面的有序联动。为实现这种有序联动，着眼于建立党的建设制度改革的上下联动机制，显然是必要的工具手段。其一，联动机制的功能是促进上下联系沟通，层层传导改革信息、举措和压力，保证党的建设制度改革运行机制的纵向协调运转。其二，联动机制的综合协调推进，应依托从中央到地方各级党委已经设立的深化党的建设制度改革领导小组，以组织化的路径进行。其三，联动机制的目的是保证自上而下党的建设制度改革的统一规划、统一部署、统一实施，保证党的集中统一领导和统一意志。其四，就其构成要素而言，这种纵向联动机制又应包括思想沟通机制、信息互通机制、政策传输机制、组织协调机制等等。

（四）横向运行：构建系统完备的机制链条。从目前关于党的建设制度改革运行机制的学术研究、理论研究和实践探索来看，确立以动力机制、保障机制、评估机制、自我纠错机制为组合体的横向运行机制链条，已经成为一种较为普遍性的共识。

1. 以保持维护党的长期执政地位为核心的动力机制。改革好比是一列火车，其推开必须要有动力支撑。全面深化党的建设制度改革，也需要源源不断的动力供给。从不同维度审视，党的建设制度改革的动力有不同的形态，如思想动力、感情动力、资源动力、利益动力、权力动力、权利动力、价值动力等。深入剖析下来，党的建设制度改革所有动力的核心聚焦到执政取向上，都是力求通过制度改革保持维护党的长期执政地位。因此，建立党的建设制度改革的动力机制，一定要从党的执政视角切入，将党的建设制度改革与长期执政耦合起来，形成"在推进党的建设制度改革中实现长期执政，在长期执政过程中不断深化党的建设制度改革"的良性互动局面。

2. 以党的集中领导、团结统一为核心的保障机制。建构党的建设制度改革的运行机制，需要完备的保障体系来支撑。其中，就包括了经济保障、组织保障、政治保障、时间保障、空间保障等内容。这些保障因素的协调发挥作用，客观上构成党的建设制度改革的保障机制。建立党的建设制度改革的保障机制，也同时是规范其运行轨迹的过程，最核心的是要"守规矩、讲政治"，即必须坚持党的集中统一领导、切实维护党的团结统一。这是关系保障机制建设政治方向的根本性要求。如果保障机制的建设偏离了这一根本性要求，则很可能导致党的建设制度改革出现方向性错误。

3. 以实现党的建设科学化、现代化为核心的评估机制。党的建设制度改革的效果如何，要实事求是地作出评价认证，这就决定了评估机制在运行机制建构中的不可或缺性。建立对党的建设制度改革的评估机制，其目标导向是党的建设科学化、党的建设现代化，这也是评估机制的核心所在。党的建设科学化是党的建设遵循客观规律的运作过程，党的建设现代化是以现代性为支撑的党的建设从内到外的更新换代过程。这两个方面也恰恰是党的建设制度改革的终极价值追求。因此，对党的建设制度改革的评估标准不能偏离党的建设科学化、现代化，否则就是舍本逐末。

4. 以党的"四自"能力提升为核心的自我纠错机制。我们党93年来的发展并非一帆风顺，而是犯过很多错误、有过很多失误的。不过，难能可贵的是，我们党面对错误和失误具有强大的自我纠错能力，并在一次次自我纠错过程中不断成长成熟起来。推进党的建设制度改革，是一项崭新的工程、全新的事业，我们没有现成的蓝图、经验和做法可以借鉴。因此，在这个过程中，出现暂时的错误、短暂的失误、局部的问题，是在所难免的。关键是，我们要敢于纠错、勇于纠错、善于纠错、及时纠错。党的十八大报告指出，全党要着力"增强自我净化、自我完善、自我革新、自我提高能力"。这里的"四自"能力，实质上就是党的自我纠错能力。在建立党的建设制度改革的运行机制过程中，确立以"四自"能力提升为核心的自我纠错机制，是制度改革必备的救济路径。就其内容范畴而言，自我纠错机制的建构应涵盖党内权力运行、党的干部选配、党风廉政与反腐、党组织运行、基层基础强化等基本面，全面融入党内事务决策、选举、管理、监督的全方位，涉及党领导下的经济、政治、文化、社会、生态文明、国防军队建设全领域。

（五）关联运行：党的建设制度改革的外部机制。由于我们党是领导党和执政党，推进党的建设制度改革不能仅仅局限于党内，还应同时涉及党与国家政权、与国家宪法法律、与人民群众、与民主党派的制度化关系模式的改革。与这方面的改革相适应，推进党的建设制度改革还有一个与之相关联的外部运行机制。其涵盖领域及建构路径主要包括：

1. 党政关系制度改革运行机制。广义上的党政关系就是党与国家政权的关系，包含了党与人大、与政府、与政协、与法院和检察院的关系。党政关系制度就是在处理党政关系的过程中，形成确立的一套制度体系。在党的建设制度改革的总体框架下，党政关系制度改革在运行机制上应围绕着党委"总揽全局、协调各方"的原则展开，科学规范党委与人大、政府、政协、两院的关系，支持人大依法履行国家权力机关的职能、支持政府依法行政、支持政协围绕团结和民主履行职能、支持"两院"公正司法。

2. 党法关系制度改革运行机制。党法关系就是党与国家宪法法律的关系。党法关系制度就是规范党与国家宪法法律关系的制度安排。在党的建设制度改革的总体框架下，党法关系制度改革在运行机制上应确立两个支柱：一是法是党的领导下的法，法的基本精神和价值必须体现党的意志，党的主张和政策要经过法定程序变成国家意志，上升到法的层面；二是党必须在宪法和法律范围内活动，把坚持党的领导和依法治国有机统一起来，做到依法执政。

3. 党群关系制度改革运行机制。党群关系就是党与人民群众的关系。以坚持走群众路线、密切党群血肉联系、发扬密切联系群众之风、代表维护群众利益为主体架构的一套制度体系，就是党群关系制度。在党的建设制度改革的总体框架下，党群关系制度改革运行机制的建构应围绕着领导和支持人民群众当家作主这一中心使命展开；重点是要在牢固树立群众观点的基础上，着力完善深入了解民情、充分反映民意、广泛集中民智、切实珍惜民力的决策机制。

4. 党际关系制度改革运行机制。党际关系特指处理好中国共产党与其他党的关系。对内是处理好中国共产党与八个民主党派的关系，对外是处理好中国共产党与外国党的关系。为保障党际关系的平等和谐、维护其民主化状态而建立形成的制度规范，就是党际关系制度。在党的建设制度改革的总体框架下，党际关系制度改革运行机制的建构有两个向度。一是在对内向度上。要按照"长期共存、互相监督、肝胆相照、荣辱与共"的要求保持与八个民主党派的互动交流、协调沟通、关系稳定。二是在对外向度上。要按照邓小平提出的"独立自主、完全平等、互相尊重、互不干涉内部事务"的四项原则开展对外党际交往、处理与外国党的关系，实现与世界所有政党的求同存异、美美与共。

（此文载于《理论探索》2014 年第 5 期）

制度视角下纪检监察工作存在的问题与对策的创新

于学强[①]　周浩集

摘　要：在新形势下，有效地推进纪检监察工作，规约权力运行机制是永葆纪检监察工作活力和进一步提升我们党执政合法性，以便更好地继续执政的重要课题。根据我国纪检监察工作实际，目前存在的制度困境主要体现在如下四个方面：纪检监察的制度定位；纪检监察的制度体系；纪检监察的制度执行；纪检监察的自身制度。提升纪检监察工作实效性的关键在于制度的创新。创新制度应针对我国纪检监察制度定位偏差、体系不完善、执行力不足和自身建设四方面。

在新形势下，有效地推进纪检监察工作，规约权力运行机制是永葆纪检监察工作活力和进一步提升我们党执政合法性，以便更好地继续执政的重要课题。但是，权力是把双刃剑，只有受到有效规约的权力才能发挥其积极作用。目前我国的纪检监察工作仍面临一些制度困境，只有针对性地采取有效举措，才能化解制度供给不足和执行不力带来的问题，全面提升纪检监察工作的水平。

一、问题：纪检监察工作的制度困境

纪检监察工作的主要任务之一是监控权力的运作。因为，"权力导致腐

[①] 于学强（1973—），男，山东聊城人，聊城大学政治与公共管理学院教授，硕士生导师，研究方向为中国共产党的执政理论与实践。

败,绝对权力导致绝对的腐败"①,已经成为现代政治社会广为接受的公理。现实政治生活也反复告诫我们,权力不仅不会完成自我规约,而且还有自我膨胀的特点。有效规约权力,关键是充分发挥纪检监察工作的正能量。但是,目前我国纪检监察工作的实效性与民众要求还有距离,而影响我国纪检监察工作实效性的重要原因是制度,因为"制度更带有根本性、全局性、稳定性和长期性的特点"②。正确认识和分析我国纪检监察工作的制度困境,有助于政治生活中切实提升纪检监察的实效性。根据我国纪检监察工作实际,目前存在的制度困境主要体现在如下四个方面:

1. 纪检监察工作困境的原发性因素:纪检监察的制度定位不高。如何从理论和政策上定位机构的功能与作用,是其能否发挥功能与作用的原发性因素。从理论上讲,纪检监察机关应做科学发展的"护航员"、权力行使的"监督员"、维稳促建的"疏导员",而权力监控是其最主要的角色定位。作为权力运行的监控者,纪检监察机关要紧紧抓住正确行使权力这个关键,通过加强教育、健全制度、强化监督来规范领导干部的从政行为,防止权力失控、决策失误、行为失范,保证人民赋予的权力始终用来为人民谋利益。但是,从制度设计上看,党委与同级纪检机关的关系是领导与被领导、监督与被监督的关系。一方面,纪委在党委的领导下工作,要服从领导,积极服务好党委的中心工作;另一方面,纪委监督党委又是党章赋予的责任,面对党委要敢于坚持原则,敢于监督,敢于说不。但是,从理论上讲,纪检监察机关要监察同级党委,必然要有与同级党委相当的权力,因为只有在权力对等的条件下,才可能实现有效的监督。然而,就目前纪检监察制度的定位来看,虽然纪委、党委都由党代会选举产生,但党代会开过之后其作为最高权力机关的日常职责主要是由同级党委完成。这样,党委纪委由党代会领导、对党代会负责在现实中就转化为纪委受同级党委领导了。这种事实上存在的制度定位导致监督中的两大不对称,从而使纪检监察陷入困境:其一,监督关系不

---

① [英]阿克顿:《自由与权力》,侯健、范亚峰译,商务印书馆2001年版,第342页。
② 《邓小平文选》第2卷,人民出版社1994年版,第333页。

对称,由于实际工作中党的纪检委要受到同级党的委员会领导,两个委员会的产生关系与隶属关系不对称,限制了纪委的权力,对同级党委的监督难以实现;其二是监督权重不对称,按规定同级党委应接受上级机关、同级纪检机关和下级机关的三重监督,但实际上上级对下级鞭长莫及、下级对上级无能为力,同级纪检机关也无法很好地平衡领导、被领导关系与监督、被监督关系。

2. 纪检监察工作困境的根本性因素:纪检监察的制度体系不全。纪检监察工作能否有效发挥作用,最为根本因素在于制度体系,也即制度的系统性与配套性。党的十八大报告明确指出:"建立健全权力运行制约和监督体系"①,并首次将党内监督、民主监督、法律监督、舆论监督作为一套完整的监督体系提出来,可以说是立足新时期我国权力运行现状、从权力的结构和运行机制上作出的创新性探索。但是,我国目前监督体系还不甚科学,一方面体现为纵向监督体系的不完善。在纵向监督的体制下,监督者与被监督者在法律地位上不相称,监督方式往往表现为对被监督者违纪行为的纠正与惩罚。这种纵向分权仍然是传统意义上的集权下的分权,纵向分权后的权力监督是集权能力的重要体现。另一方面体现为横向制约机制的缺失。缺失的原因主要是来自"左"与右的干扰:来自右的干扰是把资产阶级的民主奉为圭臬,主张把西方国家的"三权分立"制度简单地移植到中国来;来自"左"的干扰是在错误理解的基础上,生搬硬套所谓巴黎公社"议行合一"的原则,对横向分权制约制度甚至分权制约原则采取完全否定和排斥的态度。② 由此,所导致的直接后果是监督乏力,主要体现在:一是监督权缺乏合力。各种监督权限分散于不同的部门之中,并且以内部监督为主,这大大降低了监督权的制约功能。二是监督主体权威不够。上级监督下级最有权威,但是下级往往由上级提拔,从这个意义上讲,上级监督下级形同监督自我,缺乏动能。

---

① 胡锦涛:《坚定不移沿着中国特色社会主义道路前进 为全面建成小康社会而奋斗》,载《人民日报》,2012 年 11 月 18 日。

② 张惠敏、李申:《健全有中国特色的横向分权制约制度》,载《当代世界社会主义问题》,2004 年第 4 期。

同级监督同级虽然能够做到及时，并且熟悉情况，但领导体制决定了其监督难度很大。在现有体制下，寄希望于还需要上级提拔的下级监督上级几乎没有任何可能性。三是监督权动力不够。监督部门尤其是设在部门内部的监督机构，其监督行为主要依靠自身觉悟和道德约束，如何进行有效的职业激励，还需要考虑新的动力机制。四是监督权外在压力不够。在现有的监督体系中，比较重视对决策权和执行权的监督，比较少关注对监督权的监督，对监督部门只有软约束，缺乏硬约束，如何监督监督者，成了一个现实难题。

3. 纪检监察困境的关键性因素：纪检监察的制度执行不力。制度的价值与生命力在于其贯彻与执行，这一点对于纪检监察制度而言同样适用。推进纪检监察制度建设，必须不断提高制度执行力，树立和增强制度权威，形成有制必行、行制必严的政治环境。但是，纪检监察制度的执行同样需要执行意识和执行规范作为保障，因为"任何一种统治关系中都包含着一种特定的最低限度的自愿服从"[①]，如果没有利益、意识来规范权力运行的范围，这种"最低限度的服从"就无以落实。目前，纪检监察在执行力方面的问题有：其一是纪检监察制度执行意识方面，部分地区和部门抓制度落实的自觉性差，重制度制定而轻制度落实；少数纪检监察干部缺乏监督执行意识，不能正确对待监督，存在"与人方便，自己方便"的好人主义思想，以致造成监督检察的执行不力和效率不高。其二是基于制度体系方面存在的问题，由于监督体系有机性差，制度配合协调有待提升，致使监督中的形式主义时有发生；制度体系中关于违规问责追究的规定不到位，制度内容重在提醒与警告，对造成思想不重视、执行不严格、甚至违法乱纪的行为不能从严查处；不少地方将纪检监察制度仅仅停留在文件上、张贴在墙壁上，这不仅不会转化成现实的督促力量，还可能造成公众对制度建设的冷漠化及监督主体对制度建设的疲劳症和厌倦症。其三是关于监督检察制度的执行力规范较少，使得纪检监察的制度执行工作发展不平衡，有的执行制度不够严格规范，敷衍塞责，变通规避，将制度的硬性规定软化为弹性要求；有的执行制度宽严不济，制

---

① [德] 马克斯·韦伯：《经济与社会》上卷，商务印书馆2006年版，第238页。

度之外有特权、制度之上有例外,不能做到制度面前人人平等,少数公职人员在执行中奉行对上负责对下不负责的执行标准;有的地区和部门抓制度执行时紧时松,执行制度的长效机制有待形成。其四纪检监察组织力量分散,纪检监察专职人员相对较少,纪检监察业务技能掌握的广度和深度与现行政治发展相比还不尽相称,不能较好贯彻和落实监督工作和提升其执行力。

4. 纪检监察困境的主导性因素:纪检监察的自身制度不完善。"打铁还需自身硬"。纪检监察工作有效推进的主导因素是其自身建设。随着纪检监察工作的深入开展,"谁来监督纪委"成为世人关注的重大课题。按照监督原则,监督者也要接受监督,否则同样也会滥用权力。根据近年来的腐败案例,不少地方纪委书记和纪检人员成为违法乱纪分子,这也是"谁来监督纪委"课题提出的现实原因。从理论上看,纪委与党委都由党代会选举产生,纪委组织形式与党委具有同构性,健全纪委全委会制度,纪委常委会将重大事项决策权交还给全委会,在纪委内部实现民主监督,这是实现纪检监察自身制度创新的重要策略之一。但是,这种策略仍然是体制内的制度创新,从某种意义上是延长了监督的链条。也有些学者和部门思考和探索一些带有制度外监督的做法。如2003年10月15日,高检院印发了《关于人民检察院直接受理侦查案件实行人民监督员制度的规定(试行)》和《人民监督员制度试点工作方案》,在检察院设立人民监督员,对检察机关执法活动实施有效的外部监督。人民监督员由机关、团体、企事业单位推荐产生,主要对检察机关直接立案侦查案件中拟作撤诉、不起诉处理和犯罪嫌疑人不服逮捕决定的"三类案件"进行刚性的外部监督。这种监督解决的是"三类案件"在侦查、逮捕、审查起诉等环节缺乏有效外部监督的问题,具有实质性的内容,并有刚性的监督程序做保证,从程序上弥补了检察环节的监督空白。从现行监督机制来看,还有一种是主要针对地方领导班子的巡视监督工作,这种监督对纪检监督自身制度的完善也构成一定的压力。这三种探索都不同程度地存在,但都有进一步完善发展的制度空间。

与制度的执行及自身建设相比,纪委监察工作存在制度困境的深层原因还在于制度设计不力。一方面是在制度设计理念方面没有遵从"无赖"原则,使制度设定中存在不受权力制约的空间，如各级党委书记的权力监控的真空。实际上，虽然各级党委书记确实是通过层层选举一步一步上来的，是不断择优的结果。但是，不能否认的是政治实践中确实存在"带病上岗"与"带病提拔"的现实问题。这说明，在制度设计中不能将任何人都想象成"好人"，更不能以此为基础不设置对他们手中权力的制约。事实也反复证明，"无论是'好人政治'，还是'好人社会'都不过是一种乌托邦"，"我们不能期盼用道德救赎来实现好人政治与好人社会"，"必须把更多的精力投入到法治建设和制度建设之中"，① 而这种法治和制度构建的原则同样也不能建立在"好人"基础之上，否则也就没有建构这种法治与制度的必要了。另一方面是在机构设置实践方面没有遵循制衡原则，往往在反对西方"三权分立"的同时将其制衡精神也反对掉了，犯了"倒洗澡水时连婴儿一起倒掉"的错误。从现行纪委检察机构设置来看，我们实行的是"一套人马、两块牌子"，纪委同党委都由同级党代会选举产生，它本身只有监督权，而由于党代会不常任，党委实际上拥有决策权与执行权。实际上，从我国的政治制度方面来看，我们绝不能照搬西方的"三权分立"，但这并不意味着我们不能取其权力制衡精神。党内也需要分权与制权，决策、执行与监督本身确实需要相互监控，当党委既承担决策权又承担执行权时，党内权力的配置就失衡了，在权力配置失衡的情况下监督权力是硬不起来的，这种情况下的监督只能寄希望于监督者的素养与能力，而在制度的力量面前人的素养不具有长久性与持续性。所以，治理体系的现代化影响和制约着治理能力的现代化水平，没有良好的机构设置理念与实践，纪检监察的监督职能就难以发挥好。

二、创新：纪检监察制度的发展策略

创新是事业兴旺发达的重要引擎，是民族与国家的希望所在。与影响纪检监察工作实效性的关键在制度一样，提升纪检监察工作实效性的关键同样也在制度，在于制度创新。创新制度必须立足现实，尤其应针对我国

---

① 杨雪冬：《好人政治与好人社会》，载《决策》，2011年第12期。

纪检监察制度定位偏差、体系不完善、执行力不足和自身建设四个方面对症下药。

1. 改善纪检监察工作的前提条件：明确制度定位。纪检监察制度定位可以指导其努力的方向，明确其工作的程序。我国纪检监察制度存在的定位问题概言之就是定位不高，主要体现在纪检监察机关的弱势地位方面。从理论上讲，纪检监察要有效完成监督制约任务，应拥有与被监控者同样的权力。诚如丹尼斯·布朗在谈及权力的非对称与平衡时所言：权力双方不能有一方占据绝对优势，"其中一个参与者在特定情况下和特定行为范围内——通常称为'领域'——控制另一参与者，而另一参与者通常在其他活动领域占优势"①。在现实政治生活中改变纪检机关的弱势地位，应着眼于两方面的突破：其一，试行党代会常任制度，切实发挥党代会对党委与纪委的领导与监督作用，改变事实上存在的党委领导纪委的制度设计。实行党代会常任制，可以改变党代会权利虚置的职权状况，有利于充分发挥党代表的监督作用，以权利来制约权力。党代表通过对党委和纪委工作的监督，提出质询与询问、批评与建议以及对党员干部的弹劾、罢免、撤职等，实现对党组织决定的否定或撤销来实现党代会对权力的监督。其二，完善纪委双重领导体制，建立与同级党委平行的党内监督机制，实行党的各级纪委直接受上一级纪委领导的垂直领导体制。在这种体制下，要注意处理好三方面问题：第一，同级党委对纪委的领导限于政治领导，不应对纪委的具体监督活动加以干涉，上级纪委对下级纪委的领导主要以业务领导为主，负责全盘安排部署反腐败工作；第二，下级纪委领导班子的产生由上级纪委提名，同级党代会选举，党委负责日常管理，遇到重大人事变动同级党委要同上级纪委协商解决；第三，进一步增强纪委作为专门监督机关的独立性与权威性，如建立健全纪委党委列席同级党委会常委会制度，加强纪委对"三重一大"问题的监督力度，业务经费和装备经费由上级纪委划拨，人头费由地方财政按标准足额及时开支等。

---

① ［美］丹尼斯·朗：《权力论》，陆震纶、郑明哲译，中国社会科学出版社2001年版，第11页。

2. 改善纪检监察工作的根本举措：完善制度体系。有学者指出，"为了有效地制约权力，防止权力的变异及其腐化，各国都设计了符合本国实际的制度体系"，就我国而言，使权力制约与监督与时俱进，"关键是整合监督资源，理顺监督体制，强化监督效果"。① 实际上看，我国纪检监察工作的主体多样，形式多样，进而形成的制度规范确实不少。如何发挥不同监督主体的功能，形成不同监督主体间的相互支撑与合力，是提升监督水平必然要解决的重要问题。解决这一问题，关键在于完善监督制度体系。根据我国监督制度体系现状，按照十八大的要求推进制度体系的完善要重点解决如下六方面问题：其一，加强党内监督，重点要加强领导班子内部监督，落实集体领导和个人负责相结合的制度，确保全局性的问题、重大决策、重要干部的任免和大额度资金使用，都要由领导班子集体讨论决定。其二，加强人大监督，人大要加强对行政权、司法权行使过程的监督，根据政治、经济、社会生活中所发生的重大问题进行具体监督。其三，加强政协民主监督，要依法保护政协委员的监督权利，扩大政协委员的知情范围和参与程度，创造宽松、和谐的环境，切实保障政协委员提出意见和批评的权利。其四，加强司法监督，要加强案前、案中和案后管理机制，完善人民陪审员制度，落实审判公开、检务公开和警务公开，加强对办案人员执行工作纪律等情况的监督，健全公安、审判、检察机关相互配合和制约的工作机制及各自内部的监督机制。其五，加强行政监督，强化行政监察职能，加强对政府部门履行职责、执法程序的监督力度，深入开展行政效能监察，强化审计监督，突出对重点领域、重点部门、重点资金的审计，加强监察、审计机关的协调，加强执纪执法部门之间的协调配合。其六，加强社会监督，充分发挥工会、共青团、妇联、居民委员会、村民委员会等群团组织的作用，进一步完善信访、举报制度，深入推行政务公开，确保新闻媒体要有的放矢地开展舆论监督。

3. 改善纪检监察工作的重中之重：强化执行力度。提高纪检监察制度的有效性，不仅要建立和健全制度，更重要的是使现有制度运转起来，真正提

---

① 张弯、张智辉：《权力制约与反腐倡廉》，中国方正出版社2009年版，第275—276页。

高现有制度的执行力。根据现行纪检监察工作面临的执行力不足的问题，需要从如下三个方面着手予以解决：其一，要提高制度设计的质量和水平，设计制度时应坚持无赖原则、系统原则、稳定原则与民主原则。要限定权力范围及其运行方式，减少制度执行自由裁量空间；要防止和消除不同制度规范之间的矛盾和冲突，发挥制度的集合效应和整体功能；要准确把握违纪违法行为的发展趋势，防止制度朝令夕改，增强制度的公信力与权威；要防止部门利益法定化，规范社会公示听证、专家咨询论证和意见采纳反馈等工作，注意发挥制度设计中广大群众的参与作用。其二，要提高执行者的综合素养，尤其是其执行技法方面的水平。纪检监察人员要提高利用信息手段监督监察的能力，以信息技术固化制度执行流程，实现对权力运行的电子化控制，依托权力网上透明运行平台，加强对制度执行过程的实时监控，提高对制度执行管理的能力和效果。其三，要改善制度执行的社会环境，形成全社会尊崇制度的浓厚氛围。领导干部要带头遵守、执行制度，形成务实务细、坚定不移、一抓到底的执行作风，各级领导干部特别是"一把手"应切实担负起对制度执行的监督责任，及时纠正和处理违反制度的行为。同时，要加强对制度执行情况的社会监督，畅通和拓宽民主监督渠道，调动广大干部群众监督制度落实的积极性，通过广大干部群众的外围压力来促进纪检监察水平的提升。

4. 改善纪检监察工作的奠基工程：加强自身建设。"权力就其本质而言是邪恶的，不论其行使者是谁"。[1] 作为以监控权力为主要职责的纪检监察机关，其监控权力本身也是一种权力。为了防止这种权力滥用和发挥其正能量，还必须加强纪检监察自身建设。对于加强纪检监察自身制度创新应置于监督制度的创新之中，从现有的情况看就是上级党委派驻的巡视组制度，这种制度对于下级党委、纪委监督部门加强自身建设造成一定的外围压力，着力解决"看得见的管不着，管得着的看不见"的问题，是一种督促变革与创新的

---

[1] 转引自［美］博登海默：《法理学——法哲学及其方法》，邓正来、姬敬武译，华夏出版社1987年版，第344页。

动力。针对纪检监督制度自身，有学者提出了实行纪委全委会制度，按照由谁产生、向谁负责的民主原则和权力授受关系，理顺纪委全委会与常委会的关系，确立全委会在党代会闭会期间纪律检查最高决策机构和最高监督机构的地位。同时，还需要做到以党代会为核心配置党内权力，使党代会成为党内唯一的授权机构，实现党代会就党内监督和反腐败重大方针政策及时作出决议、审议批准纪委全委会作出的决策、常任制代表和党代会常设机构负责对纪委全委会成员进行日常监督的目标。也有学者提出了一种超越"左"与右的所谓中性变革方略——改良监督模式。在这种模式下，对于纪检监察机关的监督主体范围十分宽泛，已经不限于纪检监督权力所管理和指向的对象，还自觉或不自觉包括处于监督链条中的所有部门与人员。这种公众广泛参与的压力，放大了群众监督的力量，超过了权力监督者、权力执行者的力量。这种公众普遍参与的监督远比"少数人监督少数人"的体制内监督有效。因为在这里，监督者无法被收买，因而也不会腐败，更不需要通过再延伸监督的链条造成机构的臃肿。更重要的是，这种允许公众参加的互动式监督只会对官员的滥用权力和权力运用不当构成压力，而不会防碍权力的正常行使。

党的十八届三中全会指出："要确保决策权、执行权、监督权既相互制约又相互协调，确保国家机关按照法定权限和程序行使权力，健全惩治和预防腐败体系"，①实际上这句话包含了权力分解与制衡的理念。破除纪检监察工作的制度困境，应按十八届三中全会精神，不仅应强化纪检监察工作的权威，还要确保纪检监察工作的权威不会被滥用。为此，一方面应在制度设置中贯彻制衡理念，进一步平衡纪委与党委的权力，通过进一步提升纪委权威来加大纪委对同级党委监督的力度，尤其是对党委书记的监督力度。从理论上讲，应当存在两方面思路：其一是通过相对弱化党委的权力，可以通过党代会常任制度改革，实化党代会的决策权，实际上将党委决策权与执行权进行合理的分解，形成党内决策、执行与监督的制衡机制；其二是通过相对强化纪委的权力，根据纪委改革创新的探索经验，可以进一步加强上级纪委对下级纪

---

① 《中共中央关于全面深化改革若干重大问题的决定》，载《人民日报》，2013 年 11 月 16 日。

委的直接领导,加强纪委对同级"党委决策干预机制"和"涉案初步调查处理机制"等,① 相应弱化同级党委对纪委的影响力。另一方面,无论是相应弱化党委对纪委的控制权还是相应强化纪委对党委的监督权,都不能使纪委监察权力过大,形成新的不受制约的权力。当然,对于纪委监督同样不能寄希望于好人政治基础上的自律,而必须通过发挥纪检体系自身相互监督与体制外监督两个方面的作用。就体制内的监督而言,主要是两个方面:首先是党委对纪委的监督,各级党委要主动把对纪检干部的监管抓在手上,其次是纪检部门和公检法之间的相互约束和监督,及时反应对方的问题以便及时监督和查处。就体制外的监督而言,主要应拓展公开的社会性监督渠道,只有做好舆论监督、网络监督和各种民众参与式监督,才能更好地消除不受监督的权力空档,减少纪委成员违法犯罪的可能性。

总之,权力自身的特点和民众对权力正能量的期待,决定了权力监督与制约的必然性与必要性。控权实际上就是监察控制掌权的人——权力主体,对权力主体的监控离不开具体的控制主体——纪检监察机关及其工作人员。只有正确定位纪检监察工作的职能,完善纪检监察的制度规范,不断提升纪检监察工作的执行力,才能最终有效控制权力的滥用,真正做到将权力关进制度的笼子里。

(此文载于《湖南师范大学社会科学学报》2014 年第 4 期)

---

① 龙翔:《探索与完善纪委对同级党委的监督》,载《唯实》,2014 年第 3 期。

中央苏区工农检察制度的运行困境与动力生产

——以于都事件为视角的分析

孟宪良①

摘　要：工农检察制度是中央苏区为防治政权腐败所建立的专门反腐监督制度。该制度以工农检察机关为核心，通过控告局与突击队等组织机构充分吸收群众参与，建立了以巡警式监督与火警式监督相结合的反腐组织网络与运行机制。但由于制度在组织体制与沟通渠道方面存在的缺陷以及官僚体系利益链对信息通道的控制，使之很难防范地方苏维埃官员集体腐败的发生。对此，中共通过引导和动员群众积极参与打击政权内的官僚主义，打通了反腐运行机制中的信息通道，从而为制度运行注入了政治支持，激活了监督机制的运行动力，实现了对腐败的控制。

引　言

1931年，中华苏维埃共和国临时中央政府在江西瑞金成立，为防治政权中存在的腐败问题，中央苏区建立了以工农检察机关为核心，依托相关组织机构吸收群众参与的工农检察制度。作为苏区主要的反腐机制，工农检察制度对苏区反腐以及革命根据地政权的巩固发挥了重要作用，也是中共进行制度反腐的初步探索。1934年发生的"于都事件"是由工农检察部查处的一起县级政权集体腐败案件，因该案涉及于都县大量领导干部，性质极为严重，

---

① 孟宪良（1978—），男，山东聊城人，中共中央编译局博士后，聊城大学政治与公共管理学院副教授，法学博士，研究方向为廉政制度建设。

被认为是当时苏区最具警示意义的一起案件。从这起案件的史料记载当中，不仅暴露出工农检察制度在实际运行中存在的结构缺陷，而且也可以折射出该制度在特殊的历史环境中因各种政治能量的输入而表现出的独特运行方式。从以往有关苏区反腐的研究来看，研究视野主要集中在宏观的理论分析方面，缺乏针对具体事件过程的系统分析，往往会导致一些非常有价值的信息被忽略。例如，制度的缺陷究竟是如何产生的？在哪一个环节出现的问题？为什么在制度存在缺陷的情况下依然能够实现对腐败的控制？这些问题对于研究苏区反腐机制的运行机理具有重要的价值。因此本文选取于都事件中工农检察部所实施的一系列监督行动与策略选择为研究视角，分析制度体系中各要素之间在实际运作中的互动关系，检验苏区工农检察制度在反腐机制中实际发挥的作用，并试图揭示苏区反腐机制运行的结构缺陷以及支撑制度运行的动力来源，以期深化对苏区反腐机制运作的认识。

一、于都事件始末

于都县位于江西省南部，东临瑞金，西接赣县，是赣南第一块红色根据地，也是中共苏区赣南省委，赣南省苏维埃政府所在地，具有丰富的革命斗争经验与群众基础。1934 年，中共中央在检查工作时发现于都县在开展中央布置的各项工作中存在着较多的问题，于是派出工作组到苏区检查工作。如在扩充红军运动中，发生严重的强迫命令，导致很多群众被迫登山躲避；在查田运动中侵犯中农，政府人员包庇地主富农，致使反革命分子利用、煽惑群众向白区逃跑等严重事件的发生。同时，工作组在于都县区乡范围内的检查中还发现了不少贪污和反革命活动，并将调查结果反映到于都县苏维埃，但均未得到解决。这种状况引起中央的重视，因此派项英率领工作组到于都调查处理。

项英率领检查组到于都县后，在检查过程中发现了更多有关县委与县苏维埃的贪污腐败事实。其中，于都县县委书记刘洪清与城市工农检察委员会主席刘福元、城市党总支书记余当文等合伙利用职权做投机生意牟取私利。案件还涉及担任第二届中央执行委员会委员的县苏维埃主席熊仙璧以及县委组织部部长、县互济会主任等人,他们利用职权挪用公款经商,牟取私利;在案件的调查与处理过程中,于都卷入贪污腐败的各级干部形成了强大的利益联盟,对调查组的调查不予配合,相互包庇、互相隐瞒,使调查极为困难。后经调查组经过深入调查取证以及通过开展检举活动、召开群众法庭等方式充分动员群众检举揭发,经过十余天的工作终于使案件得到解决。① 于都事件的发生在苏区并非孤例,在于都事件发生后不久,赣县又发现了不亚于于都问题的类似案件。

二、工农检察制度的组织架构与运行路径

于都集体腐败事件的发生,说明当地方政权中的官员发生集体腐败时,工农检察制度未能起到预防贪污腐败发生的作用,暴露出制度在实际运行方面存在着结构性缺失。为了更清楚地阐释制度失效的原因,首先需要对工农检察制度的组织架构与运行机制进行必要的解构。

1931年中华苏维埃第一次全国代表大会召开,设立专门的监督机构——工农检察部,由其行使对国家机关工作人员检查和监督的职能。1932年根据苏维埃临时中央政府制定的《工农检察部组织条例》(以下简称《条例》)的规定,省、县、区三级苏维埃政府设置工农检察部(在城市为工农检察科),检察部(科)之下设控告局,负责接受工农群众对苏维埃机关或国家经济机关的控告。同时还建立了由工农群众自愿参加的突击队、轻骑队、工农通讯员和群众法庭等构建的群众性组织。从而形成了一个从中央到地方的,以工农检察部为主体,以及由其管辖和指导的群众性组织的反腐组织体系。根据其职能行使方式可以分为三种监督路径。

第一种是自上而下的巡警式监督路径。即工农检察部根据监督需要定期或不定期地派出其工作人员对监督对象进行巡视检查。这种监督方式如同巡逻的警察一样,积极主动地审查国家机关及其工作人员的行为,以查明其是否有违法行为,并加以查处。这种监督方式具有权威性、直接性的特点,因

---

① 项英:《于都检举的情形与经过》,载《红色中华》,1934年3月29日。

而也是最为重要的监督路径。作为新生的政权，囿于政府财力所限，不可能维持一个庞大的、由专门人员组成的监督队伍，为了节省成本，增强巡查力度，特别设立了"突击队"、"轻骑队"等组织，根据《条例》（附则三）的规定："突击队是人民群众在工农检查部指导下监督政权的一种方式，其工作人员并不是行政人员，只要有选举权的人民群众都可以参加，队员不脱产，在空暇时间执行工作。突击队可以在事先征得工农检察部许可并在其指导下采用微服私访以及突击检察的方式检察国家机关及其工作人员。"① 突击队这种群众组织的出现，增强了巡警式监督的力量配置，弥补了正式检察人员的不足，一方面节省了政府开支，另一方面突击队的群众身份也便于了解行政机关的真实工作情况。

第二种反腐路径是自下而上的火警式反腐路径。这种路径是由苏区的工农群众依照规定的程序和方法对苏区国家工作人员的贪污腐败行为进行检举揭发，工农检察机关根据群众的报警启动监督程序对违法行为进行查处。根据《条例》的规定，群众可以通过工农检察部的控告局反映行政官员的贪污腐败行为。控告局作为检察部（科）的直属机构，是受理群众检举的官方机构，其角色是案件的受理者与调查者，本身没有处置案件的权力，主要是承担群众与工农检察部之间的沟通与联系。群众的控告方式主要有两种，一是通过控告局设置的控告箱，采用信件投递的方式进行检举。二是直接申诉，即直接到控告局向专门负责受理申诉的工作人员反映问题。这种监督方式的特点在于，能够充分发挥群众的监督力量，弥补巡警式监督的不足，节约监督成本。同时也便于群众及时反映行政机关的各种腐败问题，扩大监督信息网络。

第三种反腐路径是巡警式与火警式相结合的反腐路径。这种路径是在工农检察部的主导下，在监督检查过程中通过群众法庭等方式动员群众积极检举揭发监督对象的腐败行为，进而实现案件突破的监督方式。为了便于在工

---

① 江西省档案馆、江西省委党校党史教研室编：《中央革命根据地史料选编》（下），江西人民出版社1982年版，第165页。

作中有效动员群众，《条例》赋予了工农检察部组织群众法庭的权力，与法院审理案件职能的不同之处在于，群众法庭仅审理不构成犯罪的行为，主要的功能是通过对腐败者的审判过程，起到动员群众揭发以及反腐警示教育作用，可以说这是工农检察部一项独特的职权设计。群众法庭不是固定的组织，主要是由工农检察部根据案件的需要决定召开，具有开除工作人员与登报宣布罪状之权。由于具备了可以召开群众法庭的权力，使得工农检察部具有了一定范围内的司法审判权能，从而可以增强其在监督过程中对监督对象的政治压力，提高监督效率。在于都案件中，项英就曾经两次组织群众法庭揭发于都干部的腐败行为，在动员群众积极揭发检举方面起到了非常重要的影响。

通过《条例》关于工农检察部的组织结构与职能规定可以看出，这套反腐组织体系以工农检察部为核心机构，以控告局与突击队为连接点，在充分动员和吸收群众参与的基础上形成了自上而下与自下而上相结合的反腐运行路径，试图建立由专门机关与群众组织相结合的组织网络来监督苏区各苏维埃政权的运行。

三、工农检察制度的结构缺陷与风险进入

应当说，工农检察机关在苏区查处了许多腐败案件，为苏区的廉政建设作出了巨大的贡献。但于都事件的发生也充分暴露处制度体系中所存在的结构性缺陷，即面对地方政权官员集体腐败时的运行困境。在这套反腐机制运行中，信息通道的通畅是保障制度有效运作的关键环节，无论是自上而下巡警式监督还是自下而上的火警式监督，都离不开可靠的信息传递。而一旦信息通道被封锁，就可以导致整个反腐机制陷入瘫痪状态。从于都事件看，由于制度结构缺陷所造成的信息通道被封闭的可能性是非常大的。

第一是工农检察部的领导体制对其履职造成的障碍。作为反腐组织体系的核心，工农检察部的职能能否得到实现对于反腐机制的运行至关重要，但从工农检察部的组织体制来看，双重领导的体制则成为影响其职能发挥的重要因素。根据《条例》规定，工农检察机关受各该级执行委员会及其主席团的指挥，同时受其上级工农检察机关的命令。苏维埃执行委员会对本级工农

检察机关的工作人员有任命之权,而上级工农检察机关则是备案和指导的权力,在这种双重领导体制下,虽然同为领导机关,但二者对工农检察机关的影响力是不同的,前者显然对本级工农检察机关的影响力更大。意味着作为地方苏维埃领导下的工农检察机关而言,面对地方政权的共同腐败问题时,会因为缺乏独立性而难以履行监督职能。在于都事件中,于都县苏书记、主席以及工农检察的负责人等领导干部集体卷入案件中,形成了坚固的利益链条,无论是上级检查组的检查还是群众举报都遭到了县苏维埃积极或消极的抵制。以至于作为中央工农检察部最高领导人的项英率领检查组"到了于都数天,很困难得着更新的材料去开展检举,县委县苏维埃的工作人员好像有组织似的,互相隐瞒,包庇不言。问到他们,总是答应不知道。即或是告诉一些,也是在各区已经发生的事,对于城市的问题,合作社的问题,绝口不谈。①

第二是突击队组织的角色依附。突击队作为工农检察机关指导下的群众反腐组织在反腐机制中承担着重要的监督作用,但该组织并不具备一般社团组织的独立性,而是对工农检察部具有很强的依附性。从《条例》中关于二者权力义务关系的具体规定来看,工农检察机关与突击队的关系则不仅仅是指导关系,更是一种管理关系。根据《条例》(附则三)的规定,这种管理关系主要体现在三个方面:一是突击队在执行突击任务时必须持有工农检察部证书;二是突击队出发之前,须由工农检察部的负责人预先做出突击计划,并由工农检察部领导与突击队队长进行详细谈话后实施;三是突击检查任务完成之后,须向工农检察部做详细的报告。也就是说,突击队的行动实际上都是在工农检察机关的指导和控制下展开的。因此,突击队所承担的监督角色事实上只是工农检察部职能的延伸,本身不具有独立的职权,也不具备独立的地位,其职能的发挥取决于工农检察部的支持与否。由于突击队对工农检察部的依附关系,当类似于都集体腐败事件发生时,在工农检察机关自身履行职务都受到制约的情况下,突击队也同样无法发挥其作用。

---

① 项英:《于都检举的情形与经过》,载《红色中华》,1934年3月29日。

第三是群众参与反腐的局限性。群众在这套反腐机制中承担着重要的信息传递作用，但由于地方苏维埃官员集体腐败形成了严密的利益链条封锁，严重限制了群众对苏维埃政权的信息反馈。项英在处理于都事件中曾经两次组织群众大会希望通过群众积极揭发进一步打开局面，但"在大会上发言的群众很少，但在下面表示高兴，并说中央的人来了才将这些事实说出来。"① 由于在旧政权中，农民长久以来遭受旧官僚压迫，一直以来都是将官僚系统视为异己的、压迫性的力量，对于苏维埃的认知也不可能在短时期内有实质性的进步。而且在部分苏区，也确实存在着严重的官僚主义现象，导致群众对苏维埃政权产生了畏惧心理。中共湘赣苏维埃在工作报告中曾写到："湘赣苏维埃过去因为被富农流氓AB团所把持以致发现官僚腐化脱离群众的严重现象。苏维埃的负责人压迫群众，以致群众害怕苏维埃。现在这些错误虽然纠正了，但苏维埃与群众的关系还是不好，群众对苏维埃还没有认为是自己的政权机关，有些地方还是有些怕苏维埃。"② 这种畏惧心理直接导致了对苏维埃政权的不信任，因而也直接影响到群众对腐败信息的反馈。例如湘鄂赣的一些地区群众对区乡干部分田不公正提出意见。"马上'反抗政府'，'反动派'的帽子即戴上头来了，有许多群众反对政府负责人的官僚腐败分子，但又不敢公开说。"③ 在革命话语体系占据绝对强势地位的年代，一些腐败的苏维埃官员往往借助"反动派"的名义打压持有不同意见的群众，其结果造成所在地区的群众对苏维埃政权的整体不信任，从而阻断了群众参与反腐的信息通道。

四、工农检察制度的缺陷弥补与动力生产

为了深入推进革命动员任务，苏区建立了庞大的组织系统和基层政权，这一方面增强了对群众的动员能力，但也产生了过多的行政人员与日益膨胀

---

① 项英：《于都检举的情形与经过》，载《红色中华》，1934年3月29日。
② 湘赣革命根据地党史资料征集协作小组编：《中共湘赣苏区省委综合工作报告》（1931—10—26）《湘赣革命根据地》（上），中共党史资料出版社1990年版，第114页。
③ 湘鄂赣革命根据地文献资料编选组编：《中央局滕代远巡视湘鄂赣苏区的报告》（1937—7—12）《湘鄂赣革命根据地文献资料》第1辑，人民出版社1985年版，第524页。

的行政机构,从而使得官僚主义得以滋生,进而寻求部门和个人利益。于都事件就是在这种背景下产生的。官僚利益链条的形成不仅为工农检察制度的运行造成极大的障碍,同时也影响到中央一系列政策的落实。对此,中共将反腐与打击官僚主义结合起来,为工农检察制度注入了强大的政治支持,形成了支持制度运行的动力生产,从而弥补了制度缝隙,有效地遏制了腐败问题。

(一)通过打击官僚主义实现反腐信息通道的畅通

在这种火警式与巡警式相结合的监督模式中,官僚主义是工农检察制度运行的致命障碍,在这套反腐系统中一旦出现官僚主义,必然形成反腐机构与群众之间的沟通障碍,进而导致反腐机制的瘫痪,因此要想使这一反腐机制获得生机就必须消除官僚主义。对此,各级苏维埃政权还是有着较为深刻的认识的,在江西省第二次工农兵代表大会省苏工作报告决议案中,着重谈及苏维埃工作中存在的官僚主义问题:"全省苏维埃工作方式未能彻底改善脱离群众、命令群众的官僚主义还严重存在着……因此反官僚主义反贪污腐化的斗争不能从广大群众的运动上开展起来,由于官僚主义的存在,就阻碍了苏维埃民主主义广泛的实施,不能吸收广大的群众来参加苏维埃工作,来学习管理和监督工农自己的政权。"[①]

为了消除政权中的官僚主义,首先强化了工农检察部的政治职能,作为检察监督机关的工农检察部门被赋予了反官僚主义的政治任务。江西省第二次工农兵代表大会苏维埃建设决议案指出,为使江西苏维埃更能动员群众,组织群众迅速粉碎敌人五次围剿起见,必须用大的力量来开展反官僚主义的斗争。各地工农监察委员会最基本的工作,应当成为反官僚主义的斗争机关,应当是苏维埃内反官僚主义、反对不能执行苏维埃一切法令的报警者。因此大会责成省苏首先要严格地转变省工农监察委员会的组织和工作。使各级工农监察委员会,应广泛建立通讯网,要依靠广大群众的力量,来开展群众的反官僚主义的斗争。可以看出,在残酷的战争环境下,打击政权内的官僚主

---

① 江西省档案馆、江西省委党校党史教研室编:《江西省第二次工农兵代表大会省苏工作报告决议案》(1933—12—28),《中央革命根据地史料选编》(下),江西人民出版社1982年版,第272页。

义与腐败是中共获得生存与发展的必然选择。苏区将反官僚主义与打击贪污腐败结合起来，对反腐机制的有效运行起到了重要的动力生产作用。其次充分发挥了苏区的舆论宣传动员作用。为了配合和支持苏区开展的反腐反官僚主义运动，中共的舆论宣传对于动员群众参与反官僚主义与腐败发挥了重要作用。作为苏区最有影响力的报纸，专门开辟了"铁锤"、"警钟"等专栏报道各种腐败与官僚主义现象，较为客观地对中华苏维埃时期革命政权内存在的官僚腐败现象做了充分曝光。这一时期舆论所曝光大量的贪腐案例，形成了强大的舆论威慑力，使苏区群众认识到中共对消除官僚腐败行为的决心，从而积极参与反腐与反官僚主义运动之中，有效地配合了工农检察部所开展的各项活动，对于冲破官僚主义的信息封锁起到了不可估量的作用。

（二）通过政治动员为反腐机制注入政治支持

由于苏维埃所在区域都是边远贫困地区，囿于本身生产能力所限以及战争所产生的巨大消耗，使苏区一直处于资源匮乏之中，这需要中共组织和动员苏维埃的政治行政资源以及群众的力量来缓解局势所造成的压力，如扩充红军运动、优待红军家属与节省运动等。虽然这些政治运动的目的与反腐并无直接关系，但对基层政权开展和落实动员运动的效果进行检查则为工农检察机关开展反腐工作提供了契机，客观上形成了对地方政权强大的监督。一旦基层苏维埃组织出现严重的工作失误时就会很快引起中央的重视，从而可以迅速做出反应。相对于腐败的隐蔽性而言，基层政权在落实中央的政治运动中所出现的各种问题更容易暴露出来，从而为自上而下的巡警式监督提供了目标和机会。

以动员运动切入的检查，不仅为工农检察机关的监督检查工作提供了良好的契机，而且也为其注入强大的政治支持。由于这种检查往往涉及地方政权在落实各项革命任务中出现的严重问题，因此执政者会对监督者给予支持，从而使监督者具有了超越自身角色约束的政治能量，可以使其在检查过程中占据绝对的政治优势。在涉及类似于都事件的集体腐败案件中，这种由中央直接输入的政治能量对于检查者突破地方腐败者所构建的权力网络发挥了至关重要的作用。

（三）通过组织动员群众参与获得政治能量

在苏区的反腐运行机制中，群众积极参与是反腐机制运行的重要前提。但在苏区，由于工农群众受教育的程度较低，而且受传统文化的影响，其思想意识具有较强的个体性和功利性，与中共的革命理念存在较大的差距，因此也不可能对揭发检举腐败现象有足够的参与热情。中共苏区以开展检举运动、群众法庭等方式，通过对群众组织的引导以及对积极分子的选择性激励，激发群众的参与热情，组织和引导其共同参与到反腐运动的洪流之中，从而获得了群众支持的政治能量。

在1933年召开的湘赣省苏工农检察部第一次全省区以上主席联席会议指出："检举运动是广大群众的运动。检举工作中应加紧控告箱的宣传和解释，使群众都踊跃的向控告箱来举发苏维埃政权下的坏蛋。每区要组织十队以上的临时突击队，专门进行战争动员中各项专项工作的突击。各乡工农监察委员会，应依照中央政府颁布的苏维埃组织暂行条例，以工会、贫农团、女、工、农、妇代表共青团的代表及其他积极分子以七人至九人迅速组织起来，担任全乡的检举工作。"① 另外，群众法庭也起到了非常好的动员作用。通过在群众参与下公开的审理，既加强了对基层干部与群众的教育，而且也增强群众对苏维埃政权的认同。项英在于都事件中，为了打开局面曾经两次组织召开群众法庭，发动群众揭发于都干部的腐败行为，也收到了一定的效果。

工农检察机关通过群众法庭等方式为群众参与反腐提供了良好的场所和机会，又通过各级群众组织的积极引导和积极分子示范作用，积极向群众宣传检举的意义，对激发苏区群众的反腐热情起到了非常有效的作用。根据勒庞的群体心态理论，"当孤立的个人形成群体后，将形成群体心理，……个体不可能产生的念头或行动之所以能够在集体中发生，首先是因为个体在群体中可以感觉到集体的力量，使其敢于表达内心被压抑的诉求。"② 由于置身于执政者所领导开展的反腐运动中，群众便可以克服对政权官僚主义的畏惧心

---

① 湘赣革命根据地党史资料征集协作小组编：《湘赣省苏工农检察部第一次全省主席联席会议决议》（1933—4—21），《湘赣革命根据地》（上），中共党史资料出版社1990年版，第653页。

② ［法］古斯塔夫·勒庞：《乌合之众》，中央编译出版社2004年版，第50页。

理，同时各群众团体在工农检察机关的直接指导下，有组织、有步骤，且目标和任务明确地贯彻执行党所制定的反腐败的方针政策，不仅取得了个体无法实现的集体效应，而且避免了群众运动可能产生的随意性和盲目性。① 动员的精英组织性与群众广泛参与性相结合，既能够激发群众参与反腐、反官僚主义的热情，又可以通过党领导下的各类群众组织，有序地参加反腐运动，从而为工农检察制度注入了强大的政治能量，使工农检察制度能够突破官僚主义的信息封锁得以顺利运行。

五、关于工农检察制度运行机制的启示

工农检察制度作为苏区的专门监督制度为革命根据地的廉政建设做出了重要的贡献。但如果仅从反腐的体制结构与资源配置方面来看，其反腐制度设计、组织建设与现代国家反腐的制度体系相比并无突出之处。而且由于在组织体制中存在的结构性缺陷，使其很难在权力行使过程中突破腐败群体对信息通道的封锁，也难以预防地方苏维埃官员集体腐败案件的发生。在这种制度运行存在内在困境的情况下，苏区的腐败之所以还能够得到有效的控制，是因为中共开展的反腐工作是与反官僚主义运动联袂进行的，在这一过程中，工农检察机关的相关机构与群众组织积极引导群众打击官僚主义，不仅沉重打击了官僚系统的利益链所构造的信息屏障，而且也对工农检察制度给予了充分的政治支持，从而使工农检察制度获得了运行动力，实现对腐败的控制。

从反官僚主义入手追踪腐败问题是当时中共动员群众参与反腐较为可行的路径。因为腐败行为具有很强的隐蔽性。所涉及的财政账目普通群众很难发现，或者即便有所察觉也很难获得可靠的证据，不利于吸收群众广泛地参与。而相对于腐败的隐蔽性而言，群众对官僚主义更为敏感，同时也较为容易发现。因为苏维埃工作人员的工作作风与各种浪费行为都是可以被群众在日常接触中感知和察觉的，也最容易引起群众的反感，因此将反腐与反官僚主义结合起来，极大程度上动员了群众积极参与，对于打通可能发生屏蔽的

---

① 袁礼华：《论中央苏区党领导群众运动反腐败的基本经验》，载《甘肃社会科学》，2011年第2期。

信息沟通渠道起到了重要的作用。形成了精英动员、机构运作、群众与参与的有机结合，从而有效地激活了工农检察制度的运行动力，消除了官僚主义的信息阻隔，打通了反腐制度的运行路径。

苏区这种通过积极引导群众参与反官僚主义，克服制度运行困境，激活反腐制度运行动力的反腐模式，对于时下反腐工作的开展具有一定的借鉴意义，即在监督制度体系尚未完善，不足以使监督者有充分的力量履行监督职责的情况下，要想推进反腐工作的深入进行，必须为监督机制注入足够的政治支持以使监督者有足够的动力与能力打破官僚体制的信息封锁，才能实现对腐败的有效控制。

同样不可忽视的是，这种通过动员运动为反腐监督提供动力的方式是在苏区所处的特定历史条件下形成的，其实也可以说是对当时苏区所面临复杂形势的一种回应。在革命根据地，尽管这种强大的政治压力为反腐机制的运行提供了强大的动力。但这些动员运动得以持续开展的动力主要来自战争环境给苏区所造成的执政压力，一旦资源紧张的矛盾得到缓解，这种政治压力也会相应地减轻，从而会影响到对制度的能量输入。更为重要的是，通过政治运动为监督制度注入政治能量的同时，其自身的运作也会发生突破制度框架的风险，有些政治运动的扩大化对苏区造成了不同程度的破坏。因此，在民主转型时期，当监督制度尚不具备抵御腐败滋生的能力的情况下，运动式反腐在一定程度上可以打破官僚体制的信息壁垒，起到震慑腐败的作用，但从长远来看其却于法治建设无益，腐败问题的滋生有着深厚的社会原因与历史背景，尤其是在社会转型时期最为突出。要想实现对腐败的根本治理仍然需要对现有制度体系进行不断的完善，以实现充足而又稳定的制度运行动力支撑，方能最终形成对腐败的长效治理。

（此文载于《赣南师范学院学报》2014年第1期）

论邓小平的社会主义制度优越性思想[①]

刘焕申[②]

摘　要：社会主义制度是中国的根本政治制度，具有鲜明的制度优越性。邓小平认为，社会主义制度能够使生产力发展得更快，不断提高人民的物质文化生活水平；能够消除种种贪婪、腐败和不公平现象；能够做到集中统一，保证重点，保持高效；四项基本原则是社会主义制度优越性的具体体现。

党的十八大指出，全党要坚定中国特色社会主义的道路自信、理论自信、制度自信。[③] 社会主义制度是中国人民的历史选择，是中国的根本政治制度，具有鲜明的制度优越性。邓小平指出，社会主义制度能够使生产力发展得更快，不断提高人民的物质文化生活水平；能够消除种种贪婪、腐败和不公平现象；能够做到集中统一，保证重点，保持高效；四项基本原则是社会主义制度优越性的具体体现。学习邓小平关于社会主义制度优越性的思想，对于坚持和发展社会主义制度，增强制度自信有重要意义。

[①] 山东省高校人文社会科学研究计划项目（J12WA58）的阶段性成果。
[②] 刘焕申（1973—），男，山东东阿人，聊城大学马克思主义学院副教授，研究方向为马克思主义理论与当代社会主义实践。
[③] 胡锦涛：《坚定不移沿着中国特色社会主义道路前进　为全面建成小康社会而奋斗——在中国共产党第十八次全国代表大会上的报告》，人民出版社2012年版，第16页。

一、社会主义制度优越性的根本体现就是能够使生产力迅速发展,人民物质文化生活逐步提高

社会主义是一种先进的社会制度,是人类社会发展的必然趋势。俄国、中国等经济文化落后的东方国家率先建立起来的社会主义制度在建设和发展中的曲折反复及长期对马克思主义做教条式的理解,使社会主义制度的优越性远没能充分体现出来。1978年后,邓小平以大无畏的理论探索和创新精神,致力于消除对社会主义制度优越性的曲解、误解和错解,从多个角度阐明社会主义制度优越性的根本体现,正本清源,为建设和发展中国特色社会主义提供了坚实的理论指导。

从马克思主义基本原理方面认识社会主义的优越性。马克思主义认为,社会主义制度取代资本主义制度的根本原因是前者更适应社会化大生产的要求,更能促进生产力的发展。邓小平根据这一马克思主义基本原理,旗帜鲜明地指出:"马克思主义历来认为,社会主义要优于资本主义,它的生产发展速度应该高于资本主义",①"按历史唯物主义的观点来讲,正确的政治领导的成果,归根结底要表现在社会生产力的发展上,人民物质文化生活的改善上。"② 他摈弃了以往过于从生产关系方面理解社会主义优越性的教条,恢复了社会主义制度优越性的本义:"我们是社会主义国家,社会主义制度优越性的根本体现,就是能够允许社会主义以旧社会没有的速度迅速发展,使人民不断增长的物质文化生活需要能够逐步得到满足。"③ "社会主义阶段的最根本任务就是发展生产力,社会主义的优越性归根到底要体现在它的生产力比资本主义发展得更快一些,更高一些,并且在发展生产力的基础上不断改善人民的物质文化生活。"④

从什么叫社会主义方面理解社会主义的优越性。社会主义优越性是社会

---

① 《邓小平文选》第2卷,人民出版社1994年版,第312页。
② 《邓小平文选》第2卷,人民出版社1994年版,第128页。
③ 《邓小平文选》第2卷,人民出版社1994年版,第128页。
④ 《邓小平文选》第3卷,人民出版社1993年版,第63页。

主义制度内在本质的外部显现。一方面，邓小平认为搞清楚什么是社会主义才能更好地理解社会主义制度优越性，才能找到坚持和发展社会主义的正确道路。他一语中的地指出："什么叫社会主义，社会主义总是要表现它的优越性嘛。它比资本主义好在哪里？……干社会主义，要有具体体现，生产要真正发展起来，相应的全国人民的生活水平能够逐步提高，这才能表现出社会主义制度的优越性。"① "搞社会主义，一定要使生产力发达，贫穷不是社会主义。我们坚持社会主义，要建设对资本主义具有优越性的社会主义，首先必须摆脱贫穷。"② 另一方面，邓小平把发展生产和增加人民收入看成是坚持和发展社会主义压倒一切的标准。"讲社会主义，首先就要使生产力发展，这是主要的。只有这样，才能表明社会主义的优越性。社会主义经济政策对不对，归根到底要看生产力是否发展，人民收入是否增加。这是压倒一切的标准。空讲社会主义不行，人民不相信。"③

从反思过往建设进程中教训方面理解社会主义的优越性。新中国60多年的社会主义建设取得了举世瞩目的辉煌成就，也饱经曲折挫折，反思社会主义建设进程中的经验教训贯穿邓小平新时期开辟新道路的始终。针对这些问题，他发出一连串疑问："要一心一意搞建设。国家这么大、这么穷，不努力发展生产，日子怎么过？我们人民的生活如此困难，怎么体现出社会主义优越性？"④ "不努力搞生产，经济如何发展？社会主义、共产主义的优越性如何体现？我们干革命几十年，搞社会主义三十多年，截至一九七八年，工人的月平均工资只有四五十元，农村的大多数地区仍处于贫困状态。这叫什么社会主义优越性？"⑤ 他总结道："30年来，经过几次波折，始终没有把我们的工作着重点转到社会主义建设这方面来，所以，社会主义优越性发挥得太少，

---

① 中共中央文献研究室：《邓小平思想年编》，中央文献出版社2011年版，第108页。
② 《邓小平文选》第3卷，人民出版社1993年版，第225页。
③ 《邓小平文选》第2卷，人民出版社1994年版，第314页。
④ 《邓小平文选》第3卷，人民出版社1993年版，第10页。
⑤ 《邓小平文选》第3卷，人民出版社1993年版，第10—11页。

社会主义生产力的发展不快、不稳、不协调,人民的生活没有得到多大的改善。"① "我们相信社会主义比资本主义的制度优越。它的优越性应该表现在比资本主义有更好的条件发展社会生产力。这本来是可能的,但过去人们有不同的理解,于是我们发展生产力的进程推迟了,特别是耽误了十年。"② 他直言:"社会主义也会经过曲折。社会主义究竟如何搞,还要积累经验。社会主义要显示它的优越性,它的优越性是发展生产力,提高人民生活水平。"③

二、社会主义能消除资本主义和其他剥削制度所必然产生的种种贪婪、腐败和不公正现象

公平正义是社会主义的本质体现,是中国特色社会主义的内在要求。社会主义之所以优于资本主义的一个重要方面就在于它以消除贫富两极分化、实现共同富裕为根本目的。以往一切阶级社会的发展都以某个集团的利益为目的,以某个集团的意志作为公正的尺度。"过去一切阶级在争得统治之后,总是使整个社会服从于它们发财致富的条件,企图以此来巩固它们已经获得的生活地位。"④ 只有社会主义代表最广大人民群众的利益和意志,能使社会发展的成果惠及全体人民。社会主义实行生产资料公有制,保证人民群众在生产资料占有上的公平和平等,从而保障社会利益分配的起点公正;实行按劳分配原则,以劳动作为统一的分配尺度,排除社会产品分配上的垄断和特权,从而保障社会利益分配的程序公正;以共同富裕为发展目标,使发展成果为全体人民所共享,从而保障社会利益分配的结果公正;坚持人民民主,尊重人民群众主体地位,使人民共同参与和管理国家事务,并依照体现人民意志和社会发展规律的法律治理国家,保障政治和法律的公正。⑤

社会主义的公正理念是以人为本的公正理念。社会主义制度从根本上改

---

① 《邓小平文选》第2卷,人民出版社1994年版,第249页。
② 《邓小平文选》第2卷,人民出版社1994年版,第231页。
③ 中共中央文献研究室:《邓小平思想年编》,中央文献出版社2011年版,第248页。
④ 《马克思恩格斯选集》第1卷,人民出版社1995年版,第283页。
⑤ 郭建宁:《社会主义核心价值观基本内容释义》,人民出版社2014年版。

变了无产阶级和广大劳动人民的命运，在实现社会平等和公平正义方面取得了巨大进步，这是社会主义制度优越性的集中体现。由此，实现好、维护好、发展好最广大人民群众的根本利益是社会主义社会各项制度安排的出发点和目的。建国之初，我们通过对农业、手工业和资本主义工商业进行社会主义改造，消灭剥削制度和剥削阶级，建立了社会主义制度，实行生产资料公有制，实行计划经济，目的是能使广大人民群众在经济、政治和社会生活中公平地享有各种权利和机会。党的十一届三中全会以来，中国共产党秉承以人为本的发展理念，全心全意搞建设，一心一意谋发展，深化改革，扩大开放，国民经济持续、健康、快速发展，国家综合国力、经济实力和人民生活水平大幅提升，为实现社会公正提供了强大的物质基础和坚实保障。对此，邓小平明确指出："我们为社会主义奋斗，不但是因为社会主义有条件比资本主义更快地发展生产力，而且因为只有社会主义才能消除资本主义和其他剥削制度所必然产生的种种贪婪、腐败和不公正现象。"[①] 1986年9月，他在回答美国记者关于"致富光荣的口号同社会主义的关系"时说："社会主义的财富属于人民，社会主义的致富是全民共同致富。社会主义原则，第一是发展生产，第二是共同致富。"[②] 针对改革开放后社会公平正义方面出现的新问题，邓小平警告说："社会主义最大的优越性就是共同富裕，这是体现社会主义本质的一个东西。如果两极分化，情况就不同了。"[③] 1993年，他不无忧虑的指出："十二亿人口怎样实现富裕、富裕起来以后财富怎样分配，这都是大问题。题目已经出来了，解决这个问题比解决发展起来的问题还困难……少数人获得那么多财富，大多数人没有，这样发展下去总有一天会出问题。"[④] 解决包括邓小平晚年提出的社会分配不公、贫富差距拉大等当前社会公正问题，必须全面深化改革。十八届三中全会提出要深化社会体制改革，改革收入分配制度，形成合理有序的收入分配格局，促进共同富裕，推进社会领域制度创新，

---

① 《邓小平文选》第3卷，人民出版社1993年版，第143页。
② 《邓小平文选》第3卷，人民出版社1993年版，第172页。
③ 《邓小平文选》第3卷，人民出版社1993年版，第364页。
④ 中共中央文献研究室：《邓小平思想年编》，中央文献出版社2011年版，第719页。

推进基本公共服务均等化,加快形成科学有效的社会治理体制,确保社会既充满活力又和谐有序,充分体现社会主义制度优越性。

三、社会主义能够对社会进行有效调控,集中力量,保证重点,保持高效

一种社会制度是否具有强大的社会动员能力,是衡量其是否优越的标准之一。社会主义制度坚持以人为本,始终代表广大人民群众的意志和利益,是动员和凝聚全国各族人民力量的制度保障。邓小平总结这一优势,明确指出:"社会主义能够集中力量,什么困难的事都能搞成",[1]"社会主义同资本主义比较,它的优越性就在于能做到全国一盘棋,集中力量,保证重点。"[2]他信心十足地说:"只要我们充分发挥社会主义制度优越性,把力量统一地合理地组织起来,人数少也可以比资本主义国家同等数量的人办更多的事,取得更大的成就。"[3] 1956年,中国建立了以公有制为基础的社会主义制度,消灭了剥削制度和剥削阶级,不断满足人民不断增长的物质文化需要是其生产目的。邓小平认为,正是由于社会主义制度的这些特点,中国人民能有共同的政治经济社会理想,共同的道德标准。以上这些,资本主义社会永远不可能有,这是人民对社会主义制度认同感和凝聚力的经济基础。社会主义制度建立后,我们发挥制度优势,集中主要力量开展了以156个重大项目为中心的工业建设,比较迅速地初步建立了独立的比较完整的工业体系和国民经济体系,促进了生产力的大发展,为现代化建设奠定了坚实的物质基础;我们制造出"两弹一星",为国防工业的进一步发展提供了有利条件,有效保障了国家安全;在抗险救灾和恢复重建过程中,我们举全国之力,从中央到地方政令畅通、步调一致,动员和组织各方力量,形成了强大的合力,最大限度地保障了人民的生存权和发展权。党的十一届三中全会以来,中国实行了改

---

[1] 中共中央文献研究室:《邓小平思想年编》,中央文献出版社2011年版,第693页。
[2] 《邓小平文选》第3卷,人民出版社1993年版,第16—17页。
[3] 《邓小平文选》第2卷,人民出版社1994年版,第52页。

革开放的基本国策。经济制度上，一方面确立了以公有制为主体，多种所有制经济共同发展的基本经济制度，适应了我国现阶段的生产力发展水平，充分调动了各方面积极性，极大地解放和发展了社会生产力。另一方面，确立了社会主义市场经济体制的改革目标，把市场经济与社会主义基本制度结合起来，既发挥市场在资源配置中的作用，又注重加强国家的宏观调控，努力克服市场的负面作用，有效保障了广大人民群众的利益。政治制度上，坚持和完善人民代表大会制度等一整套政治制度，既充分尊重和保障个人民主权利，又能保持形成共同意志，集中力量办大事的优势。借助这些优势，中国发生了翻天覆地的变化，取得了举世瞩目的辉煌成就。1979年到2012年，国内生产总值年均增长9.8%，远高于同期世界经济年均2.8%的增速，经济总量跃居世界第二，1949年到2013年，我国人均GDP从35美元增加到6767美元，人民生活水平从贫困到温饱再到小康，成功实现从低收入国家向中等偏上收入国家的跨越。① 中国特色社会主义制度集中力量办大事、办急事、办难事的优势得到了充分的体现。

四、四项基本原则是社会主义制度优越性的集中体现。

中国社会主义制度是以马克思主义为指导，中国共产党领导全国人民经过长期不懈的艰苦奋斗自主选择并建立的，是中国近代历史发展的必然结果和必然趋势。社会主义道路、人民民主专政、共产党的领导和马克思列宁主义是中国特色社会主义制度的题中应有之义，是社会主义制度优越性的集中体现。邓小平提醒说："我们有很多优越的东西，这是我们社会制度的优势，不能放弃。所以，我们要坚持四项基本原则。"② 他还说：四项基本原则是个"成套设备"，③ "如果动摇了这四项基本原则中的任何一项，那就动摇了整个

---

① 中共中央宣传部：《习近平总书记系列重要讲话读本》，学习出版社、人民出版社2014年版，第14页。
② 《邓小平文选》第2卷，人民出版社1994年版，第257页。
③ 中共中央文献研究室：《邓小平年谱（1975—1997）》，中央文献出版社2004年版，第1363页。

社会主义事业，整个现代化建设事业。"① 把马克思主义基本原理与中国具体实际相结合，走自己的路，建设中国特色的社会主义，邓小平立场坚定："我们根据自己的特点，自己国家的情况，走自己的路。我们既不能照搬西方资本主义国家的做法，也不能照搬其他社会主义国家的做法，更不能丢掉我们制度的优越性。"② "社会主义制度总比弱肉强食、损人利己的资本主义制度好得多。我们的制度将一天天完善起来，它将吸收我们可以从世界各国吸收的进步因素，成为世界最好的制度。这是资本主义所绝对不可能做到的。"③ 实践是硬标准，新中国成立 60 多年尤其是改革开放 30 多年来，我国经济实力、综合国力大幅提升，人民生活显著改善，国际地位空前提升的事实雄辩地证明了中国特色社会主义道路走得对、走得好。中国共产党是中国工人阶级的先锋队，同时也是中国人民和中华民族的先锋队，它通过不断的自我变革、自我完善、自我发展保持自身先进性，是领导中国革命、建设、改革不断取得辉煌胜利的坚强领导核心。邓小平一语中的："共产党的领导就是我们的优越性。……共产党也难免犯错误，但只要坚持实事求是，坚持改革，走自己的路，不犯大的错误，我们的事业就会蓬勃发展。"④ 他强调说："中国没有共产党的领导、不搞社会主义是没有前途的。这个道理已经得到证明，将来还会得到证明。如果我们达到人均国民生产总值四千美元，而且是共同富裕的，到那时候就能够更好地显示社会主义制度优于资本主义制度，就为世界四分之三的人口指出了奋斗方向，更加证明了马克思主义的正确性。所以，我们要理直气壮地坚持社会主义道路，坚持四项基本原则。"⑤ 中国是人民民主专政的社会主义国家，人民民主专政实质上是无产阶级专政。邓小平说："无产阶级专政对于人民来说就是社会主义民主，是工人、农民、知识分

---

① 《邓小平文选》第 2 卷，人民出版社 1994 年版，第 173 页。
② 《邓小平文选》第 3 卷，人民出版社 1993 年版，第 256 页。
③ 《邓小平文选》第 2 卷，人民出版社 1994 年版，第 337 页。
④ 《邓小平文选》第 3 卷，人民出版社 1993 年版，第 256—257 页。
⑤ 《邓小平文选》第 3 卷，人民出版社 1993 年版，第 195—196 页。

子和其他劳动者共同享受的民主,是历史上最广泛的民主。"①"这种制度更利于团结人民,比西方的民主好得多。"②他还说:"我们党和国家的根本制度是民主集中制","这个制度是最便利的制度,最合理的制度。"③民主集中制是中国共产党和中华人民共和国的根本组织原则,是民主和集中二者的辩证统一。邓小平指出:"民主集中制也是我们的优越性。这种制度更利于团结人民,比西方的民主好得多。我们做某一项决定,可以立即实施。"④"社会主义国家有个最大的优越性,就是干一件事情,一下决心,一做出决议,就立即执行,不受牵扯","没有那么多互相牵扯,议而不决,决而不行。就这个范围来说,我们的效率是高的,我讲的是总的效率。这方面是我们的优势,我们要保持这个优势,保证社会主义的优越性。"⑤马克思列宁主义、毛泽东思想和中国特色社会主义理论体系是坚持社会主义制度的思想理论基础,是凝聚全党和全国各族人民的强大精神支柱,指引着党和人民的伟大事业不断取得胜利。邓小平坚定地认为:"马克思主义优于其他的思想。"⑥对马克思主义的信仰,是中国革命和社会主义建设胜利的一种精神动力。邓小平说:"我坚信,世界上赞成马克思主义的人会多起来的,因为马克思主义是科学。""马克思主义的真理颠扑不破。"⑦"不要认为马克思主义就消失了,没用了,失败了。哪有这回事!"⑧

---

① 《邓小平文选》第2卷,人民出版社1994年版,第168页。
② 《邓小平文选》第3卷,人民出版社1993年版,第257页。
③ 中共中央文献研究室:《邓小平年谱(1975—1997)》,中央文献出版社2004年版,第1351页。
④ 《邓小平文选》第3卷,人民出版社1993年版,第257页。
⑤ 《邓小平文选》第3卷,人民出版社1993年版,第240页。
⑥ 《邓小平文选》第2卷,人民出版社1994年版,第191页。
⑦ 《邓小平文选》第3卷,人民出版社1993年版,第382页。
⑧ 《邓小平文选》第3卷,人民出版社1993年版,第383页。

提高社会治理水平的根本之策[①]

——政府职能体系变迁的视角

陈延庆[②]

摘　要：政府职能之间的关系不是一成不变的，而是随着行政环境、条件的变化不断进行调整和改变。目前，我国政府职能体系的核心是创造良好发展环境、提供优质公共服务、维护社会公平正义。这是历经革命战争年代、建国初期、文化大革命、改革开放等几次历史性根本转折后的逻辑必然，也是建设社会主义和谐社会、实现全面建成小康社会和中华民族伟大复兴"中国梦"的现实选择。在此背景下，实现社会治理目标，需要围绕"让发展成果更多更公平惠及全体人民"、"维护社会公平正义"的政府职能，强调各项治理措施的"系统性、整体性、协同性"，走"统筹兼顾，突出重点"的社会治理之路。

一、问题由来及已有研究成果

（一）问题的由来

党的十八届三中全会不但明确了"创新社会治理……提高社会治理水平，全面推进平安中国建设，维护国家安全，确保人民安居乐业、社会安定有序"的美好远景目标，而且还提出了"改进社会治理方式"，"（要）坚持系统治理，加强党委领导，发挥政府主导作用，……坚持综合治理，强化道德约束，

[①] 本文为国家社科基金项目"中国特色社会主义制度体系研究"（13BKS022）的阶段性成果。
[②] 陈延庆，男，聊城大学政治与公共管理学院教授，博士。

规范社会行为，调节利益关系，协调社会关系，解决社会问题，坚持源头治理、标本兼治、重在治本"①的具体规划设想。落实这一规划设想、实现这一目标任务任重道远，但认真分析和正确研判目前我国的社会治理形势无疑具有基础性和决定性意义。

前不久中国社科院法学研究所发布的《2014年中国法治发展报告》（以下简称《报告》）显示：近14年（2000年1月1日至2013年9月30日）间，中国境内共发生百人以上规模的群体事件871起，呈如下鲜明特点：一、百人以上、千人以下群体性事件居多。二、大致呈逐年递增，并于2012年达至顶峰。三、地域分布与经济发展水平呈较大正相关性。四、事件性质以维权类事件居多。五、由引发事件的矛盾主体看，由公民与社会组织、公民与政府等"不平等主体间"矛盾引发的事件（占总数88.4%）超过"平等主体间"。另外，《报告》还显示"部分群体事件具有组织化倾向"②。

群体性事件逐年增加，特别是单纯"泄愤类"群体事件的出现和事件的"组织化倾向"，不但加大了事件发生的不确定性和处理难度，也扩大了事件的影响，主要是破坏性作用。所以，采取得力措施，切实提高社会治理水平，既是实际工作者面临的一项紧迫现实任务，也是摆在理论工作者面前的一项重大理论课题。

（二）对群体性事件的研究现状分析

在我国，受多种因素影响，因不同时期对群体性事件认识的差异，对其称谓也不尽相同。上世纪50至70年代末，群体性事件一般被称作"群众闹事"、"聚众闹事"；之后，又先后被冠之以"治安事件"、"突发事件"、"治安紧急事件"等不同称谓；直到2004年11月8日中共中央办公厅、国务院办公厅转发的《关于积极预防和妥善处理群体性事件的工作意见》开始使用"群体性事件"概念，2005年7月7日国务院新闻办主持、中组部领导出席的

---

① 《中共中央关于全面深化改革若干重大问题的决定》，载《人民日报》，2013年11月16日。
② 赵力、朱自洁等：《14年间百人以上群体事件发生871起》，载《新京报》，2014年2月24日。

新闻发布会也首次向世界媒体公开使用"群体性事件"的称谓①。自此,在官方话语体系和主流媒体中,"群体性事件"才逐步被当作中性词使用,表明社会对此问题有了新认识、政府对此现象有了新判断的同时,也体现了学界的新思考和新探索。

自上世纪80年代,当时被称作"治安事件"、"突发事件"、"治安紧急事件"的群体性事件逐渐进入学界视野、引起学者关注以来,与之相关的许多问题也顺理成章地先后成为学界研究对象,围绕着"群体性事件的含义"、"群体性事件的性质"、"群体性事件的类型"、"群体性事件的成因"、"群体性事件的危害"及"群体性事件的对策"等问题,学者们进行了热烈讨论,取得许多重大研究成果。其中,相关国家级课题4项,省部级课题为数众多,难以确切计数;作为"群体性事件"研究课题的最终或阶段性成果出版的学术著作超过30部;据北京人民警察学院万川教授统计,1987—2005年的18年间,国内公开发表群体性事件研究论文450余篇,另据中共广东省委党校行政学教研部董娟教授统计,2000年至今……学界对于群体性事件的关注度明显加强,成果数量呈连年增长态势,尤其从2008年起,成果数量更是成倍增长。

纵观这些研究成果,除了数量众多、形式各异外,所涉及内容、学科及研究方法也比较广泛且多样化。正如董娟教授所说,"研究内容由最初的群体性事件本身,逐步扩展到与之密切相关的现场处置、防控体系、基层政府、党风廉政建设、应急管理、网络媒体、信息公开、文化因素、对话研究、体制性症结、公共关系、政治信任等一系列问题。研究方法由最初的法学、行政学逐步细化为从心理学、犯罪学、社会学、经济学、传播学等学科进行多角度研究。此外,学界开始关注农村、城市、少数民族地区、网络、劳资、青少年、高校学生等不同类型、人群构成的群体性事件研究,研究领域更加

---

① 陈利华:《中国"群体性事件"10年增长6倍》,载《新华每日电讯》,2005年7月31日。

细化、专门化"①。可见，群体性事件的理论研究已经获得丰硕成果，取得重大进展，可谓硕果累累，相当"丰满"。

二、严峻的社会治理形势与对群体性事件研究不足的反思

虽然群体性事件研究取得了如上重大成就，但社会治理形势依然严峻。据蔡禾、李超海、冯建华等人的不完全统计，我国的群体性事件从1993年的1万起增加到2004年的7.4万起。其中，百人以上参与的由1400起猛增至7000多起，虽然2005年数量一度下降，但从2006年起，又迅速上升到6万多起，2007年即达到了8万多起。近年来更爆发了一些震惊全国的群体性事件，如贵州瓮安事件、云南孟连事件、甘肃陇南事件、湖北石首事件、广东乌坎事件等②。另据中共中央党校高新民教授统计，"1993年我国发生社会群体性事件0.87万件，2005年上升为8.7万件，2006年超过9万件，并一直保持上升势头。"③ 在社会矛盾集中突显、群体性事件易发频发的情况下，政府不得不采取多种方式加强安全稳定工作，为此投入了大量人力、物力和财力。据统计，2007—2009年，我国的维稳投入迅速增加，2007地方公共安全支出为2878亿元，2009年即升至3898亿元，占该时期国家财政支出的比重一直维持在7%左右，与国防开支基本相当。《2012年全国公共财政支出预算安排情况》也显示，当年国防预算为6702.74亿元，公共安全支出预算为7017.63亿元，已经略高于国防开支水平。

德国著名古典哲学家黑格尔说，"存在的就是合理的"，说明凡事都有其原因，群体性事件也不例外。在理论研究取得重大成就的背景下，群体性事件依然易发频发，社会治理形势仍然严峻复杂，说明实际工作者要认真改进工作，以提高社会治理水平外，理论工作者也应该对其既往的研究进行深刻反思，以进一步拓宽研究思路，提高研究水平。当然，反思过程中除了要认

---

① 董娟：《群体性事件研究：回顾与总结》，载《前沿》，2013年第13期；万川：《群体性事件研究的回顾与前瞻》，载《北京人民警察学院学报》，2005年第2期。
② 蔡禾、李超海：《利益受损农民工的利益抗争行为研究》，载《社会学研究》，2009年第1期。
③ 高新民：《领导干部应对群体性事件案例选评》，中共中央党校出版社2011年版，第69页。

真总结已有的成就和经验外,更要弄清存在的问题和不足。

事实上,随着群体性事件研究的不断深入,特别是面对依然严峻的社会治理形势,学者们已经开启了初步的反思工作。如继万川先生2005年3月在《北京人民警察学院学报》2005年第2期上发表首篇总结反思性文章《群体性事件研究的回顾与前瞻》后,广州市公安局警察训练部教授钱迎春、南京农业大学人文社会科学学院金延卓、浙江警官职业学院副教授李阳华和中共广东省委党校行政学教研部教授董娟等于2009年到2013年间先后发表了《群体性事件研究的重要性及研究现状》、《我国群体性事件研究述评》、《群体性事件研究述评》和《群体性事件研究:回顾与总结》等文章,对群体性事件研究的最新进展进行了进一步的梳理与总结。

然而,纵观这些总结反思类文章,我们发现,除董娟教授的《群体性事件研究:回顾与总结》一文"总结、回顾(了)前期成果",并试图"发现其中存在的问题"外,所谓"总结反思"类文章大多只停留在或数据统计,或资料分析,或思想观点介绍等一些较为肤浅的层面,真正意义上系统全面的"总结反思"类文章甚少。笔者以为,以往的群体性事件研究主要存在着如下几个方面的问题:

(一)现实研究的多、历史回顾的少。虽然群体性事件古已有之,但目前我国的群体性事件研究,在所谓"问题驱动"价值导向下,在关注现实难题,排解现实困境的同时,并未厘清群体性事件在我国发展演变的历史。就现有研究成果看,除1篇讲述刘少奇处理群体性事件的过程和1篇研究《大清律例》中关于群体性事件的法律条款的文献,以及寥寥数篇有关我国古代群体性事件的漫谈外,再无研究群体性事件历史发展脉络的成果。因而,不但对人们全面认识群体性事件的含义、本质,特别是其发展演化的过程与规律极为不利,而且对准确认识与把握新时期我国群体性事件的性质与特点,进而采取切实有效措施避免或平息群体性事件也极为有害。

(二)国内研究的多,国外介绍的少。群体性事件不但古已有之,而且全球皆有,是一个世界性的难题,国外学者也早已开展了相关问题的研究。国外的群体性事件研究最早可追溯到20世纪初,众多学者如帕克、斯坦莱·米尔格拉姆、戴维·波普诺等人很早就从不同的方面对相关问题进行了深入探讨。然而，令人遗憾的是，迄今为止，中国学界对国外群体性事件的相关研究相对欠缺，除方彦兹从传播技术、途径以及优劣性方面探讨了新媒体在由突尼斯事件引发的北非、中东等国的群体性事件中的作用、张建立以漫谈手法讲述了国外的群体性事件和李波比较了中西方应对群体性事件的法律处置策略外，对国外群体性事件研究的系统梳理、理论分析、前沿介绍的文献亦不多见。因而，不但影响到学界学习和借鉴国外群体性事件研究的成果，以提高研究水平，而且还制约着实际工作者对群体性事件的处置能力和水平。

（三）表象探析的多、根源深究的少。目前为止，尽管几乎所有研究群体性事件的论文或论著都以这样那样的方式进行了成因分析，但综合学界对群体性事件愈演愈烈原因的探讨，却几乎无一例外地归结为政府、媒体、法律、心理等几个技术性方面。诸如从政府层面归因，认为群体性事件是由政府决策与行为不当导致的；从媒体层面归因，认为群体性事件是由媒体角色与作用不当造成的；从法律层面归因，认为群体性事件是法律缺失的后果等。尽管也有少数学者注意到研究群体性事件深层根源的重要性，开启了对群体性事件深层的经济、文化、社会根源的初步思索与探讨，但总体说来，迄今为止，相关研究既未对群体性事件根源进行全面、详细、深入探析，也未能从政治、经济、文化、社会等制度、体制层面进行深入挖掘。因而，对群体性事件的深层次诱因，要么尚未触及、找到，要么蜻蜓点水、浅尝辄止，对有效破解群体性事件难题无异于隔靴搔痒。

所有这些，不但造成了群体性事件研究"重复性结论多、创新性观点少"的缺陷，而且也是导致上述群体性事件"理论研究很丰满，治理形势很骨感"的根源。有鉴于此，笔者以为，摆脱的根本之策是进一步拓宽研究视野并转变研究视角，从而对造成群体性事件的深层次体制机制根源进行分析和探讨。

三、出路：适时转换并切实健全政府职能体系

群体性事件研究虽然取得了重大进展和重要成就，但其在一些地区和领域依然易发频发的态势并未从根本上扭转，重要原因是未能从历史、全球和

深层对造成群体性事件的体制机制原因进行全面深入的探析。因而，根本之计是拓展研究视野并转换研究思路，对其成因进行体制机制层面的深入剖析，即如董娟教授所说，对导致群体性事件的政治、经济、文化、社会等制度原因进行深入解剖。而众所周知，由各项政治、经济、文化、社会等制度构成的体制机制是围绕政府职能展开的，是政府职能体系的表现和载体。因而，在学术层面加强政府职能体系研究的同时，在实践层面，依据行政环境的变化，适时转换政府职能并切实健全政府职能体系，方是最终走出"困境"的根本之策。

（一）"适时转变职能"：政府充分履行职能的保障

一如政府不是从来就有，是伴随私有制、阶级产生，经历了产生、发展和演变的历史过程一样，政府职能也不是从来就有，是伴随着政府产生、发展和演变而出现并不断进行调整和变革的。就新中国政府职能而言，其最早可追溯到革命战争年代建立的中央苏区。1934年，在井冈山革命根据地就颁布了《中华苏维埃共和国中央苏维埃组织法》并建立了中央机关。依据《组织法》的规定，人民委员会作为中央执行委员会的行政机关，负责指挥苏维埃共和国的全国政务，且下设若干委员会和政治保卫局，分别负责各方面的工作，履行相应的"行政"职能（主要是军事斗争职能）。中华人民共和国成立后，中央人民政府委员会组织了政务院作为国家政务的最高执行机关，下设35个部门，分管国家各方面的工作，并担负相应的行政职能。此时，我国政府的职能体系中，尽管政治（也仍然包括相当部分的军事斗争）职能仍居于主导和核心地位，但经济建设职能的比重开始呈显著增大并不断提高的趋势。而伴随着大规模经济建设的展开和社会主义改造的深入，政府的行政职能不断膨胀，最终形成了高度集中统一的计划经济管理体制。此时，我国政府的职能体系中，尽管经济建设的职能已经上升到核心与主导地位，但仍然特别突出甚至过分强调了其政治职能。

根据不同历史阶段主要矛盾所确立的政府职能，对于确保我党领导的军事斗争、社会主义改造和初步建立以重工业为中心的国民经济体系以及国民经济的恢复与发展都起了重要作用，但也存在并积累形成了一些严重弊端。

因而，上世纪80年代，伴随着改革开放的不断加快，特别是经济体制改革的不断深入，"转变政府职能"便逐渐被提到了议事日程。"转变政府职能"一词最早出现在上世纪80年代中期，即1985年《中共中央关于制定国民经济和社会发展第七个五年计划的建议》中，而1987年党的十三大也把转变政府行政职能作为行政体制改革的核心问题，1988年七届人大一次会议通过的国务院机构改革方案，则明确将机构改革的目标确定为转变职能、下放权力、调整机构、精简人员等几个主要方面。从那时起到2000年，是我国政府职能转变的第一段。

第一阶段改革虽然取得了重大成就，但也出现了两个突出问题：一是难以跳出机构精简—膨胀的"帕金森怪圈"；二是政府管理经济和社会的方式依然以行政审批为主。直到2000年，找到行政审批制度改革这个突破口后，人们的思想才再一次获得解放，发现在不做"外科手术"（机构改革）的情况下也能推进政府职能转变。因而，以调整、取消和优化行政审批事项和减化行政审批手续为重点，政府在转变职能方面进行了大胆尝试和有益探索，并取得了可喜成效。另外，2003年党的十六届三中全会确立的科学发展观和2007年党的十七大提出的"加快行政管理体制改革，建设服务型政府"，以及2008年国务院机构改革前，中央政治局专门就"国外政府服务体系建设与我国建设服务型政府"组织的集体学习等，对推动以创新为导向的政府职能转变，使政府更多地着眼于建立以公共服务为主要功能的制度创新，都发挥了重要作用与影响。所有这些，都为2008年党的十七届二中全会提出"实现政府职能向创造良好发展环境、提供优质公共服务、维护社会公平正义的根本转变"和2012年党的十八大报告提出"（政府要全面履行）创造良好发展环境、提供优质公共服务、维护社会公平正义"的基本职能，提高政府为经济社会持续健康发展服务的能力，加强教育、就业、社会保障、医疗卫生、生态环境、公共安全等公共服务的供给，把建立政府主导、覆盖城乡、公平公正、水平适度、可持续的基本公共服务体系，促进基本公共服务均等化，作为当前转变政府职能的重点和建设服务型政府的基本任务，解决好人民最关心、最直接、最现实的利益问题提供了条件，进行了铺垫。

可见，政府职能不是一成不变的，要随着行政环境的变化不断进行调整和变革，这既是政府充分履行职能的保障，也是政府存在合理性，甚至合法性的依据，是充分履行其职能的题中应有之义。

（二）"维护社会公平正义"：中国政府职能体系演变的必然趋势

政府行政职能作为政府在社会各领域中应承担的职责和发挥的功能体系，其内部各要素之间的地位、作用也不是一成不变的，要随行政环境变化进行适时变革与调整，我国政府的职能体系当然也不例外。仅就作为政府职能体系而存在的行政职能转变而言，革命战争年代各革命根据地红色政权所担负的各项职能中，争取军事斗争的胜利无疑是第一位的。所以，在统一战线、武装斗争和党的建设"三大法宝"中，党始终紧紧围绕夺取军事斗争胜利的"武装斗争"这个核心，展开统一战线和党的建设工作，终于1949年建立了新中国，取得了军事斗争的伟大胜利。而新中国成立后，党又紧紧抓住对生产资料所有制的社会主义改造这个"牛鼻子"，采取灵活而切合实际的方式，团结和利用国内外一切可以团结和利用的力量，建立国际和国内两个统一战线，取得了国际（主要是抗美援朝战争）和国内（清剿和消灭国内一些地区的国民党残余军事力量）两个主要战场军事斗争的伟大胜利，为完成生产资料所有制的社会主义改革创造了有利的国际和国内环境，并于1956年底确立了社会主义制度。社会主义改造的完成，虽为我国政府职能体系从以政治和军事斗争为核心向经济建设为核心转变提供了条件，但因国内和国际各种复杂因素的影响，政府职能体系的重心却始终没能完全摆脱开"以阶级斗争为纲"的错误引导。直到1978年，党的十一届三中全会决定放弃"以阶级斗争为纲"，把全党工作的中心转移到经济建设上来以后，"经济建设"才开始真正成为政府各项职能中的主导与核心。此后，在邓小平"发展是硬道理"、江泽民"科学技术是第一生产力"和胡锦涛"必须坚持抓好发展这个党执政兴国的第一要务，把发展作为解决中国一切问题的关键"[1]的指引下，全党同志

---

[1] 中共中央关于加强党的执政能力建设的决定［EB/OL］2004［2014—09—19］. http://www.cctv.com/news/xwlb/20040926/100851.shtml.

和全国人民聚精会神搞建设、一心一意谋发展，经济、文化、科技和社会各项事业，特别是经济建设，取得了举世瞩目的伟大成绩。例如，过去 10 多年间，中国经济总量从 10 万亿人民币跃升到近 57 万亿人民币①，人均 GDP 从 1000 美元上升到 5414 美元②。按照世界银行的标准，2010 年我国人均国内生产总值业已达到 4400 美元，进入了中等偏上收入国家的行列。

但在经济长期快速增长，城乡居民收入、人民生活水平和国家综合实力迅速提高，取得举世瞩目伟大成就并成功创造"中国模式"的同时，据世界问题研究中心的研究，中国大陆的基尼系数也从改革开放初的 0.28 迅速提高到现在的 0.5，远远超过了 0.4 的社会容忍警戒线③。另有数据显示，改革开放以来，在城乡居民的收入绝对量都显著增长的同时，不同收入居民阶层间的收入差距也明显扩大：改革开放初城乡居民总体收入的基尼系数只有 0.25，20 世纪 90 年代初也刚刚超过 0.3，而 2006 年则已经超过了 0.4775。而国家统计局的《首次中国城市居民家庭财产调查总报告》也标明：截至 2002 年 6 月底，中国 10% 的富裕家庭已占据城市居民全部财产的 45%，而 10% 最低收入家庭的财产总额只占全部居民财产的 1.4%，高收入家庭拥有的财产是低收入家庭的 32 倍④。在此背景下，党的十七届二中全会审议通过的《中共中央关于深化行政管理体制改革的意见》明确提出"实现政府职能向创造良好发展环境、提供优质公共服务、维护社会公平正义的根本转变"之后，党的十八大报告再次强调"（政府要全面履行）创造良好发展环境、提供优质公共服务、维护社会公平正义"的基本职能就成为中国政府职能体系历史演变的必然趋势。

---

① 数据简报：图解 2013 年中国国民经济和社会发展主要指标，[EB/OL].2014[2014—07—13] http://www.dzwww.com/xinwen/xinwenzhuanti/2008/ggkf30zn/201402/t20140226_9416754.htm.

② 2013 年世界各国人均 GDP 排名，中国排 89［EB/OL］2013［2014—07—28］http://www.360doc.com/content/13/0728/22/1297235_303219211.shtml.

③ 丛亚平、李长久：《中国基尼系数超 0.5 可能致社会动乱》，载《经济参考报》，2010 年 5 月 21 日。

④ 史晋川、吴兴杰：《我国地区收入差距、流动人口与刑事犯罪率的实证研究》，载《浙江大学学报（人文社会科学版）》，2010 年第 1 期。

犹如以前各个历史时期，我国政府职能体系中，各政府职能要素不是半斤八两，而是有主次轻重之分一样，新时期"创造良好发展环境、提供优质公共服务、维护社会公平正义"的职能体系，与以往各阶段政府职能体系相比较，其最鲜明与突出的特点是更加突出和强调"维护公平正义"。相对于"创造良好发展环境、提供优质公共服务"而言，"维护社会公平正义"有日益居于统领地位和引导作用的趋势，主要体现在如下两个方面：首先，创造良好发展环境的政府职能中，所致力追求的政企分开、政资分开、政事分开、政社分开，增强各类非政府主体的活力，为市场充分发挥在资源配置中的决定性作用，公民和社会组织充分发挥在社会公共事务管理中的作用，提供不受行政干扰的公平性和正当性竞争与发展的政策环境及制度环境的目标，显然是为实现各市场主体平等参与市场竞争，各类社会组织和公民个人公平参与公共事务管理创造公平、正义的政策平台和制度环境。其次，提供优质公共服务的政府职能中，着力强调的是以加强宏观管理和全面服务为重点，通过规划调控、政策调控、法律调控，合理调节经济，以使各地区、各行业、各部门协调发展；通过实施公平准入，规范市场执法，确保人民生命财产安全的市场监管；通过促进就业和调节收入分配，优化社会保障体系，健全基层社会管理体制，维护社会稳定、加强社会管理的同时，更加注重提高教育、卫生、文化等社会事业发展的科学化水平，保证实现基本公共服务均等化目标实现的对策和措施，也带有鲜明地为促进各地区、各部门、各行业平衡协调发展，确保公民平等享有基本公共服务权力的性质。可见，"维护社会公平正义"既是中国政府职能变迁的必然逻辑，也是中国政府职能体系演变的必然趋势。

（三）"让发展成果更多更公平惠及全体人民"：扭转群体性事件易发频发局面的根本之策

虽然我国群体性事件的理论研究和现实政策改革均已取得重大进展，但群体性事件易发频发的态势未有根本改变，社会治理形势依然严峻不容乐观，其根本原因何在？

世界银行在《东亚经济发展报告（2006）》中指出，当一个国家的人均收入达到中等水平后，如不能顺利实现经济发展方式转变，经济增长动力便会逐渐不足，进而造成经济停滞状态，前一个阶段经济快速增长过程中积累形成并因人们收入迅速提高所掩盖的各种社会矛盾便会集中爆发出来，经济社会进步便处于巨大风险之中。人们把这种现象形象地称之为"中等收入陷阱"（Middle Income Trap）。中国经过30多年改革开放，在经济长期快速增长，城乡居民收入、人民生活水平和国家综合实力迅速提高，取得举世瞩目伟大成就并成功创造了"中国模式"的同时，大陆的基尼系数也迅速提高至0.5，远远超过了0.4的社会容忍警戒线。在此背景下，中国已经形成了以官员为代表的利益群体、以垄断企业为代表的垄断利益群体和以房地产和资源行业为代表的地产资源利益群体三大利益群体[1]，或者说，现在中国已经出现富人和穷人两大阶层的分化。当然，因贫富标准的差异，对中国富人数量的估计虽不完全相同，但不可否认的事实是中国的富人阶层正在快速崛起。中信银行和中央财经大学联合发布的《2012年中国私人银行发展报告》显示，中国个人可投资资产在1000万人民币的富人数量由2006年的36.1万人增长到2011年的118.5万人，5年增长2.3倍。而与此同时，在中国，更值得警惕的现象是利益群体的结构失衡，即在市场与权力结盟形成既得利益群体，且其在国家政治生活中日益占据重要地位、处于支配决策或者至少影响决策的关键位置的同时，市场经济中又造就了一个庞大的弱势利益群体[2]。因而，"中国经济崛起的过程既是快速的，也是不均衡的，一部分精英群体利用自己在政治、经济、社会等资源占有方面的优势，成为改革的主要受益群体；而下岗工人、失地农民、进城农民工等社会弱势群体，却承担了改革的大部分成本"[3]。20世纪90年代中期以后，在政治精英权力和富人阶层财富迅速增

---

[1] 人民论坛问卷调查中心：《公众最期待哪些改革》，载《人民论坛》，2012年第9期。
[2] 杨光斌：《利益群体结构失衡加剧冲突》，载《人民论坛》，2012年第6期。
[3] 胡鞍钢：《社会转型风险的衡量方法与经验研究（1999—2004年）》，载《管理世界》，2006年第6期。

加的同时，相当数量的其他阶层成员不但未能从快速的经济发展中获得利益，相反却出现了利益相对受损的趋势，于是便有了300多万下岗工人、500多万失地农民，其绝大部分处于失业、失地、失权、失利的困境中①。因而，中国社会利益群体结构呈底层大、中间细的柱状"龙卷风型"结构，与通常"橄榄型"或"金字塔型"等安全社会结构相比，最突出特征是因轻重倒置而极不稳定。这才是引发利益群体（或阶层）之间对立，造成社会结构"断裂"，并最终导致社会矛盾冲突加剧，群体性事件易发频发的深层根本原因。

与分配不公造成的财富绝对量不均衡相比，更突出的社会不公是，伴随着社会主要利益集团的形成及其在政策制定和执行过程中的影响逐渐提高，社会弱势群体的上升渠道日益不畅、发展机会愈加稀少。因而，改革开放早期，通过努力读书、勤劳致富即可改变身份的途径现在变得越来越难以实现，社会公众的普遍感受是，通过自身努力改变身份的途径变得越来越不畅通。专家指出，这种因社会利益固化而造成的社会结构凝止状态，给民众带来的"挫败感"和"相对被剥夺感"，才是各种社会矛盾冲突频发的深层心理根源，才是社会和谐的"隐忧"，才更值得人们警惕。于此，已有学者敏锐地发现"收入差距与刑事犯罪率呈现明显的同周期走势，两者存在较高的关联度。我国刑事犯罪率在20世纪80年代中期进入快速上升通道，经历短暂回落后又从1997年的1.31持续上升到2007年的3.64，社会治安形势日益严峻。而与之'巧合'的是，我国地区收入差距在经历20世纪80年代中期的短暂下降后，1990年后又处整体上升阶段，并呈现继续扩大之势"。② 其根本原因就在于"当社会缺乏一个公正的平台让各群体进行正常的利益博弈，从而导致强势群体肆无忌惮地以强欺弱时，弱势群体在特定条件下必然抱着或者同归于尽，或者'把事情闹大'的态度来反抗"。③

---

① 王春光：《快速转型时期的利益矛盾和社会分化》，载《江苏社会科学》，2007年第2期。
② 高新民：《领导干部应对群体性事件案例选评》，中共中央党校出版社2011年版，第35页。
③ 马振超：《对构建公正社会现实性挑战的分析与思考》，载《政治学研究》，2012年第6期。

因而，越来越多的有识之士"旧话重提"："偏袒贵者将会以如下的方式造成后果：豁免将滋生骄横，骄横又滋生仇恨，仇恨则使人不顾国家的毁灭，力图推翻一切压迫人和侮辱人的贵族作风"①；"正义是社会制度的首要价值，正像真理是思想的首要价值一样。一种理论，无论它多么精致和简洁，只要它不真实，就必须加以拒绝或修正；同样，某些法律制度，不管它们如何有效率和有条理，只要它们不正义，就必须加以改造或者废除。"②

四、结语："统筹兼顾，突出重点"的社会治理之路

一般说来，由于事物联系的普遍性与多样性，世间任何事物都与他事物处于直接或间接的作用与影响之中。因而，作为一事物对他事物应履行的职责和发挥的功能，任何事物的职能也不是单一和纯粹的，而是作为多种职责与功能的综合体，即职能体系而存在。同样，行政职能作为政府在社会各领域中应承担的职责和发挥的功能体系，也不是单一和纯粹的，而是多重职能相互交织，并相互影响与作用而构成的复合体。而一如任何事物各构成要素间地位、作用不是半斤八两，而是有轻重之分，人们不可对之等量齐观，需要抓主要矛盾和矛盾的主要方面一样，在政府的职能体系当中，政府在社会各领域中所应承担的职责和功能也不是同等重要，应有主次之别。当然，何种职能为主，何种职能为辅，也不是一成不变的，而是随着行政环境的变化不断调整与改变。具体到我国政府职能体系，在分别经历了从革命战争年代争取军事斗争的胜利，到建国初期实现对生产资料私有制的社会主义改造、建立社会主义经济基础，再到文化大革命中"以阶级斗争为纲"，以及改革开放后"把全党（实际上也是政府工作）的重心转移到经济建设上来"几次历史性的根本转折以后，到温家宝总理2003年9月首次提出"经济调节、市场监管、社会管理和公共服务，是社会主义市场经济条件下政府的四项基本职

---

① ［英］霍布斯：《利维坦》，商务印书馆1985年版，第68页。
② ［美］罗尔斯：《正义论》，中国社会科学出版社1988年版，第1页。

能"，和2008年十七届二中全会进一步明确"实现政府职能向创造良好发展环境、提供优质公共服务、维护社会公平正义的根本转变"，及2012年十八大报告强调政府要全面履行"创造良好发展环境、提供优质公共服务、维护社会公平正义"的基本职能，特别是党的十八届三中全会进一步强调"全面深化改革的总目标是完善和发展中国特色社会主义制度，推进国家治理体系和治理能力现代化。必须更加注重改革的系统性、整体性、协同性，……让发展成果更多更公平惠及全体人民"，我们可以看到人们对国家职能的"体系性"认识越来越清晰与明确。尽管政府职能是个系统性整体，即政府职能体系，但政府职能体系中诸职能要素并非半斤八两，不同历史时期，各职能要素的地位和作用也有轻重缓急之分。当前，我国发展进入新阶段，改革进入攻坚期和深水区，在发展整体上仍处于大有可为的重要战略机遇期，需要在"以强烈的历史使命感，最大限度集中全党全社会智慧，最大限度调动一切积极因素"的时代背景下，提高群体性事件的理论研究水平和社会治理水平，需要在明确政府职能系统性的同时，更加突出和强调"维护社会公平正义"的意义，通过"让发展成果更多更公平惠及全体人民"的方式，从根本上化解造成现阶段我国群体性事件易发频发的深层社会矛盾。正因如此，《决定》明确指出："（必须）紧紧围绕更好保障和改善民生、促进社会公平正义深化社会体制改革，改革收入分配制度，促进共同富裕，推进社会领域制度创新，推进基本公共服务均等化，加快形成科学有效的社会治理体制，确保社会既充满活力又和谐有序。"①

因而，只有通过"统筹兼顾，突出重点"的方式"维护社会公平正义"，"让发展成果更多更公平惠及全体人民"，才是从源头上化解社会矛盾，从根本上杜绝群体性事件，切实提高社会治理水平之路。其中，应特别注意：既不能借"公平正义"的重要性，而否认政府职能的"体系性"，也不能借政府职能的"体系性"抹杀"公平正义"的特殊地位和作用。借用国家主席习

---

① 《中共中央关于全面深化改革若干重大问题的决定》，载《人民日报》，2013年11月16日。

近平 2014 年 2 月 7 日在俄罗斯索契接受俄罗斯电视台专访，回答主持人布里廖夫提问时的话说，中国特色的现代化社会治理道路："必须在把情况搞清楚的基础上，统筹兼顾、综合平衡，突出重点、带动全局，有的时候要抓大放小、以大兼小，有的时候又要以小带大、小中见大，形象地说，就是要十个指头弹钢琴。"①

(此文载于《岳江学刊》2014 年第 5 期)

---

① 在中国当领导人，"就是要十个指头弹钢琴"［EB/OL］.［2014—09—16］http://news.sina.com.cn/o/2014—02—10/071029424047.shtml.

继续推进和创新开发区行政管理体制初探

张西勇①

摘　要： 改革开放以来，开发区转变管理理念，理顺政府职能，对行政管理管理体制创新进行了有益探索，极大地推动了区域经济的发展。然而，在新的经济形势下，开发区也面临着功能定位模糊、管理体制不顺、产业结构趋同等制约其功能充分发挥的问题。因此，必须进一步创新治理模式，深化开发区行政管理体制改革，以适应国际国内经济社会发展的新形式，促进经济开发区的健康、稳定和可持续发展。

从1984年第一个经济开发区——大连经济技术开发区的正式设立开始，经过三十年的发展，中国开发区已经发展成为由大量不同种类、不同级别的高新技术开发区、经济技术开发区、出口加工区、保税区、边境经济合作区、旅游度假区、生态经济区等组成的遍及全国各地的发展格局。纵观我国开发区的行政管理体制，大致可以分为准政府的管委会体制、开发区与行政区合一的管理体制和以企业为主体的管理体制三种。②

三十年来，开发区作为各地发展外向型经济的重要窗口，创造了巨大的财富，是我国价值链中具备良好的辐射、示范和带动作用的重要环节，为国家和地方的经济、社会发展做出了巨大的贡献。成为推动区域经济发展的强

---

① 张西勇（1975—），男，山东阳谷人，博士，山东聊城大学政治与公共管理学院讲师，从事政治学理论和行政管理现代化研究。

② 陈华：《开发区行政管理体制模式比较及对湖南的启示》，载《湖南社会科学》，2004年第5期。

大力量。然而，面对改革开放的新局面和国际市场的诸多变化，我国各级开发区面临着新的挑战，必须继续推进和创新开发区行政管理体制，以适应国际国内新环境发展的需要，促进开发区的可持续发展。

一、开发区行政管理体制的有益探索

作为改革开放的"试验区"和"排头兵"，在特殊优惠政策的支持下，开发区积极发挥体制创新的功能，其在管理理念更新、政府职能转变、治理能力提升等方面不断探索，积累了较为丰富的发展经验，成为区域经济发展新的增长点。

（一）树立"服务型政府"的管理理念

自20世纪70年代末开始，西方国家在公共部门中竞相引入企业管理方法，推进政府体制改革，增强政府的回应机制，以提高政府治理的绩效。新公共管理运动兴起，"新公共管理的目标在于取代传统模式。因此，它不像'以前的'公共管理那样，只是在公共行政内部实行技术性的专业化。新公共管理不只是对公共部门进行改革，它表现为要求公共部门转换机制并改变其与政府和社会的关系。"[①] 新公共管理运动促进了政府管理理念的转变，"服务型政府"的管理理念开始取代传统的"管制型政府"理念。管制型政府坚持官员本位，政府成为经济和社会活动的绝对主导者，既充当了规则的制定者，又对企业活动施加直接的行政干预，兼任"裁判者"和"运动员"双重角色，形成了社会对政府的高度依赖，不利于培养公民和社会的自治能力。与管制型政府不同，服务型政府坚持以人为本，公民本位。政府按照人民的意志行事，其指定的公共政策必须接受民意机关的监督和审查，民众的满意度是评价政府绩效的最终标准。为了获得投资者的认同和适应市场经济的需要，我国各级开发区重视管理理念的更新，确立"服务型政府"的管理理念，在招商引资、日常管理等活动中，积极为入驻企业建造良好的基础设施，创

[①] ［澳］欧文·E.休斯：《公共管理导论》，彭和平等译，中国人民大学出版社2001年版，第69页。

造良好的商业环境,以使得这些企业取得比在其他国家和地区更高的投资回报率,并进而吸引更多的优质投资,促进区域经济的快速发展。

(二) 创新行政管理运行体制

管理体制是管理功能及其实现条件的制度化表现形式,是以管理权限的划分为核心内容、以实现组织的目标为主要职能的一系列制度安排或制度规范。中国各级开发区不断探索和实践,积极推动行政体制改革,大都采用了"准政府"的管委会模式。这种模式的形式是开发区管理委员会为市政府的派出机构,行使同级政府的经济管理职能,所在市委也派出开发区工作委员会,但不设人民代表大会和政治协商会议机构,市政府对管理委员会高度授权并使开发区管理委员会享受市一级经济管理审批权限。在实际运行中,由于各地开发区之间存在着激烈的竞争,这使得开发区将对传统管理体制的职能按照市场经济原则进行改革,通过精简机构和减少部门之间的牵制,将招商引资作为政府促进经济发展的主要职能。"从本质上来说,市场也是一个集体学习的机制,市场为参与经济的所有角色提供了一个通过试错方式不断学习、不断挖掘现有机会并开创机会的平台。"① 开发区之间广泛的竞争让试错学习的时间大大缩短,优秀的经济方式得以迅速扩散,这种竞争不仅发生在要素市场和产品市场,而且也在其他方多个方面,包括提供地方公共物品、重构政企关系以及就地组织生产。尽管在这个过程中,重复投资不可避免,引起规模经济受损,但同时,区域竞争极大加速了工业化的扩散进程,从而促进了经济的迅速增长。这样,经过许多年的演化,我国开发区的行政体制始终保持事权一致、精简、高效的特点。

(三) 推动依法行政的不断深入

依法行政起于资产阶级反对封建专制的需要并成为其强大的武器,发展于资产阶级巩固政权的需要并成为其有力的工具,其精神实质就是约束、规范政府权力的行使,使"行政机关(政府)在进行治理活动时,无论是从行政权力的获得,还是运用行政权力作出行政行为,都必须要有法律依据,并

---

① [美] 罗纳德·哈里·科斯、王宁:《变革中国》,中信出版社2013年版,第223页。

遵守法律，违法行政要承担相应的法律责任。"① 这表明了作为公共管理的主体——政府的一切行为必须具有"合法性"，必须遵循"法治"原则。依法行政是法治的重要组成部分，哈耶克指出："由于法治意味着政府除非实施众所周知的规则以外不得对个人实施强制，所以它构成了对政府机构的一切权力的限制，这当然也包括对立法机构的权力的限制。"② 因此，依法行政体现了一切权力属于人民的国家本质，是"人民主权"的宪政原则和法治原则的生动体现。恩格斯曾深刻指出："政治权力会给经济发展带来巨大的损害，并造成人力和物力的大量浪费。"③ 作为政治权力的一种，政府公共权力的行使应该得到有效约束和规范，以防止政府滥用权力并侵害公民的权利。为了实现对优质企业的吸引，各级开发区对依法行政进行了有益探索，重视制度和规则的建设，使得开发区的行政管理较之于传统管理更加科学。行政管理的科学性有效地降低了投资的风险预期。而且，开发区在执法透明上也有了很大的进展，透明度的提高在客观上降低了交易成本，也进一步提高了投资成功的机率，开发区这种公平、公开、公正的社会环境和投资环境使其成为我国最吸引投资的凹地。

二、开发区现有行政管理体制存在的问题

作为开发区重要的制度安排，其行政管理体制为开发区的发展和壮大提供了制度保障和支持，但是，在新的经济环境和背景下，由于受传统体制的束缚，开发区的行政管理体制没有实现根本性的突破，隐性的矛盾和问题逐渐凸显，已经严重影响到开发区经济社会的进一步发展。

（一）管理权限不到位，功能定位不清晰

我国开发区大都采用"准政府"的管委会治理模式，其管理权限是当地党委、政府授予的。由于缺少相应的法律依据，再加上大多数开发区执法部

---

① 曾竹：《加强党的执政能力建设与依法行政的关系辨析》，载《社科纵横》，2006 年第 2 期。
② [英] 哈耶克：《自由秩序原理》，邓正来译，三联书店 1997 年版，第 260 页。
③ 《马克思恩格斯选集》第 4 卷，人民出版社 1995 年版，第 701 页。

门不健全，缺少完善的、独立的依法行政的权力，很多管理权限在实施过程中很难落实。更重要的是，党委、政府授予开发区的一些管理权限在实际操作中与现行的一些法律、法规时有冲突，特别是与一些行政执法部门摩擦较大，严重制约了开发区经济发展。在这种情况下，随着开发区经济的发展壮大，管理体制、运行方面的综合改革出现弱化的趋势。其原因在于，开发区与地方政府之间的关系没有理顺。地方政府设立开发区的目的在于放大开发区的辐射效应，以带动周边区域的快速发展，但随着开发区城市化进程的加快、管辖区域的扩大、经济和人口总量的增加，地方政府越来越不愿放弃对开发区的控制，而是把开发区看成了一个新城区，在其政绩考核导向上不加区别。开发区这种"准政府"的管理模式，使其既不能像一级政府面面俱到，又要接受方方面面的考核，其开发功能、经济功能和创新功能淹没在繁杂的行政和社会事务中，削弱了招商引资、开发建设的精力。同时，随着开发区建设规模的不断扩大，"开发区的管理服务职能逐渐拓展，国家宏观政策的不断调控，开发区以前享有一些特殊政策和经济管理权限被削弱，开发区逐渐趋同于行政区，造成开发区功能定位的扭曲。"①

（二）对接机制不顺畅，条块关系难以理清

我国是单一制的国家，"单一制赋予其组成地区很少或没有自主权限，多数单一制国家的治理自首都城市向周围辐射，其分支部分——省在很大程度上是为了行政管理的便利。"② 在我国中央集权的体制下，中央形成了对地方的条块管理制度，以加强对地方的管理和控制。而开发区承载的改革开放"窗口"的功能以及灵活运转的需要，使其采用了"以块为主"的管理体制。这种体制的运行模式为：开发区管委会作为市政府的派出机构，代表市政府在辖区内统一行使经济和行政管理权限；市直各部门对开发区的工作不插手、不干预，由开发区自己管理自己；除按规定应该上交的税款外，开发区的预算收入全部留给开发区使用。这种功能区运行的管理体制，有利于强化服务

---

① 贾效兵：《江苏开发区管理体制的创新发展研究》，载《中国高新区》，2010 年第 7 期。
② ［美］迈克尔·罗斯金等：《政治科学》，林震等译，华夏出版社 2001 年版，第 265 页。

意识、精简管理机构、加强依法行政。但从实际操作来看，真正实现起来存在诸多困难，面临与传统政府经济管理体制相对接的问题。传统政府经济管理体制是以政府为载体实施经济和社会管理职能，对经济活动的控制程度和干预程度较高。这两种管理体制在管理理念、管理方法以及管理效率上都存在明显差异，因此，当两种体制交织到一起的时候，很难实现较好的融合。现实情况是，在经济利益的驱动下，不仅开发区无法从地方政府那里得到足够的支持，而且"随着开发区经济规模的扩大和经济效益增长，地方政府插手开发区事务明显增多，加强了纵向的条线管理"[1]。

（三）产业结构趋同，可持续发展存在隐患

有些地方政府仍然单纯地依靠在土地、税收、融资、出口、项目审批等方面推出一系列地方性优惠政策来招商引资。而且由于开发区数量过多，各地产业较为雷同，一些地方政府甚至相互比拼，争相出台优惠措施，吸引投资。这些优惠政策大多已经超过了国家最初设立的底线，有的甚至违反了国家有关法律的规定。虽然暂时达到了所谓的招商引资的目的，却破坏了正常的公平的市场经济秩序，引发企业短期的、带有投机性的投资行为。另外，我国的开发区是在世界产业结构调整转移的大背景下产生的，而且在很长的一段时间里，基于各地经济发展的需要，地方政府只顾招商引资，并未做好开发区的长远规划，开发区相关企业间未能形成相互依存的分工体系，一些产业发展领域"只有企业没有产业"，"产学研"合作机制尚未建立，企业与科研院所几乎没有联系，仅仅依靠自行研制或者从国外引进技术，无法形成自身的核心竞争力，其体制、管理、人才等方面得不到有效保障。这导致开发区重复建设现象严重，产业结构趋同率高达70%。大量同类产业的聚集和重复建设不仅造成各种资源的紧张和浪费，也造成各开发区之间、企业之间的相互竞争，因而不利于当地经济的发展。而同类产品的出口，又易于与其他国家产生贸易摩擦或遭遇贸易壁垒。这样，开发区的发展面临可持续的困境。

---

[1] 王秀娥：《我国开发区行政管理体制改革的现状及对策》，载《牡丹江师范学院学报》，2006年第2期。

三、推进和创新开发区行政管理体制的对策分析

开发区的发展,成为提高技术进步,促进产业结构调整,加快经济增长的重要动力。开发区的规划建设、发展速度和规模质量已经成为城市化发展的重要影响因素之一。因此,应继续深化和创新开发区行政管理体制,提高自主创新能力,建设产业化支撑体系,以促进开发区的健康、稳定和可持续发展。

(一)深化行政改革,构建精简高效的行政管理体制

市场经济的发展要求明确界定政府与企业、政府与社会的关系,并通过规范政府职能和行政行为,以实现三者之间良好的互动。因此,从长远来看,开发区应主动探索管理模式的制度创新,通过优化政府组织结构,建构精简高效的管理体制。传统官僚组织的主要特点之一就是科层制,这种以工业经济为基础的传统官僚组织的行政层级偏多,不适于知识经济时代的快速科学决策的管理方式。当今社会需求多元化而且变化快、信息传播速度快、普及程度高,在市场领域,以虚化中间层、下放决策权为途径组织流程再造成为市场组织再生的手段,其成效显著。"源自经济一体化的政府行政能力的竞争,实际上主要体现在政府决策速度与质量的竞争。"[①] 因此,开发区行政管理体制的创新应重点体现在构建精简、高效的"小政府",通过减少中间管理层次,科学合理地设置机构,构建扁平化的组织结构体系。在开发区权力行使的过程中,应充分发挥市场和社会的自我调节和自治功能,凡是市场能做的交给市场,凡是社会能做的交给社会,而主要把精力放在服务上,创造良好的竞争环境。通过这种权力委托和下放,既可以达到行政管理体制的精简高效,又能提升社会的自组织能力,促进开发区经济社会的动态稳定发展。

---

① 吴爱明等:《当代中国政府与政治》,中国人民大学出版社 2004 年版,第 218 页。

（二）理顺条块关系，畅通开发区与地方政府的联接通道

理顺关系是开发区行政管理体制改革的一个重点。上级机关应积极向开发区下放权力，扩大开发区的管理权限。理顺开发区与当地政府部门的关系，理顺与各部门派驻开发区的管理机构的关系，理顺与所在市辖区及乡镇党委、政府的关系，合理划分职责权限，应该赋予开发区的权力一定要实实在在地落实。特别在界定开发区范围时，应充分考虑这样几个因素：保证开发区的近期建设和长远发展有足够的空间。有区域功能，并突出城市管理的完整性，不能分而治之，破坏功能区域的完整性。[①] 为了确保开发区管理中权、责、能的对称，建议各省级开发区工委、管委的主要领导，由一名地方党委或政府中的市级领导担任，国土、建设等部门负责人兼任管委会副职。对于国家级开发区，可考虑授予其更高规格的领导与协调权限。同时，应把开发区的规格地位、领导权限等涉及体制的重大问题，以地方人大立法的形式确定下来，使开发区的工作有法可依，使所赋予的开发区的规格地位、权限等不以领导人的更换而轻易改变。这样，通过开发区管理体制的制度化，有利于开发区各项管理工作的综合协调和统筹规划，提升其办事效率，充分发挥其经济发展的辐射力，以"二次创业"的精神更好更快地带动周边地区经济社会的快速发展。

（三）创新治理模式，构建国际化运行机制

作为我国改革开放的窗口和试验地，经济开发区在创建初就突破了传统体制的束缚，大胆探索和创新，以新型的管理体制作为实现经济开发区特殊功能的制度保障。开发区的行政管理体制按照精简、高效、服务的原则，根据各地的实际情况建立，呈现出多样、灵活的特点，发挥了一定的"体制效应"。中国开发区的发展经验表明，治理结构并没有一个固定的模式，不同的治理结构适应于不同的发展阶段。中国目前处于从计划经济向市场经济的转轨之中，市场经济的不完善决定政府还需要在经济事务中承担一定的责任。在这种大背景下，我国开发区的治理模式不可避免地呈现出多种形式。正是

---

① 张振川：《论开发区的发展及其行政管理体制改革》，载《东岳论丛》，1997年第2期。

由于多种灵活的治理模式共同发挥作用，才保证了我国开发区整体有效地发展。为了适应新的经济环境的需要，开发区要不断创新治理模式，积极借鉴国内外先进城市成功经验，"创新城区发展与发展理念，细化完整规划指标体系，科学规划城市发展边界、开发程度、功能布局，突出前瞻性、科学性和可操作性，大力提升城市专项设计标准和水平，优化城市建设、管理与考核机制，建设具有自身特色的可持续利用的城市资源利用体系，为提升资源集约化利用水平提供有力的制度保障。"[①]

[①] 马永顺：《中国开发区评价报告》，http://wenku.baidu.com/link? url =3.

法治化背景下农村集体经济组织析论[①]

魏宪朝[②]

摘　要：农村治理法治化背景下，如何定位农村集体经济组织仍具有一定的法理意义和现实价值。依据我国现行法律法规，农村集体经济组织应定位于依法管理农村集体资产、提供公共服务的农村劳动群众集体所有制经济的组织形式。现阶段，农村集体经济组织以土地集体所有制为基础，实行家庭承包经营、统分结合的双层经营体制。然而，农村集体经济组织在"统"层面功能的有效发挥关乎着全面建成小康社会的实现。

我国现行法律法规尤其是涉农文件、文献中经常出现"农村集体经济组织"这个概念。但是，究竟如何定位"农村集体经济组织"？在农村治理法治化背景下，首先，依据我国法律法规及涉农文件的立法精神，就农村集体经济组织这一概念进行法律解读，并加强其"统"层面的功能实现，对于城乡一体化建设和小康社会的建成仍具有一定的法理意义和现实价值。

一、农村集体经济组织是农村集体经济的组织载体

"农村集体经济组织"究竟是什么？为弄清这一概念的内涵、外延，我们查阅了我国现行的有关法律法规以及涉农文献、文件。结果发现：到目前为

[①] 本文是作者主持的山东省社科规划项目"农村基层党组织功能实现的问题分析与对策研究——以东营市利津县为例"（14CZZJ03）的阶段性成果之一。

[②] 魏宪朝（1961—），男，山东莘县人，聊城大学马克思主义学院党总支书记，教授，法学博士，硕士生导师，主要从事当代中国政治与经济、毛泽东思想和中国特色社会主义理论与实践研究。

止，国家层面上的法律法规对农村集体经济组织这一概念并没有统一的定义，但对其职权范围、性质地位等却有着详细的明文规定。有几部地方性法规，对农村集体经济组织这一概念进行了如是表述：《广东省农村集体经济组织管理规定》（2006年7月17日）第3条："……农村集体经济组织，是指原人民公社、生产大队、生产队建制经过改革、改造、改组形成的合作经济组织，包括经济联合总社、经济联合社、经济合作社和股份合作经济联合总社、股份合作经济联合社、股份合作经济社等。"《河北省农村集体资产管理条例》（1998年12月26日）："……农村集体经济组织，是指乡（镇）、村农民以生产资料及其他资产集体所有制形式建立的独立核算的经济组织。"《新疆维吾尔自治区农村集体经济组织资产管理条例》（1995年10月27日）："本条例所称农村集体经济组织，是指乡（镇）、村、村民小组农民以生产资料集体所有的形式组成，实行独立核算、自负盈亏的社会性经济实体。"

综合考察可以看出，20世纪90年代以前，中共中央及国务院各部门发布的文件中都称农村集体经济组织为乡、村合作组织或乡、村合作经济组织。如1984年的中央一号文件指出："为了完善统一经营和分散经营相结合的体制，一般应设置以土地公有为基础的地区性合作经济组织，这种组织可以叫农业合作社、经济联合社或群众选定的其他名称，要以村（大队或联队）为范围设置，也可以生产队为单位设置，可以同村民委员会分立，也可以一套班子两块牌子。"1987年，在《把农村改革引向深入》的中共中央通知中指出："乡、村合作组织主要是围绕公有土地形成的，与专业合作社不同，具有社区性、综合性的特点。由于经济发展程度不同，目前在乡一级，有些根据政企分开的原则设立了农工商联合社等机构；在村一级，有的单设合作机构，有的则由村民委员会将村合作和村自治结合为一体。"中共中央书记处农村政策研究室也在同年发出的《关于稳定和完善土地承包制的意见》中指出："乡、村合作经济组织是原人民公社经过改革而形成的。它们虽然在统分结合程度、组织规模和名称、管理机构设置等方面不尽相同，但都是按居住村落组成，并实行农工商综合经营的，与其他专业合作经济组织相比，具有明显的社区性和综合性。村合作经济组织（包括以行政村、自然村或以原生产队为单位设置的农业生产合作社等农业集体经济组织,下同)是基层合作经济组织;乡合作经济组织,是基层合作组织根据生产发展的需要,按照自愿互利的原则组成的联合经济组织。"20 世纪 90 年代后至今,普遍称之为乡、村集体经济组织或农村集体经济组织、社区集体经济组织或合作社、联合社,等等。如 1991 年发布的《中共中央关于进一步加强农业和农村工作的决定》指出:"乡村集体经济组织,无论叫合作社、经济联合社或群众选定的其他名称,都要逐步健全管理机构和各项规章制度,加强农业承包管理、企业管理、财务管理,搞好集体积累,充分发挥其生产服务、协调管理、资源开发、兴办企业、资产积累等职能。"《中华人民共和国宪法》(2004 年修正)第八条也明确规定:"农村集体经济组织实行家庭承包经营为基础、统分结合的双层经营体制。农村中的生产、供销、信用、消费等各种形式的合作经济,是社会主义劳动群众集体所有制经济。"

我们认为,广义的农村集体经济组织,是指《宪法》中所规定的农村中的生产、供销、信用、消费等各种形式的合作经济组织。而本文所强调的农村集体经济组织,是狭义的概念,是特指生产型的集体经济组织,即以土地公有为基础的地方性合作经济组织,是因土地等集体资产客观存在而存在的、联接一定区域内农民经济利益的组织,是社会主义公有制经济制度的重要组成部分,是集体经济在农村的组织载体。

二、关于农村集体经济组织的职能、权限

从概念上来讲,"组织"应是一种常设机构,一种实体,它应有办公地点、工作人员,应具有一定的稳定性和持续性。从形式上看,我国农村集体经济组织具有这种稳定性和持续性的特点,但是其内涵及外延却在不断地变化。改革前的农村集体经济组织是由人民公社、生产大队、生产队三级组织组成的农村管理体制,是由建国后的农村互助组、初级社、高级社发展演变而来的。但是,我国现行《宪法》起初并没有进一步规范其组织形式,也没有明确其职能、权限。关于农村集体经济组织的职能,主要见诸于 2002 年 8 月 29 日第九届全国人大常委会第二十九次会议通过的《中华人民共和国农业

法》（自 2003 年 3 月 1 日起施行）和《中华人民共和国农村土地承包法》（自 2003 年 3 月 1 日起施行）以及国务院下达的几部行政规章制度之中。当然，我们也能从《宪法》的修订过程中体现出来。

1982 年《宪法》第八条第一款规定："农村人民公社、农业生产合作社和其他生产、供销、信用、消费等各种形式的合作经济，是社会主义劳动群众集体所有制经济。参加农村集体经济组织的劳动者，有权在法律规定的范围内经营自留地、自留山、家庭副业和饲养自留畜。"1993 年《宪法》第八条第一款的修订主要是将"农村人民公社、农业生产合作社"修改为"农村中的家庭联产承包为主的责任制"；把农村人民公社、农业生产合作社和其他生产形式的合作经济，统称为"生产"形式的合作经济，也就是说农村人民公社、农业生产合作社是生产型的农村集体经济组织；而"供销、信用、消费等各种形式的合作经济"，则是指流通型的农村供销社和农村信用社以及金融型的农村信用社这两类农村集体经济组织。1999 年《宪法》第十七条第一款明确规定："集体经济组织在遵守有关法律的前提下，有独立进行经济活动的自主权"。

根据《宪法》，我国《农业法》第十条进一步规定："农村集体经济组织应当在家庭承包经营的基础上，依法管理集体资产，为其成员提供生产、技术、信息等服务，组织合理开发、利用集体资源，壮大经济实力。"《国务院关于加强农村集体资产管理工作的通知》（国发〔1995〕35 号）也明确指出："集体经济组织是集体资产管理的主体"。

由上可知，我国农村集体经济组织的职能、权限是明确的；但随着改革的不断深入发展，其概念内涵是宽泛的，其组织形式也是有变化的。本文所特指的农村集体经济组织是在实行家庭联产承包责任制和双层经营体制改革之后形成的包括乡、村、村民小组和部分农民共同所有的、农村劳动群众的、集体所有制经济的载体或机构。其职能、权限主要包括：管理集体资产，提供公共服务。

1. 管理集体资产

关于农村集体经济组织管理集体资产的职能，《农业法》第十条明确指出："农村集体经济组织应当在家庭承包经营的基础上，依法管理集体资产……"诚然，我们还可以依据现有法律法规将管理集体资产的职能进一步细化为：资产保值增值，土地发包，资产清理，资产监督。

关于资产保值增值，《中华人民共和国农村土地承包法》第八条第二款规定："国家鼓励农民和农村集体经济组织增加对土地的投入，培肥地力，提高农业生产能力。"可见，土地是农村集体经济组织最主要、最基本的资产，其生产能力直接影响农业生产产值。当然，资产保值增值还应包括集体所有的其他一切资产。

土地发包职能的法定依据是《农村土地承包法》第十二条的规定："农村所有的土地依法属于村农民集体所有的，由村集体经济组织或者村民委员会发包；已经分别属于村内两个以上农村集体经济组织的农民集体所有的，由村内各该农村集体经济组织或者村民小组发包。国家所有依法由农民集体使用的农村土地，由使用该土地的农村集体经济组织、村民委员会或者村民小组发包。"此外，《国务院关于加强农村集体资产管理工作的通知》（国发[1995]35号）对此也有认可："集体经济组织在对集体资产实行承包经营过程中，必须认真做好承包合同的签订的兑现工作。"

资产清理职能在《关于开展全国村级债务债权摸底清查的通知》（农经办[2006]1号）中有其明确规定："村级债务债权清理核实工作在县、乡（镇）农村经济经营管理部门（以下简称乡镇经管部门）指导下，由村集体经济组织或代行其职能的村民委员会负责完成；实行农村会计委托代理制的村由代理机构协助其完成。……村集体经济组织将清理确认的债务债权情况进行张榜公布，在规定的时间内，对于债务人、债权人及群众提出异议或反映强烈的问题，村集体经济组织要重新清查核实。"

资产监督是资产保值增值、防止集体资产流失、维护集体利益的重要保障。资产监督职能在《国务院关于加强农村集体资产管理工作的通知》中明确提出："集体经济组织要加强对所属企业的集体资产运行状况的监督。实行联营、股份经营和中外合资、合作经营的农村集体企业，要严格执行国家有关法律、法规和政策规定，切实保障集体经济组织对其资产的所有权、收益权。任何单位和个人不得瓜分、侵占集体资产。"

另外，关于集体资产的范围，《中华人民共和国民法通则》（自1987年1月1日起施行）第七十四条规定："农村集体经济组织的集体资产包括：（一）法律规定为集体所有的土地和森林、山岭、草原、荒地、滩涂等；（二）集体经济组织的财产；（三）集体所有的建筑物、水库、农田水利设施和教育、科学、文化、卫生、体育等设施；（四）集体所有的其他财产。"《中华人民共和国物权法》（自2007年10月1日起施行）第五十八条也明确规定："集体所有的不动产和动产包括：（一）法律规定属于集体所有的土地和森林、山岭、草原、荒地、滩涂；（二）集体所有的建筑物、生产设施、农田水利设施；（三）集体所有的教育、科学、文化、卫生、体育等设施；（四）集体所有的其他不动产和动产。"《国务院关于加强农村集体资产管理工作的通知》规定的集体资产包括："集体所有的土地和法律规定属于集体所有的森林、山岭、草原、荒地、滩涂、水面等自然资源；集体所有的各种流动资产、长期投资、固定资产、无形资产和其他资产。"可以看出，关于农村集体经济组织的集体资产范围，虽然各项法律法规及文件的规定表述有所区别，但基本上是一致的。

2. 提供公共服务

依据公共服务的不同性质，我们把集体经济组织的公共服务分为：生产经营性服务和公共事业两大类。

生产经营性服务主要是指对农村集体经济组织成员提供农副业生产、技术、信息、销售等有关的服务。《农业法》第十条规定："农村集体经济组织应当……为其成员提供生产、技术、信息等服务。"第二十七条："国家鼓励供销合作社、农村集体经济组织、农民专业合作经济组织、其他组织和个人发展多种形式的农业生产产前、产中、产后的社会化服务事业。"

关于农村公共事业，《宪法》第十九条规定："国家鼓励集体经济组织、国家企业事业组织和其他社会力量依照法律规定举办各种教育事业。"第二十一条："国家发展医疗卫生事业，发展现代医药和我国传统医药，鼓励和支持农村集体经济组织、国家企业事业组织和街道组织举办各种医疗卫生设施，开展群众性的卫生活动，保护人民健康。"《村集体经济组织会计制度》（财会〔2004〕12号）指出："农村集体经济组织以从事经济发展为主，同时兼有一定社区管理职能。"

由上可见，农村集体组织的职权范围包括：资产保值增值、土地发包、资产清理、资产监督、提供生产经营性服务和举办公共事业。

《宪法》第十七条第一款规定："集体经济组织在遵守有关法律的前提下，有独立进行经济活动的自主权"。第一百一十一条："居民委员会、村民委员会设人民调解、治安保卫、公共卫生等委员会，办理本居住地区的公共事务和公益事业，调解民间纠纷，协助维护社会治安，并且向人民政府反映群众的意见、要求和提出建议。"《民法通则》、《中华人民共和国土地管理法》（自1999年1月1日起施行）及《农村土地承包法》等法律也规定：农民集体所有的土地依法属于村民集体所有的，由村集体经济组织或者村民委员会经营、管理。《中华人民共和国村民委员会组织法》（2010年10月28日）第二条规定："村民委员会是村民自我管理、自我教育、自我服务的基层群众性自治组织，实行民主选举、民主决策、民主管理、民主监督。村民委员会办理本村的公共事务和公益事业，调解民间纠纷，协助维护社会治安，向人民政府反映村民的意见、要求和提出建议。村民委员会向村民会议、村民代表会议负责并报告工作。"第五条："乡、民族乡、镇的人民政府对村民委员会的工作给予指导、支持和帮助，但是不得干预依法属于村民自治范围内的事项。村民委员会协助乡、民族乡、镇的人民政府开展工作。"

实际上，改革开放以来，农村集体经济组织或村民委员会都可以经营、管理依法属于村农民集体所有的土地，并且代表集体行使对土地的所有权。这不但造成管理主体不明确，而且集体资产的产权也不清晰。所以，为实现农村的共同富裕，发展壮大农村集体经济，拆除"一套班子两块牌子"，规范其二者之间的关系、权利、义务，建立健全农村集体经济组织，并从立法上规范农村集体经济组织的设立与运行，明确其职能，进而厘清农村集体经济组织与农村基层自治组织——村民委员会的权限也就成为一个亟待解决的问题了。

三、关于农村集体经济组织的性质、地位

我国农村集体经济组织形成于合作化时期的农业互助组，历经初级社、高级社，直到人民公社体制的确立而延续下来。在实行家庭联产承包经营后，原有的人民公社制度被废除，改称乡、村和村内集体经济组织。对此，现有法律也予以认可。

《土地管理法》第十条规定："农民集体所有的土地依法属于村农民集体所有的，由村集体经济组织或者村民委员会经营、管理；已经分别属于村内两个以上农村集体经济组织的农民集体所有的，由村内各该农村集体经济组织或者村民小组经营、管理；已经属于乡（镇）农民集体所有的，由乡（镇）农村集体经济组织经营、管理。"《物权法》第六十条："对于集体所有的土地和森林、山岭、草原、荒地、滩涂等，依照下列规定行使所有权：（一）属于村农民集体所有的，由村集体经济组织或者村民委员会代表集体行使所有权；（二）分别属于村内两个以上农民集体所有的，由村内各该集体经济组织或者村民小组代表集体行使所有权；（三）属于乡镇农民集体所有的，由乡镇集体经济组织代表集体行使所有权。"

根据这两部法律的规定，农村集体经济组织包括三个层次：一是乡（镇）农村集体经济组织；二是村级集体经济组织，一般是指行政村为单位，由全体村民参加的区域性合作经济组织，如村经济合作社，村集体经济联合公司等；三是村内农村集体经济组织，一般是指村民小组为单位或部分村民自愿组织起来的各种合作经济，独立核算，自负盈亏，是农村集体经济组织最基本的核算单位。实际上，从全国范围来看，以土地独立所有为基础的乡集体经济组织数量极少；以村民小组为单位的村内农业集体经济组织尽管有自己的土地，但作为独立组织的其他条件则完全不具备。因此，农村集体经济组织在外延上绝大多数表现为村级集体经济组织，与行政村的村民自治组织相重合。

关于农村集体经济组织的性质，理论界在立法上的理解存在着一定的差异。大多数人认为，农村集体经济组织就是劳动群众集体所有的一种公有制，

其实质就是组成该集体经济组织的全体成员（劳动者）共同拥有生产资料，共同劳动，共享收益的一种经济组织形式。但也有人认为，农村集体经济组织是以土地为纽带形成的经济共同体；还有人认为，农村集体经济组织就是农民按照一定的区域或自愿互利的原则组成的一种合作经济组织。例如，罗猛将农村集体经济组织定义为自实行家庭联产承包责任制和双层经营体制改革之后形成的，实行集体统一经营和家庭分散经营相结合的双层经营体制，是具有集体性、地域性和双层经营性的经济组织；[1] 陈绍斌认为，我国农村集体经济组织产生于上世纪50年代初的农业合作化运动，它是在自然乡村范围内由农民自愿联合，将其各自所有的生产资料（土地、较大型农具、耕畜）投入集体所有，由集体组织农业生产经营，农民进行集体劳动、各尽所能、按劳分配的农业社会主义经济组织。[2]

依据现行法律法规之规定，农村集体经济组织是从事农业生产经营的组织，如《农业法》第二条第二款："本法所称农业生产经营组织，是指农村集体经济组织、农民专业合作经济组织、农业企业和其他从事农业生产经营的组织。"而《村集体经济组织会计制度》（财会［2004］12号）则指出："农村集体经济组织以从事经济发展为主，同时兼有一定社区管理职能。"

综上所述，我们可以这样认为：农村集体经济组织是以从事农业生产经营，以发展经济为主，同时兼有一定社区管理职能的社会主义劳动群众集体所有制经济组织。其特征是以土地集体所有制为基础，以乡、村区域为范围，以村落或居住小区为单位，以农业为基础，一、二、三产业综合经营，实行集体统一经营和家庭分散经营相结合的双层经营体制，具有集体性、地域性和双层经营性等特点。

然而，1998年国家工商行政管理局《公司登记管理若干问题的规定》第十八条有这样的规定："农村中由集体经济组织履行集体经济管理职能的，由

---

[1] 罗猛：《村民委员会与集体经济组织的性质定位与职能重构》，哈尔滨：学术交流，2005，（5）：51。

[2] 陈绍斌. 农村集体经济组织及其成员资格［EB/OL］，中国法院网2006—06—21：http://www.chinacourt.org/public/detail.php? id = 209169。

农村集体经济组织作为投资主体；没有集体经济组织，由村民委员会代行集体经济管理职能的，村民委员会可以作为投资主体投资设立公司。村民委员会投资设立公司，应当由村民委员会做出决议。"鉴于此，为了推进农村产权改革，使农村集体经济组织进入市场，部分地区已经加快了改革的步伐。2003 年北京市农村工作委员会《北京市乡村集体经济组织登记办法》规定，农村集体经济组织分为乡镇集体经济组织、村集体经济组织、农民专业合作经济组织和乡村集体经济组织下属的独立核算的事业单位，其中乡镇集体经济组织、村集体经济组织、农民专业合作经济组织在设立、登记时，应提交组织章程、集体经济组织成员代表大会关于选举或者任命本组织主要领导干部的决议、集体资产产权证书复印件和法定代表人身份证复印件，而乡村集体经济组织下属的独立核算的事业单位在进行登记时提交的有关资产的文件是集体资产使用证。具备条件的乡镇集体经济组织、村集体经济组织、农民专业合作经济组织，应同时到区县工商行政管理部门进行企业法人登记。2008 年 11 月都江堰市颁布了《都江堰市农村集体经济组织管理办法》，其中第二条、第三条规定："农村集体经济组织改制为公司或其他经营性企业实体的，不适用本办法。""本办法所称农村集体经济组织，是指乡（镇）、村、组全体社员以生产资料集体所有制形式设立的独立核算的组织，包括乡（镇）集体资产管理委员会、农业合作联社、农业合作社。"因为，国务院 1998 年颁布的《社会团体登记管理条例》第一章第四条第二款规定，社会团体不得从事营利性经营活动。

  以上表明，从农村集体经济组织产权改革的方向和市场经济的发展趋势来看，在农村治理法治化的过程中，如何有效发挥农村集体经济组织在"统"层面的功能是实现农村共同富裕、乃至"全面建成小康社会"的关键一环。

建设和谐世界的几点思考

姜爱凤[①]

摘　要：我们党和国家提出建设和谐世界理念，是立足于中国国情，植根于中国传统文化，是建设和谐社会思想的国际引伸，体现了内外政策的统一，体现了中国改革开放、持续发展的客观需要，是基于中国国情的选择，是立足于世情的选择。构建和谐世界理念的提出和践行过程充满复杂性和不确定性，是世界各国理论上认同、实践上自觉践行的一个漫长过程；是一种可能，一种趋势，一种努力的方向，不是一种必然；是人类历史发展的大义所向。

建设和谐世界理念提出九年多了，作为新世纪中国外交思想在践行过程中并不是一帆风顺，面对风云变幻的国际局势，特别是伴随着美国"重返亚太"和"战略再平衡"等态势后中国周边安全问题的凸现，建设和谐世界的理念再次引起了许多疑惑和争议。本文就如何看待和认识建设和谐世界理念问题，谈点拙见。

2005年4月22日，在雅加达召开的亚非峰会上，国家主席胡锦涛首次提出了"共同构建一个和谐世界"的主张。同年9月15日，胡锦涛在联合国成立60周年首脑会议上以《建立持久和平、共同繁荣的和谐世界》为题，系统阐述了这一理念。11月1日，胡锦涛在越南国会发表演讲，再提"构建持久和平、共同繁荣的和谐世界"的理念，并在随后的欧洲之行中多次阐述。11

---

① 姜爱凤，女，聊城大学世界共运研究所教授。

月17日，胡锦涛在亚太经合组织工商领导人峰会上，以构建和谐世界为基石，发表了题为《树立开放思维，实现合作共赢》的演讲。短短半年时间，从世界政治中心到近邻，从欧洲大陆到亚太地区，"构建和谐世界"这一蕴涵着丰富内涵的中国国际政治观得到了广泛的传播与认同。在党的"十七大"上，"各国人民携手努力，推动建设持久和平、共同繁荣的和谐世界"① 的主张被写进了政治报告中。"十八大"政治报告依然重申："弱肉强食不是人类共存之道，穷兵黩武无法带来美好世界。要和平不要战争，要发展不要贫穷，要合作不要对抗，推动建设持久和平、共同繁荣的和谐世界，是各国人民共同愿望。"②

建设和谐世界理念主张："在国际关系中弘扬民主、和睦、协作、共赢精神。政治上相互尊重、平等协商，共同推进国际关系民主化；经济上相互合作、优势互补，共同推动经济全球化朝着均衡、普惠、共赢方向发展；文化上相互借鉴、求同存异，尊重世界多样性，共同促进人类文明繁荣进步；安全上相互信任、加强合作，坚持用和平方式而不是战争手段解决国际争端，共同维护世界和平与稳定；环保上相互帮助、协力推进，共同呵护人类赖以生存的地球家园。"③和谐世界理念提出后，国内一直有质疑："建设和谐世界可行吗？"、"能否做到"、"和谐世界理念是否会束缚自己的手脚，影响中国发展？"……如何正确理解和看待建设和谐世界理念是新的国际局势下中国外交理论与实践面临的一次新的考验。

一、建设和谐世界理念是基于国情的选择

我们党和国家提出建设和谐世界理念，是立足于中国国情，植根于中国传统文化，是建设和谐社会思想的国际引伸，体现了内外政策的统一，体现了中国改革开放、持续发展的客观需要，是基于中国国情的选择。

---

① 《十七大以来重要文献选编》（上），中央文献出版社2009年版，第36页。
② 《十八大报告辅导读本》，人民出版社2012年版，第47页。
③ 《十七大以来重要文献选编》（上），中央文献出版社2009年版，第36页。

从中国发展史看,一个和平稳定的国际大环境对一个国家的发展非常重要。1949年新中国成立,一直到70年代末,近30年的时间,中国经济发展迟缓,有我们自身的原因,一个和平的国际大环境的长期缺失也是其中的一个重要原因。新中国刚成立就陷于以美国为首的西方国家的封锁与遏制之中,尚未喘息便与苏联老大哥交恶,遭遇直接的军事威胁。恶劣的国际环境致使我们国家在较长的一段时间里不得不将国家战略重点放在维护国家主权与安全上,没有办法集中精力搞经济建设,从而影响了中国发展。20世纪70年代末以来,特别是冷战结束后,我国的国民经济发展速度较快,综合国力提升神速,究其原因,除了我们党和国家制定了合乎国情的发展战略之外,拥有一个相对和平的国际大环境也是一个重要原因,使得我们国家能够在一个没有外患的条件下,集中精力发展经济。只有在一个相对和平的国际环境下,一个国家才能得到全方位的发展。和平与发展是密不可分的。

改革开放30多年来,尤其是近十年来,中国所取得的成就举世瞩目。国民经济持续30年强劲增长,中国经济增速快而平稳,综合国力再越新台阶。中国的国内经济生产总量(GDP)从世界第六位上升为世界第二位,制造业能力据全球第一,人均国内生产总值超过5000美元,跨入中等收入国家的门槛,极具象征性意义。与此同时,中国的国际地位与影响在迅速提升,开始全面融入国际社会,在世界政治经济中扮演着越来越重要的角色,在东亚经济发展中起了导航作用。"中国因素"成为世界各方在国际新秩序重构过程中需要考虑的不可忽视的方面,成为推动当今国际政治经济格局发展的重要动因。但从总体上看,中国还是一个拥有13亿人口的发展中大国,目前的经济发展尚处于一个比较低的水平,中国的人均GDP还只有日本的十几分之一,与美国等西方国家相比差距更大,排在世界80多位。即便是如此,人口多、块头大的中国每向前发展一步,整个国际社会都会为之瞩目,总是能引起世界的过度关注。也许是受到历史上大国发展总是与周边国家被殖民化或弱化态势联系在一起,两个或几个大国很难并行和平发展这一"历史现象"的影响;也许是因为中国参入世界和区域合作的时间和实践经验有限,在运作与发展的过程中不可避免地要影响到其他一些国家的利益;也许是某些西方国家从其自身利益或历史与现实的成见偏见出发，种种因素交织其中，导致国际社会对于中国的发展存在着许多不理解和误解的现实，国际社会对中国未来发展战略猜疑很重。"中国威胁论"、"中国外交强势论"、"中国傲慢论"轮番出台，在国际社会有一定的市场，损害了中国国际形象。在全球化国际视野的大背景下，这些问题的存在和蔓延，在一定程度上制约当代中国内外发展战略的拓展，影响中华民族复兴大业。

如何有效地化解国际社会对我国未来发展的疑虑和担心，如何有效地应对一些国家对我国的各种误解与偏见，顺利推进民族复兴进程，是新时期中国共产党面临的严峻挑战和重大课题。久经考验的中国共产党，深入研究总结历史经验教训，准确把握时代潮流，从世界大义出发，适时而为，提出了和平发展、建设和谐世界理念，具有非凡的意义。

首先，建设和谐世界理念的提出，向世界亮出了中国人的主张，向世界作出了庄严的承诺，向世界举起中国的旗帜，向国际社会表明了中国走和平发展道路的决心，向世界传播了中国谋求发展、追求和平、促进和谐的负责任大国形象。中国共产党"十八大"报告明确指出："中国将继续高举和平、发展、合作、共赢的旗帜，坚定不移致力于维护世界和平、促进共同发展。"[①] 中国积极创造一个和平的国际环境发展自己，中国的发展不会妨碍和威胁任何国家，只会有利于世界的和平与发展。中国不是一个现有秩序的挑战者，而是一个参与者，中国将以实现世界和平与繁荣的方式，求得自身的安全与发展，向国际社会兑现和平崛起的承诺。中国建设和谐世界的新理念，再一次向国际社会表明了中国走和平发展道路的决心，"国强必霸"这一西方人认为的大国兴衰规律不适合中国，中国人有充分的自信和力量打破这一所谓的历史规律，有信心为这一古老的问题呈现出全新的答案。这是中国政府对和平国际主义外交政策的阐述，有助于消除国际社会对中国发展的疑虑和误解，有利于建设和平的国际环境，有利于中国改革开放的持续发展，有利于顺利推进民族复兴进程。

[①] 《十八大报告辅导读本》，人民出版社2012年版，第48页。

其次，建设和谐世界理念的提出是我国建设和谐社会思想向国际社会的自然引伸，体现了中国内政与外交的辩证统一，保证了我国建设有中国特色社会主义和谐社会的治国理念与构建和谐世界外交理念的和谐统一、相辅相成。国门已经打开，改革开放30多年的中国，已经站在了这样的一个节点：不进则退，必须继续发展经济，改善民生，要让13亿中国人民过上幸福生活，让我们的社会和谐有序，公正公平。要实现"和谐世界"这一伟大梦想，前提之一必须是要实现中华民族伟大复兴的"中国梦"。① 中国的发展离不开世界，全球化下的世界处在"寰球同此凉热"的时代，相互依存、相互影响，没有哪个国家可以孤立地存在和发展。一个国家和地区实现社会和谐和长治久安，一定程度上取决于国际社会是否和平和谐。国家和地区和谐是国际社会和谐的基础和条件；国际社会的和谐又能够促进一个国家和地区的和谐。如果把一个国家的和谐建立在国际社会的动荡之上，这样的和谐一定不能持久。面对新的国际环境，我们的党和国家领导人以全球性的视野、非凡的勇气审视人类面临的新境遇，正确处理中国与世界的关系，正确处理自身与国际环境的关系。我们坚持国家和谐与世界和谐、国家利益与全人类共同利益相结合。和谐社会与和谐世界的关系正是体现了全球化背景下的中国与人类社会如何协调融合、共同发展的辩证统一关系。

再次，建设和谐世界理念的提出是发展中的中国要求在国际社会中有自己话语权的意愿。关于中国的话语权问题，早在1992年4月8日，邓小平就曾经对他身边的人说过，我们再韬光养晦地干些年，才能真正形成一个较大的政治力量，中国在国际上发言的分量就会不同。时间过去了十几年，发展起来的中国面对世界的聚焦和承担大国责任的要求提出建设和谐世界理念，向世界表达和传递了自己的意愿，即：中国在积极主动地参入国际事务、承担国际义务的过程中，国际社会也要尽力认同和理解中国，在国际政治经济新秩序的构建过程中，中国不再是无关紧要的旁观者，中国要求有自己的话

---

① 习近平：《在第十二届全国人民代表大会第一次会议上的讲话》，载新华网，2013年3月17日，http://news.xinhuanet.com/politics/2013—03/17/c—115055434.htm。

语权，要求有自己的声音，要求发挥自己的作用。中华人民共和国经过65年的发展变化，已经从国际体系边缘的反抗者变为世界和平与发展、繁荣与稳定的发动机，我们国家理应在国际事务中发挥自己的影响力。

最后，建设和谐世界理念的思想源泉来自于中国传统文化，植根于中国传统文化的深厚积淀，是对中国悠久历史传统文化的传承与延伸。"中华民族传承几千年的仁者爱人的人本精神，亲仁善邻的和平志向，以和为贵的和谐理念等等，"① 为我们今天走和平发展道路，实现社会和谐和世界和谐提供了重要支撑。"历史上，中国虽几经兴衰，但'讲信修睦'、'协和万邦'等理念却牢牢植根于中华文化土壤，深刻影响了中国历代对外交往的思维与方式。"② 中华民族历来倡导"和为贵"、"和而不同"，将人与人之间、民族之间、国家之间的团结互助、友好相处视为人类社会发展的最高境界。认为"天时不如地利，地利不如人和"；一个国家和民族，在弘扬和保留自己的优秀文明，发挥自己作用的同时，理应承认世界的多样性和多元性，承认不同文明的存在和发展的意义。博大精深的中国传统文化为新时期和谐世界理念的提出提供了强大的理论基石，实现了中国外交的价值回归。

二、建设和谐世界理念是基于世情的选择

建设和谐世界理念，是中国共产党正确"运用辩证唯物主义、历史唯物主义的世界观和方法论分析时代特征和矛盾运动规律，准确把握国际格局和国际关系变化特点，对人类社会发展规律进行新探索所取得的重大理论成果"，③ 是中国共产党立足于世情的选择。全球化下的世界发生了变化：时代主题变了；国家关系变了；影响世界生存和发展的问题变了。世界的发展与变化是和谐世界理念提出并践行的基础和条件。

首先是时代变了，和平与发展代替了战争与革命成为当今时代主题，这是

---

① 王毅：《坚定不移走和平发展道路 为实现民族复兴中国梦营造良好国际环境》，载《国际问题研究》，2014年第1期，第13页。
② 《十八大报告辅导读本》，人民出版社2012年版，第358页。
③ 《十八大报告辅导读本》，人民出版社2012年版，第357页。

国际关系中最大的变化。

关于和平与发展之间的关系和重要性,国家主席习近平在2013年4月7日的博鳌亚洲论坛2013年年会上作了阐述:"和平犹如空气和阳光,受益而不觉,失之则难存。没有和平,发展就无从谈起。国家无论大小、强弱、贫富,都应该做和平的维护者和促进者……国际社会应该倡导综合安全、共同安全、合作安全的理念,使我们的地球村成为共谋发展的大舞台,而不是相互角力的竞技场,更不能为一己之私把一个地区乃至世界搞乱。"[①] 和平与发展为主题的时代特征,为构建和谐世界提供了前提条件和现实可能性。和平与发展是人类历史发展的客观规律和必然结果,是当今世界大义所向。和平与发展两大主题,集中反映了一个时代所面临的最紧迫的任务和世界上大多数国家和人民最为关心的问题。放眼世界和历史,战争与灾难相伴相生。两次世界大战给我们这个世界带来的惨痛教训,没有哪个国家和人民愿意回到战争年代。当前世界上一些地区和国家正在发生的局部动荡、冲突和战争,使哪里的人民颠簸流离、生灵涂炭,连最基本的生活都没有保障,更别提国家发展了。世界人民渴望和平与发展,厌恶战争和冲突。"求和平、谋发展、促合作已经成为不可阻挡的时代潮流。"[②]

我们这个世界并不安宁。冷战结束后的国际格局呈现出一种快速而深刻的变化调整进程,国际体系中的新旧矛盾和问题并没有因为冷战终结而烟消云散,相反,重塑国际秩序和国际体系过程中的各种问题和矛盾日趋复杂和尖锐。这些问题和矛盾在短时间内很难通过改革得到化解和缓和,和平与发展问题一个也没有得到解决,且面临着严峻的挑战和考验。尽管如此,和平与发展依然是世界各国人民共同的追求和要求,是不可阻挡的历史潮流,改革、发展与稳定是我们这个世界面临的最突出的三个问题。中国走和平发展道路,提出和谐世界理念,正是顺应了这一历史发展潮流。世界上虽然存在

---

① 习近平:《共同创造亚洲和世界的美好未来——在博鳌亚洲论坛2013年年会上的主旨演讲》,载新华网,2013年4月17日,http://news.xinhuanet.com/politics/2013—04/17/c—115296408.htm。

② 《十七大以来重要文献选编》(上),中央文献出版社2009年版,第35页。

着许多违逆和平与发展的现象,但毕竟是支流。追求和平与发展,建设和谐世界是当今世界大义所在,顺者进,逆者退。

其次,国家关系变了。

全球化是一个历史发展过程,是全球范围内各地域、各民族、各国家日益紧密的联系过程。这种联系能导致各地域、各民族、各国家相互作用的不断加强,从而影响和改变着人类的生活方式和思维方式。全球化下的世界,国家关系发生了变化,全球化如同一条纽带,将世界各国的命运紧密地连在一起,国家之间相互依赖、相互依存程度日趋深化,任何单个国家都无法置身于全球化之外,孤立地发展与繁荣。我们这个世界变得越来越小了,国家之间的交流与联系日益紧密,你中有我、我中有你、一荣俱荣、一损俱损,寰球同此凉热的利益格局正在日益形成。"经济全球化加深了国家之间的相互依赖程度,使国际利益关系复杂化、利益主体多元化、进而导致利益的方式多样化。"①和谐与稳定,和平与发展是世界各国人民的共同诉求,代表了人类历史发展的大方向。我们党和国家提出和平发展,建设和谐世界理念是适时而为。

冷战后的国际体系正在发生深刻的变革,国际局势整体趋缓,大国关系的性质呈现出新特征,竞争与合作并存。如果说,冷战时期以美国和苏联两个超级大国为代表形成的资本主义国家和社会主义国家两大阵营,凭借着军事力量与"核威慑来打造'恐怖平衡',那么在全球化深入发展的今天,各国特别是大国之间越来越通过利益融合形成了'利益制衡'。发动战争冲突的代价越来越高,武力解决争端的选择越来越受到局限"②。大国间的共同利益不断增加,大国结伴而不结盟,相互合作与协调利益的要求日益迫切,它们之间已不再不相往来,互为敌手,以战争和暴力手段解决争端的可能性大为减少。传统意义上的国际关系基本上是处于"零和博弈"状态,就是"你的所

---

① Robert L. Thompson,"Globalization and the Benefit of Trade",http://www.chicagofed.org/digital-assets/publications/chicago-fed-letter/2007/cflmarch2007-236.pdf,2012-06-25.

② 王毅:《坚定不移走和平发展道路 为实现民族复兴中国梦营造良好国际环境》,载《国际问题研究》,2014年第1期,第11页。

得即为我的失去",这种传统的国际关系正在逐渐被"互利共赢"、"你所得的同时我也得到"新的模式所取代。大国间的合作加强,"面对当今国际政治重大问题,没有哪个国家仅凭一己之力就能有效解决。大国并非无所不能,谁也不能像19世纪的英国和20世纪的美国那样强调自己的特殊性。"① 地缘政治的重要性下降,地缘经济、国际机制协调作用日益增强。各大国更愿意通过对话、谈判、协商等和平手段和方法来解决相互间的矛盾、分歧和问题,谋求更大的合作与发展。

国家关系的变化还表现在发达国家与发展中国家之间、发展中国家之间、发达国家之间的关系中。冷战结束后,发达国家与发展中国家对和平与发展问题逐渐达成共识,以美国为代表的西方发达国家在南北关系中开始从以往的强硬转而采取较为现实的态度,在一系列问题上缓和了与广大发展中国家的对立与矛盾;而发展中国家为了发展经济和得到发达国家的资金、技术和援助,也开始放弃和改变了一些过高的、不切实际的要求。由此可见,经济全球化使得发展中国家与发达国家在处理国际关系问题上,都在约束和规范自己的行为,通过对话协商、协调,以合作制约冲突和矛盾,从而为其经济发展和工业化进程提供和平与稳定的国际环境。与此同时,发达国家之间、发展中国家之间的联系更加密切,相互间的合作与交流日益深化。新的时代条件下的国家关系的变化,是和谐世界理念提出的一个重要条件。从这个意义上来讲,构建和谐世界是适时的,可以被世界所接受的。

最后,影响世界生存和发展的问题变了。

当今世界正在走向深度"全球化"时代,全球化在肆无忌惮地对我们的人类发挥着深刻的影响;另一方面,冷战后国际格局也正处在大变革大调整之中。影响世界生存和发展的问题不仅没有减少,相反与日俱增;既有传统意义上的安全威胁问题,更催生了许多维系人类命运、影响世界各国生存和发展的全球性非传统安全问题。人类社会面临的全球性问题日益增多,非传统安全威胁也凸显了建设和谐世界的必要性和可能性。

---

① 唐永胜:《理解和适应国际体系变迁》,载《现代国际关系》,2014年第7期,第17页。

所谓的全球性非传统安全问题是指当代国际社会面临的一系列超越国家和地区界限，关乎整个人类生存与发展的一些问题，"它囊括了除了军事、政治和外交议题以外的所有其他的、对主权国家及人类整体构成重大影响甚至是严重威胁的因素，主要包括经济安全、金融安全、生态环境安全、信息安全、资源安全、恐怖主义、大规模杀伤性武器扩散、疾病蔓延、跨国犯罪、走私贩毒、非法移民、国际海盗以及洗钱等等"。[1] 其中任何一个问题都有可能导致世界的动荡和不安定，单凭一个或数个国家的力量，不可能彻底解决，这就需要世界各国的共识和合作。"非传统安全不是由某个国家制造，不是被某一个国家认知，也不能由一个国家应对。非传统安全不是国家之间的相互安全威胁，而是国家群体乃至整个人类共同面对的威胁。这已经不是一个国家思考如何应对另外一个国家的安全威胁问题了，而是国家群体思考如何合力应对共同的安全威胁问题，是大家如何共同维护和改善全球公地的问题。"[2] "非传统安全威胁使国际安全国内化，国内安全国际化，要求各国应当从人类的整体上来反思与建构新时期的安全方略。"[3] 非传统安全威胁问题的凸显，使世界正在成为一个休戚与共的"全球生存共同体"、"全球命运共同体"，颠覆了世界解决安全威胁的传统模式，单凭任何一个国家都没有力量来应对和化解，需要世界各国超越一己利益，具有全球责任和共患意识，"以人类共同体作为安全的中心立场，以人的生命保护作为安全的价值基点，以社会的安宁繁荣作为安全的优先目标，以和谐共建与合作共赢作为国家间安全互动的至上原则"，[4] 共同应对和治理这些影响人类生存与发展的问题和挑战。

---

[1] 宋德星：《中国崛起的大战略理论建构》载《中国外交》（人大复印资料），2014年第3期，第24页。

[2] 秦亚青：《全球治理失灵与秩序理念的重建》，载《世界经济与政治》，2013年第4期，第6—7页。

[3] 余潇枫：《共享安全：非常传统安全研究的中国视域》，载《中国外交》（人大复印资料），2014年第7期，第17页。

[4] 余潇枫：《共享安全：非常传统安全研究的中国视域》，载《中国外交》（人大复印资料），2014年第7期，第28页。

三、建设和谐世界践行过程的复杂性

构建和谐世界理念的提出和践行过程充满复杂性和不确定性，是世界各国理论上认同、实践上自觉践行的一个漫长过程；是一种可能，一种趋势，一种努力的方向，不是一种必然；是人类历史发展的大义所向。

再美好的理念也需要有一个理解认同的过程，若将理念付诸于实践更需要一个漫长的历程，更何况和谐世界理念面向的是国际社会和世界各国，变幻莫测的国际局势和千差万变的各国国情，意味着和谐世界理念践行过程的艰巨性和复杂性。

"矛盾存在于一切事物发展的过程中，矛盾贯穿于每一事物发展过程的始终……一切矛盾着的东西，互相联系着，不但在一定条件之下共处一个统一体中，而且在一定条件下之下互相转化，这就是矛盾的同一性的全部意义。"[①]世界是充满矛盾的，是在矛盾的运动和转化中发展变化的。世界作为矛盾混合体，在任何时候都具有两面性：既有认同和支持和谐世界理念的积极条件和积极力量，也存在着质疑和反对和谐世界理念的消极因素和消极力量；既有积极推动和践行和平与发展，建设和谐世界的积极力量，也存在着践踏和平，制造矛盾、冲突和对抗的消极力量。建设和谐世界理念在两股力量的竞争和较量中面临着许多不确定性。当世界上支持和推动建设和谐世界的积极力量远远大于反对和阻挡的消极力量时，和谐世界的实现就成为一种可能；若相反，和谐世界的实现过程就会遇到挫折和困难。认为和谐世界理念的提出，是一种趋势，是因为在全球化的国际背景下，建设持久和平、共同繁荣的和谐世界理念是符合世界和平与发展的时代潮流，是顺应国际社会民心，是世人所向，大义所趋，顺势而为。和谐世界不会自动实现，更不会轻易实现，需要一个漫长曲折的坚持不懈的过程。

我们要重视从舆论上将建设和谐世界理念转化为国际社会的共同观念和共同价值，积极倡导世界各国顺应世界大义，坚持走和平发展道路。建设和

---

① 《毛泽东选集》第1卷，人民出版社1991年版，第308、330页。

谐世界不是中国一家子的事,是世界各国人民共同的事业,需要共同分担和努力。我们提出建设和谐世界理念,坚持走和平发展道路,并不意味着可以牺牲国家核心利益,也不会拿国家的核心利益做交易,更不是形成对中国单方面的制约和束缚。建设和谐世界只有在理论上为世界上更多的国家和人民所认同,在实践上为世界上更多的国家和人民所践行,我们这个世界才有可能实现真正的和谐。

在和谐中,一切皆有可能!在新的时代条件下,建设持久和平、共同繁荣的和谐世界主张契合时代发展潮流,是各国人民的共同心愿和不懈努力的方向。

重塑与左转：米利班德时期英国工党的新动向[①]

李华锋[②]　仝 雯

摘 要：2010年9月，埃德·米利班德当选为英国工党的新领袖。基于工党在野与金融危机席卷英国的现实，米利班德重塑工党形象，调整政策主张，争取重返执政前台。其主要表现在于：确立"蓝色工党"的新定位，提出建设"更负责任"的资本主义，主张渐进地削减财政赤字，突出政府的社会保障功能。

一、确立"蓝色工党"的新定位

米利班德认为，2010年工党大选失利的直接原因是从1997年到2010年失去400万劳工选民和137个议席，深层原因是新工党政策主张的过分市场化，损害了英国中下层民众的利益，造成对工党的信任缺失。工党需要重新定位自己，重塑社会责任形象，重聚传统选民对党的信心。"蓝色工党"就是米利班德反思布莱尔"第三条道路"，抗衡卡梅伦"大社会运动"的产物。

蓝色本是保守党的代表颜色，米利班德接受其理论导师格拉斯曼的倡导，接受"蓝色工党"的新定位，并不是向右转，向保守党的价值理念靠拢，而是对布莱尔"新工党"激进右转政策进行纠偏，恢复工党有益的传统保守理

[①] 本文系国家社科基金项目"英国工党主流思想的嬗变研究"（13BKS062）的阶段性成果。

[②] 李华锋（1976—），男，河南鄢陵人，聊城大学政治与公共管理学院副院长，教授，博士，聊城大学世界共运研究所所长，山东省世界社会主义共产主义运动研究基地主任，研究方向为世界社会主义运动。

念，赢回被压榨的劳工选民与中产阶级选民。

"蓝色工党"的基本含义是将家庭、信仰和工作置于新政治的中心，强调互惠、互助与团结，提供更富人情味、更注重公正与平等的社会发展模式，使民众在急剧变化的社会免患利益受损、无所适从的"变化焦虑症"。建立"蓝色工党"的基本原则是坚持负责却不集权，放权而不放任，变革但不激进；基本路径是既要彻底摒弃传统官僚化、国家化的经济与社会模式，又要恢复和重构工党具有普遍价值的互助主义、合作主义的传统，不要让市场驾驭社会，而是让市场和政府更好地为社会服务，为易受市场冲击的中下层民众服务。通过这些，来塑造工党崭新、中间、温和的社会形象，在布莱尔"新工党"已经褪色、红利殆尽的背景下，再现一个与保守党存在清晰界限的"新工党"，赢得更广泛的社会支持。

二、提出建设"更负责任"的资本主义

针对财富分配不公和金融危机给英国社会带来的问题，结合"蓝色工党"的政治理念，米利班德提出建设"更负责任"的资本主义主张。米利班德认为，现有英国资本主义是存在掠夺性的资本主义、粗放的金融资本主义和不负责任的资本主义。在这种社会中，贫富差距巨大，财富与权力不断集中到少数富人手中，人们不重视商业道德，不顾后果地追求眼前的短期利益。现在英国几乎停滞的经济增长、不断增加的借贷和大规模的失业既暴露了这种资本主义的缺点，也表明卡梅伦政府一味紧缩经济政策的无能为力。为此，应当建立一个有益于经济发展与社会民主的"更负责任"的资本主义。"更负责任"的资本主义并不是反对商业，而是推动商业发展，但强调企业在追求利益的同时也追求社会公平，使权力为大多数人所有，厘清彼此之间的责任与义务，从而创造一个经过努力更加容易成功的社会。

米利班德认为，建设"更负责任"的资本主义关键在于发挥政府的监管与治理作用，改变金融业与企业的急功近利的行为，赋予劳方和小股东更大的权力。金融界要把更多的流动资金服务于实体经济，而不是漫无边界地进行资本炒作；借贷给企业资本时要有足够的耐心等待企业创造价值，而不是

由企业的短期利润与税额决定。企业投资者不应以短期的利润报告衡量企业的发展，而应寻求长期的回报与成功；使长期持有企业股份的小股东在企业并购、高管薪酬、雇员遣散等重大问题上有更多的参与度与投票权，使雇员更多地进入企业薪酬委员会。政府则不应在经济出现问题时仍然坚持自由主义的原则，而是争取有所作为，充分发挥"看得见的手"的作用；通过设计更好的制度阻止靠资产倒卖、恶意收购等方式投机赚钱，背离股东和雇员利益，影响经济健康发展的掠夺性行为；通过建立企业、个人和社会共同承担职业技能培训责任的系统，鼓励实体企业从事发明、培训与投资，从而创造更好就业，新企业和新产业不断增长的经济。

三、主张渐进地削减财政赤字

受金融危机和欧元区主权债务危机的影响，在工党下台的 2010 年英国财政赤字就高达 1500 亿英镑。为了促使英国经济复苏和健康运行，防范主权债务风险，避免出现类似希腊等国的债务危机和社会动荡，卡梅伦政府采取的是大规模削减公共开支政策，提出从 2011 年起在四年内削减公共开支 810 亿英镑。主要举措有裁减 50 万公共部门雇员、降低国防、外交、司法、体育、地方事务等领域开支，通过提高 3% 的个人缴纳养老金比例和延长退休年龄到 66 岁降低社会保障开支等。

由于英国财政赤字达到历史最高水平，严重的赤字的确影响到经济的复苏和正常运转，米利班德对卡梅伦政府的削减公共开支政策在方向上并不反对，表示做"负责任的反对党"，但对削减财政赤字的实施时间、力度和方法并不苟同。在实施时间和力度上，米利班德认为，卡梅伦政府的政策并不利于经济复苏与劳动力就业，在英国和欧盟经济十分脆弱，小型企业运行还不稳定的情况下，过早地，尤其是大幅度地削减开支将会带来更大的失业风险与经济风险；"如果因为削减开支而重新陷入经济衰退，英国的财政赤字将进一步扩大，金融市场会更惊慌失措"；应当保持适当的经济刺激政策，即扩大财政支出政策，待经济出现稳定复苏之后，通过采取有计划、分步骤、渐进性的削减赤字政策，促进英国收支的平衡和经济的良性运转。

在方法上，米利班德对卡梅伦的政策进行了严厉的抨击，表示削减财政赤字"把目标对准公共部门职员是不公平的"，政府应当以长远的眼光来解决赤字问题，而不是采用激进的措施使中下层民众的利益受损。2014年1月，米利班德接受媒体采访时公开承诺，为了确保收支平衡，如果工党在2015年大选中获胜，将重新启动对高收入人群开征高额税金的方案，把对年收入超过15万英镑的富人的征收税率由45%提高到50%，以此争取在2020年实现财政盈余。显然，米利班德削减财政赤字的方法不仅是节流，而且有开源，同时通过这种方式实现财政稳定与缩小贫富差距双重目标。

四、突出政府的社会保障功能

米利班德认为，目前英国的贫富差距愈拉愈大，许多低收入家庭的生活质量甚至不如十年之前的水平，必须重视中低收入家庭生活水平大幅下降问题。在开源方面，米利班德提出高于英国各地的法定最低工资标准，保障基本生活质量的"生活工资"概念。通过推行最低生活工资制度，不仅能够帮助贫困家庭摆脱贫困，实现有尊严的生活，消除"有工作依然贫困"现象，而且有助于减少政府的福利开支，提高生产效率。为了鼓励企业推行最低生活工资制度，米利班德承诺，如果工党执政，将为支付最低生活工资的企业提供税额优惠。

除了最低"生活工资"制度，米利班德还从就业、住房、养老金等多个方面关注中下层民众的利益，突出政府的社会保障功能，争取普通大众选民对工党的支持。2011年9月，米利班德提出通过向银行业高额奖金征税来建立面向失业青年的工作基金，提供10万个工作岗位；实施长期的学校建设、道路建设等投资计划提供就业岗位；对家庭困难者和养老金领取者不仅提供就业机会，而且直接给予帮助；停收一年的国民保险税，帮助需要雇佣额外工人的小型企业，推动小型企业发展和增加就业等一揽子建议。这些建议和主张与原工党政府的第二代福利观形成鲜明的对比，出现明显的左转态势，一定程度上呈现出对工党传统的回归。

在节流方面，米利班德主张通过价格干预，降低中下层民众的开支，保障他们的生活。从 2010 年到 2013 年,英国的能源和燃料价格上涨 36%,导致中低收入家庭的取暖等费用大幅增加,生活压力猛增。对此,米利班德公开谴责卡梅伦政府选择和大型能源公司站在一起,有能力遏制能源和燃料价格上涨却不作为的做法。在 2013 年 9 月的工党年会上,米利班德承诺,如果工党赢得 2015 年的大选,将建立新的能源监管体系,进行能源结构改革;全面冻结能源和燃料价格 20 个月,确保 2017 年之前天然气和电力价格不再上涨。

(此文载于《中国社会科学报》2014 年 7 月 30 日,题目为《米利班德的"左转"计划》)

解析小国组织与大国关系利益模式

张英姣　孙启军[①]

摘　要：小国组织与大国关系利益模式，是指双方以获得利益为目的而彼此交往的一种关系模式。模式类型一般有：均衡型、中立型、依附型和对抗型，其中均衡模式最为常见。各类模式具有鲜明特征规律：都普遍遵循利益模式通则；模式中的利益是具体的、多元的、分层次的；均衡模式最为常见，并具有多元性。我国虽是一个大国，但始终奉行独立自主的和平外交政策。

所谓小国组织，是指两个或两个以上小国，为实现某种或某些利益需要，通过签订国家间协议而建立的集团。在该集团内，没有大国参与，但可以具备大国主导的国际组织的特征和类型。换句话说，小国组织就是指没有大国参加、仅有小国参与的国际组织。例如，全球性的小国组织，像上世纪60年代成立的"不结盟运动"、"七十七国集团"等。区域性的小国组织，像维谢格拉德集团、中亚合作组织、东南亚国家联盟、加勒比国家联盟、非洲联盟等。

"利益是政治的实质"[②]，是国家对外交往的动机和目标，是国际关系的原点和核心。小国组织与大国关系利益模式，就是指双方以获得利益为目的

[①]　张英姣（1978—），女，山东威海人，聊城大学世界共运所副教授、硕士研究生导师，研究方向：国际政治。孙启军（1977—），男，山东沂源人，山东大学在站博士后，聊城大学法学博士，研究方向：政治学理论。

[②]　[美]詹姆斯·多尔蒂、普法尔茨格拉夫：《争论中的国际关系理论》，邵文光译，世界知识出版社1987年版，第109页。

而彼此交往的一种关系模式。这种利益模式关系是在各方利益互动中建构起来的，并会因行为体的差异以及时间跨度、历史背景、所处环境等诸因素的变化而变化，从而呈现出不同的利益模式类型。有时同一小国组织在不同历史时期，与大国的关系属于不同模式类型；有时不同的小国组织在同一历史时期，与大国的关系反而属于一种模式类型。

一、模式类型

在演示分析小国组织与大国关系利益模式类型之前，需要设定几个前提条件：第一，小国组织与大国的关系，通常发生在全球国际关系体系内或者某一地区国际关系体系内；第二，在该国际关系体系内存在甲乙丙丁等多个小国，相互间有共同或相似的利益需求，并据利结盟，形成小国组织；第三，在该国际关系体系内至少存在一个大国，或者是两个和两个以上大国，各大国彼此之间形成博弈态势；第四，小国组织总体合力，难以有效抗衡单个大国；第五，各行为体处在理性状态，均以维护和实现自身利益作为对外行为根本指南；第六，各国的动机和行为基本符合国际关系常态准则。

（一）均衡型

大国一般具有自身利益膨胀性，在有多个小国和一个或两个以上大国的地区背景下，小国通常无力抵抗大国。小国和小国组织将会如何选择自己的生存之路，维护自身利益呢？以甲国为例。在大国都危及到甲国利益时，如果甲国选择与某个大国或多个大国对抗，所要负担的利益成本是甲国根本无法承受的，甲国在理性状态下也不会做出这样的决定。其他乙丙丁等小国也是如此。如果甲国选择与各大国保持平衡关系，由于甲国与各大国都无根本性的利益冲突，单个大国面对的将是一个对自己有利无害的甲小国和其他利益冲突、实力相当的大国。单个大国的最优利益选择就是拉拢甲国，同时设法阻止其他大国在甲国获得利益，以挤压其他大国的利益空间，取得大国博弈利益优势。以此类推，其他大国也会做出相似的政策计划。并且，一个大国在作出策略选择时，将会考虑其他大国可能作出的反应和行为。因为，"如果不考虑大国吞并小国的行为在其他大国之间产生的反应，大国吞并小国常常是有利的。但是，如果把大国对小国的行为与大国之间的博弈联系起来，则大国在扩张方面会变得慎重得多。"① 大国在博弈中的相互牵制为小国的生存与发展提供了空间。这样，在多个大国和甲国的利益博弈中，甲国成为各大国争相拉拢的对象，既不会受到某一大国的单独控制，同时也能够维护和实现自身的利益。所以，甲国最明智的选择就是在各大国间实行平衡政策，维持与各大国关系的均衡状态。否则会得不偿失，利益受损。是否会出现两个或多个大国一起合谋将甲国控制驾驭或进行利益瓜分的局面呢？事实上，诸大国一起合谋时，甲国在被切割瓜分的状态背景下和被某一大国完全驾驭控制的状况下，所损失的利益成本几乎是相同的。因此，甲国的选择不再是平衡策略，而会发生改变，甲国会向各个合谋大国——谈利益条件，以此为要价，权衡利弊，答应完全依附某一个大国，以出价高、条件好、利益多的大国为最佳选择。所以，参与合谋的大国开始担心，一旦自身推行的防止其他大国控制甲国的目标失败，甲国受控他国，必将造成大国之间力量失衡，对其利益不利。在充分考虑到上述利益博弈结果的情况下，大国通常会重新选择继续拉拢示好甲国，和甲国共同合作获得自身的利益目标。换个视角看，等于甲国又重新回归大国平衡路线，在大国之间的利益博弈中，努力实现自身利益的最大化。按此类推，甲国尚且如此，乙丙丁等其他小国同样会面临类似局面、做出相似选择，最终在大国间实行平衡策略，维持均衡状态。

小国组织也是如此。因为小国组织先是由小国构成的，小国对多个大国的认识是一致的：小国无力对抗大国。各小国对小国组织的预见性也是一致的：小国组织的合力根本无法抗拒大国或多个大国，抵抗大国的做法难以实现是不会成功的。因而，从各国利益和共同利益出发，小国组织各成员国将产生基本认同：在大国之间采取均衡策略，坚持平衡路线，实现小国利益最大化。需要说明，特别当出现三个或三个以上大国时，这种均衡关系表现就越突出。因为三个或三个以上大国的存在，可能产生两个或两个以上大国结盟以对付制衡另一个大国的状况。正如华尔兹所言："三极系统有着独特而不

---

① 周方银：《无政府状态下小国的长期存在》，载《世界经济与政治》，2005年第2期。

幸的特性，因为其中的两个强国可以很轻易地联合起来，攻击第三国，然后，经过分赃，使系统重归两极格局。"①因此，当出现三个或多个大国时，大国之间会据利联合，系统可能将重新回归两极。并且，多个大国之间结盟联合的最终格局是很难确定的，谁与谁都可能联合，谁也都有可能成为众矢之的或沦为利益之争的牺牲品。互相联合的不确定性造成大国战略政策的不稳定性，对可能被其他大国算计而招致利益受损的顾虑，会导致大国既希望和其他大国马上结盟，又想尽快阻止其他大国互相联合。由此，只能产生两个结果：一是回归两极；二是大国之间都不结盟。所以，在多个大国利益博弈状态下，大国策略的不确定性很容易造成小国组织利益受损。对小国组织而言，最明智的做法不是明确选择依附某个大国或者对抗某个大国，因为这将面临可能沦为大国斗争牺牲品的结局，而是坚持平衡政策，与各个大国发展关系，伺机而动，以不变应万变，因而，小国组织所做出的最佳选择必然是走最稳妥的均衡路线，维护和保全自身利益，尽量争取左右逢源、两边得利，实现自身利益最大化。

（二）中立型

在国际关系的历史和现实中，当出现两个或多个大国利益博弈时，夹缝中的小国组织也可能会采取中立策略，努力与各大国形成中立互敬关系，这种情况极为少见。事实上，国际关系说到底是大国主导的国际关系，表态中立的小国组织，最终常常沦为大国的牺牲品或利益工具，只可能实现暂时的中立，不可能达到长期或永久的中立。笔者认为，在国际关系中即使出现小国组织与大国利益中立这种特殊关系，一般会在两种背景条件下：

其一，两个或多个大国在利益博弈过程中，出现利益尖锐性冲突或根本性对立，难以化解，不可调和，甚至随时有爆发战争的潜在可能。在战争阴影与恐惧的笼罩下，每个小国更关心的不是从中获取多少利益，而是如何在即将来临的危机与战争中实现自保、维持生存。因为，对小国来说，参与或

---

① ［美］肯尼思·华尔兹：《国际政治理论》，信强译，上海世纪出版集团2008年版，第175页。

加入战争，非但得不到什么好处，反倒会成为大国的炮灰或牺牲品。于是，在大国之间采取中立策略，联合其他小国，结成中立联盟，成为这些小国最后的选择，也是最后的幻想。但是，覆巢之下，安有完卵？小国结盟中立的想法，只是一厢情愿，大国可不希望小国如此选择。大国只想把更多的小国拖入战争的漩涡，为己服务利用，增加自身力量砝码，以制衡其他大国，谋取更大利益。历史业已证明，采取中立的小国联盟或小国组织的最终命运，往往是在大国的铁蹄下，分崩离析，利益不保。例如，二战爆发之前，欧洲七小国建立的"奥斯陆国家联盟"。1930年，面对世界性的经济危机和随时可能爆发的战争，丹麦、挪威、芬兰、瑞典、比利时、荷兰、卢森堡等七个小国，针对如何保证战争爆发后各国继续国际贸易，如何保证战争爆发后的食物供给，如何防止其他国家的军队和飞机越境而入，或者简单地说，如何实现自保等一系列问题，展开一轮又一轮的磋商与议定，并结为小国同盟。从表面看，七个小国异常团结。事实上，这种把斯堪的纳维亚半岛的丹麦、挪威、芬兰、瑞典和南部近邻、欧洲西海岸的荷兰、比利时以及卢森堡紧密联系在一起的，不是条约，不是贸易，也不是共同的文化和科学传统，让它们紧紧团结在一起的是对战争的恐惧和相似的利益需求。正是一触即发的战争，使他们有了共同的目标和利益基础，据利结盟，走到了一起。但是，对于小国间这种中立性的利益结盟，大国是不承认，也是不允许的。到1939年二战正式爆发后，除瑞典因其与德国的暗在利益因素而实现暂时中立自保外，丹麦、挪威、比利时、荷兰、卢森堡纷纷败倒在德国的坦克飞机下，芬兰也遭受了苏联的重创，只得割地求和自保。本想借中立而自保的小国组织"奥斯陆国家联盟"，在大国战争的利益争夺中，即刻土崩瓦解。

如果小国组织成员众多、构成合力，具备相当实力，与大国实力相差不悬殊，就可能得以在大国夹缝中保持相对中立。比如，上世纪美苏争霸时，成立的"七十七国集团"和"不结盟"运动。"不结盟"是出于避免卷入美苏及其盟国间对抗或竞争引起的军事冲突危险的需要，从而有利于本国的安全；它也是出于迎合民族自主情绪强烈的本国民众的需要，而且有助于防止由于卷入美苏集团竞争而导致国内部族、民族、宗教、阶级或阶层间对立的激化;它还出于从美苏两家而非仅从其中一家获得经济援助的需要,反过来它也有利于抵制其中一家停止给予经济援助的威胁。① 然而,不结盟并非只是消极地避免卷入超级强国冷战,它还是一种积极的中立主义,即试图调停和缓和冷战以及与冷战密切相关的其他一些国际争端,同时大力主张应有的世界秩序将是一个实现普遍持久和平、国际平等公正和民族普遍解放的国际秩序。② 但这是个极为特殊的例子,且发生在全球体系而非区域体系层面。

其二,在两个或多个大国利益博弈过程中,各个大国对该小国组织无任何利益需要和价值需求,小国组织对各个大国也无任何利益诉求和利益瓜葛,小国组织已远离大国视野,该地区仅有大国间的利益博弈。小国组织与大国形成中立互敬关系。然而,这种背景条件只是一种想象中的国际关系环境,因为国际关系抛弃不了利益模式,所以这种关系环境不可能实现。

(三) 对抗型和依附型

国际关系发展的历史已经明示,当在某一地区出现两个或多个大国利益博弈时,小国组织与大国的关系,有时会出现与某一大国是利益依附关系,与另外大国是利益对抗关系,两种相异关系通常会是同时存在。这种双向对立关系的出现,一般需要具备一种诞生环境:在该地区,利益大国已经分别有效控制或驾驭部分小国,每个小国已经各自(主动或被动)依附某个(某些)大国,即大国利益范围已划分清楚。在这种大国博弈态势下,某个(某些)大国指使扶持或有效影响下建立的小国组织,一般与依附大国是利益依附关系,与敌对大国是利益对抗关系。比如,上世纪60年代诞生的东盟与美国、苏联和中国的关系,在当时意识形态尖锐对立、两大阵营对垒分明的冷战背景下,在美苏争夺东南亚、越南战争如火如荼的地区局势下,东盟与美国是一种利益依附关系,与苏联、中国就是一种利益对抗关系。

概括来看,小国组织和大国的利益模式通常有四种关系类型:均衡型、

---

① Kalevi Jaakko Holsti. International politics: a framework for analysis(3rd Edition) [M]. New Jersey: Englewood Cliffs, 1977:115-116.

② 时殷弘:《现当代国际关系史》,中国人民大学出版社2006年版,第307页。

中立型、依附型、对抗型。由小国组织内部利益结合的属性所决定，小国组织特别是区域性小国组织，通常合力不够，凝聚力不强，与大国的关系，中立型、依附型、对抗型比较少见，最常见的还是均衡型。这种利益均衡关系是各方在利益互动过程中形成的格局和状态，一般有两种形式：一种是小国组织与各大国采取等距离交往，实行"天平"政策，与大国基本保持左右平衡，没有明显的"亲、近、靠"某一（些）大国的外交倾向；另一种是在某时期某阶段小国组织与各大国采取非等距离交往，见"利"使舵，实行"天平倾斜"策略，表现出"亲、近、靠"某一（些）大国的明显倾向，依靠这一（些）大国的力量影响制衡其他大国。存在两个或两个以上大国时，极少出现小国组织采取中立政策，与大国形成中立互敬关系的状况。特殊时期，小国组织会选择依附某一（些）大国，与其他大国形成对抗。

二、模式特征

我们在分析演示小国组织与大国关系利益模式类型的同时，也会从中发现和总结出小国组织与大国关系模式的鲜明特点与规律：

（一）都普遍遵循利益模式通则

无论哪一种小国组织与大国的关系，普遍遵循利益模式通则。利益是小国组织与大国关系的核心与实质，小国组织与大国的关系就是一种利益模式关系。因为小国组织以及小国组织与大国的关系，皆因利益而诞生，皆因利益而共存，皆因利益而交往，皆因利益而互用，皆因利益而发展，皆因利益而变化，皆因利益而分歧，皆因利益而矛盾，皆因利益而斗争，皆因利益而破裂，皆因利益而沉浮。利益向来是观察、梳理、剖析、展望小国组织和大国关系的通用视角。小国组织本身就是一种利益的组合，是其成员国共同利益需要的产物。相似的利益需要和相互间的利益需求，是维系小国组织生存与发展的纽带，也是影响组织绩效的内因。同时，小国组织与大国之间因利益而互用，相互关系因利益而变动。小国组织内部是一种利益模式关系，小国组织与大国也是一种利益模式关系。

（二）模式中的利益是具体的、多元的、分层次的

利益本身不是抽象的，而是具体的、多元的、分层次的。不同的利益主体对利益的理解和认知不一。对小国组织和大国而言，利益是有主次、轻重之别的。具体讲，利益包括政治利益、经济利益、安全利益、文化利益等多个维度，涵盖生存利益、发展利益、权力利益等不同层次。对于小国组织和大国而言，不同的利益主体对利益内涵的理解、对利益具体内容的认知存有差异。同时，对各种利益重要性的主次排序、实现利益的轻重缓急也存有差异。生存、安全与发展利益往往是小国组织追求的首要的、核心的利益，而相比之下，获取地缘政治优势、控制他国、攫取势力范围、掌握地区主导权、提高国家威望等，往往被大国视作其重要或关键利益。

（三）利益均衡模式最为常见，并具有多元性

在当今经济全球化、世界多元化、国家关系高速互动、区域合作蓬勃兴盛、大国之间合作与竞争并存的时代背景下，小国组织与两个或者两个以上大国的关系基本上是利益均衡模式关系。这种利益均衡关系可以解释为：各方的动机都是为了实现自身利益的最大化，在此前提下，均采取了利益最大化的策略和政策，从而形成了多方博弈的格局和状态。利益均衡模式关系既有普遍性、一般性，也具有特殊性和复杂性。小国组织与大国关系利益均衡模式，在不同的地区、针对不同的小国组织、面临不同的大国博弈环境，其具体表现也会有所不同。某一种利益均衡关系，本身也并非一成不变，而是依据利益主体利益诉求的变化以及由此带来的政策与策略的变化，从而呈现出阶段性变化。

三、余论

需要说明，我国虽是一个大国，但在与其他大国、小国、小国组织的联系交往中，具有自身鲜明特色的外交模式。我国长期以来始终奉行独立自主的和平外交政策，将维护国家独立和主权完整，促进世界和平与发展，作为对外交往的基本目标。在涉及民族利益和国家主权的问题上，我们决不屈服于任何外来压力。中国不同任何国家或国家集团结盟，不参加任何军事集团。

中国坚持走和平发展道路，有中华民族伟大复兴梦想，但永远不称霸，永远不搞扩张。我国是维护世界和平的坚定力量，反对任何形式的霸权主义、强权政治和侵略扩张行为。在处理国际事务中，我国严格遵守联合国宪章和公认的国际关系准则，坚持实事求是和伸张正义的原则立场。我国人民爱好和平，具有与邻为善、与邻为伴的历史传统，不论大国小国，都愿与其平等交往，积极发展友好关系。同时，积极参与多边外交活动，在联合国和其他国际及区域性组织中发挥作用，支持各国维护自身的正当权益，促进共同发展，努力建立公正合理的国际政治经济新秩序，积极构建和谐世界。所以，我们有信心与周边和世界大小国家处理好关系，其他国家也应与我国共同走和平发展之路。

（此文载于《中共中央党校学报》2014年第2期）

中国特色公共外交理念探究

李德芳①

摘　要：中国特色公共外交理念是指导中国公共外交实践的核心价值观和基本思想，是中国和平外交理念在公共外交领域的体现。与中国不同时期所面临的国际形势和中国的发展战略相适应，中国公共外交理念经历了一个嬗变的过程：从新中国成立后指导民间外交的"和平共处"理念发展到改革开放后"向世界说明中国"的"和平发展"理念，再发展到进入新世纪以来指导"全面公共外交"的"和谐世界"理念。在嬗变过程中，逐渐形成了以中国传统"和合"思想为核心的秉承"以人为本"、倡导"和谐共赢"的中国特色公共外交理念。

外交理念是一国处理对外关系的基本观念，一国外交战略的制定和外交实践的开展都离不开适应国际形势和国家战略的外交理念的指导。中国特色公共外交是中国总体外交的重要组成部分，也是依靠软实力发挥作用的外交形式，其基本观念和指导思想在秉承中国外交理念的基础上，又具有自身的特点。新中国成立后，为适应不断变化的国际形势和促进公共外交战略的实施，中国公共外交理念经历了一个从和平共处、和平发展到和谐共赢的发展演变历程，形成了中国特色的公共外交理念。本文力图在考察中国公共外交理念形成和发展历程的基础上，对中国特色公共外交理念

---

① 李德芳（1975—），女，山东临朐人，聊城大学政治与公共管理学院讲师，聊城大学太平洋岛国研究中心研究人员，法学博士，历史学博士后，主要研究方向：国际政治理论、公共外交。

的内涵和特征进行概括和总结,以期为中国公共外交的未来发展提供价值指南。

一、"民间外交"与"和平共处"理念的形成

实践表明,只有适应国际形势和国家战略的外交理念才能真正指导一国外交应对国际形势的挑战,维护国家利益的实现。新中国建立后,面临的国际形势是东西方的对峙和西方国家对新中国的拒绝承认、封锁遏制。作为指导一国处理对外关系的价值观,外交理念的核心是处理国家间利益和权力关系的准则。[①] 而获得国际承认,打破西方对新中国的封锁就是当时中国最大的国家利益所在。因此,新中国成立后,以毛泽东为代表的第一代领导集体在继承列宁和平共处外交思想的基础上,结合中国的战略需要,适时地提出要以"和平共处"、"求同存异"等思想作为指导中国外交的理念。为了配合新中国争取国际承认的外交战略,在和平共处理念的指导下,中国公共外交开创了"民间先行,以民促官,以官带民,官民并举"的"民间外交"模式,通过民间交往打开了中国与西方世界交往的大门,为新中国取得国际承认,打破西方封锁,融入国际社会做出了巨大贡献。同时,有中国特色的民间外交的开展,也极大地促进了中国与世界各国关系的发展,增进了世界人民对新中国的了解和友谊。

早在抗日战争时期,为了争取国际社会对中国抗日战争的同情和支持,宣传中国共产党的抗日主张,我党就曾借助新华社和新华广播电台积极开展对外宣传活动。新中国成立后,鉴于西方国家拒绝承认新中国的现实,中国公共外交的首要目标就是通过非官方的文化交流和经贸往来积极与西方社会接触,借民间交往打开与西方联系的大门,进而为中国与西方的官方交流创造条件。实践证明,中国公共外交的"以民促官,民间先行"的公共外交战略取得了巨大的成功。到20世纪50年代中期,中国已经与近百个尚未与我

---

① 王红续:《从"和平共处"到"和谐世界"——当代中国外交理念的演进》,载《中国井冈山干部学院学报》,2008年第1期。

国建立外交关系的国家开展了广泛的经济、贸易、文化往来。这种民间交往不仅打破了西方国家对中国实施的遏制政策，而且极大地促进了西方社会对中国的了解，促使西方国家不得不重新定位与中国的关系。也正是在这种民间交往的基础上，西方国家开始恢复和发展与中国的官方关系。英国是第一个承认新中国的西方大国，两国于1954年建立代办级外交关系（1972年升格为大使级外交关系）。法国是西方大国中第一个与中国建立外交关系的国家，两国于1964年正式建交。作为西方阵营重要成员的英国和法国对新中国的承认和建立外交关系，在西方社会引起了强烈的反响，也使得西方对中国的封锁政策宣告失败。而此后，中国之所以在20世纪70年代迎来与西方国家建交的高潮，新中国成立后近二十年的民间外交起了重要的作用。其中，民间外交不仅促使中日关系正常化，中美两个大国也在"乒乓外交"的推动下建立了正式的外交关系。新中国民间外交的开展，不仅促进了国际社会对新中国的了解和认同，也使得中国外交和平共处、求同存异的理念为国际社会所接受。正如中法建交时法国总统戴高乐所言，"我可以不认同你的意识形态和社会制度，但我可以承认你的国家"，不同意识形态和社会制度的国家可以和平共处，共同发展。

此外，和平共处、求同存异理念同样也适用于中国与苏东社会主义国家以及民族国家之间关系的处理。新中国成立后，中国与苏东社会主义国家和民族国家之间的民间交往对于促进中国与这些国家民众之间的相互了解和国家关系的发展也起了积极的推动作用。中苏建交后，中苏之间的文化交流和民间往来非常活跃，两国社会各界团体和学者之间的联系和互访频繁，尤其是当中国大熊猫平平和安安相继到苏联"安家落户"，更是促进了两国人民友谊的发展。与此同时，中国与波兰、匈牙利等国也相继签订了《文化合作协定》，积极开展与这些国家间的文化教育交流活动，在与各国民众的互动中增进了人民之间的了解和国家关系的发展。尽管20世纪60年代后，中国外交在左倾思想的严重干扰下遭受了重大挫折，但以对外文化交流为主要方式的公共外交仍然秉承和平共处的外交理念，民间外交不仅以其独特的方式推动了中国与世界各国建交高潮的到来（整个70年代，有近60个国家与中国建立了外交关系),也为新中国在联合国合法席位的恢复发挥了积极作用。

二、"向世界说明中国"与"和平发展"理念的发展

到20世纪70年代后期,世界经济的相互依赖程度不断加深,东西方对峙有所减弱,国际形势趋于缓和。伴随着中国改革开放进程的逐步推进,中国开始真正走向世界。为适应变化了的国际形势和国家战略的需要,中国亟需用新的外交理念指导我们的外交实践。邓小平在深刻分析国际形势的基础上做出了关于时代主题转换的正确论断,为中国外交理念的转变奠定了基础。在和平与发展的时代主题下,中国外交战略的最大任务是为中国的发展争取长久的和平环境,促进中国与世界各国的共同发展,而不仅仅是与世界各国和平共处。因此,自改革开放伊始,中国的外交理念就逐渐从"和平共处"向追求合作、维护和平的"和平发展"理念转变。中国公共外交也逐渐从较为单一的民间外交向"向世界说明中国"的对外传播转变。邓小平曾在不同场合多次强调,要让中国走向世界,必须让世界了解中国。要走出去,请进来,让更多的国际人士看到、听到、谈到一个改革开放后的真实的中国。[1] 中国公共外交的任务就是向世界说明中国的和平发展,让世界了解中国,认同中国的发展,为中国的改革开放争取和平的国际环境。

从20世纪70年代末到90年代,中国对外传播机构通过各种方式不断"向世界说明中国",在国际社会逐渐塑造了一个和平发展的中国形象。其中,中央对外宣传办公室和国务院新闻办公室在"向世界说明中国"进程中发挥了主要的领导作用,而新华社、中央人民广播电台和中国国际广播电台则是中国对外传播的排头兵。此外,创刊于20世纪80年代,以"让世界了解中国,让中国走向世界"为宗旨的《中国日报》(China Daily)的发行和面向海外读者发行的《人民日报》海外版的问世,成为世界人民了解中国和中国了解世界的窗口,不仅增强了中国向世界说明中国的能力,也增进了中国与世界人民之间的联系。

---

[1] 新华社新闻研究所:《邓小平论新闻宣传》,新华出版社1998年版,第50—55页。

20世纪90年代中期以后,随着中国经济的持续高速增长和中国国际影响力的不断提升,以日本、美国为首的西方国家出于担心中国强大会影响和威胁其国家利益的考虑,在国际社会制造和宣扬各种"中国威胁论",试图通过这种舆论减缓中国的发展速度和在国际舞台中孤立中国。因此,中国的公共外交在"向世界说明中国"的同时,还担负着驳斥"中国威胁论"和消除"中国威胁论"给中国带来的消极影响的任务。为此,中国也开始不断拓宽公共外交的渠道,媒体外交、文化外交、华人华侨公共外交以及政党外交等都成为中国公共外交的有效方式。其中,对外文化交流协会和中外文化交流中心在促进中国与世界文化交流方面做出了积极贡献。同时,为增强中国公共外交的主动性,中国在各级国家机构逐步建立起了新闻发言人制度。此外,为了有效消除西方的误解和敌视,中国公共外交也在对外传播中有意识地降低宣传色彩,而强调向世界介绍和说明中国。1997年,我国各级对外宣传机构纷纷更改英文译名,将西方人眼中带有贬义色彩的"Propaganda"改为更具有中性的"Publicity",我国的"宣传部"也由"Propaganda department"改为"Publicity department",这也标志着中国的公共外交开始由对外传播转向现代公共外交。

三、"全面公共外交"与"和谐世界"理念的拓展

进入21世纪后,经过30多年改革开放的中国,已经开始迈入世界大国的行列。"一个成长中的大国"、"一个有影响力的大国"业已成为国际社会对中国的共识。随着中国大国地位的确立,国际社会对中国影响力的增强既表示欢迎,也有对中国强大的担心甚至敌视。而对于中国而言,成为一个世界大国不仅意味着在国际社会可以发挥更大的影响力,而且也意味着要为国际社会做出更大的贡献,承担更大的责任。因此,仅仅向世界说明中国的和平发展、绝不称霸,只在中国的国家形象受损时被动地解释说明,已经不能满足中国国家战略发展的需要,也不能满足国际社会对中国的期望。中国公共外交的目标不仅要继续为中国的和平发展创造舆论环境,而且更重要的是要向国际社会展示中国为国际社会做出的贡献和尽到的责任;不仅要向国际

社会传递中国的善意，而且要为国际社会发展提供理念和目标。概言之，中国的公共外交目标至少应该定位在向国际社会展示中国的"现代身份、世界贡献、战略意志、特殊责任和有效治理"，从而使国际社会在了解、认知中国的基础上认同中国的行为和价值观。

为适应新的国际形势和国家战略，中国的外交理念也开始调整和转变。2005 年 4 月，胡锦涛在亚非峰会上首次提出建设"和谐世界"的主张。此后，中国国家领导人又在不同场合对"和谐世界"、"和谐地区"、"和谐周边"等理念进行了阐释。党的十八大进一步强调要不断推进国际社会的"平等互信、包容互鉴、合作共赢"，建设持久和平、共同繁荣的和谐世界。以中国传统文化"和合"思想为核心的"和谐世界"理念逐渐成为中国公共外交新的指导思想。在和谐共赢理念的指导下，中国公共外交的战略和目标也做出了相应的调整。为了与中国的大国战略相适应，在国际社会塑造负责任的新兴大国形象并不断增强中国的影响力和感召力，成为中国公共外交的主要目标定位。为此，中国的公共外交策略和实施方式也在不断调整，大型的战略沟通项目和文化教育交流逐渐成为中国公共外交的主要运行方式，中国公共外交更加注重与世界的交流与沟通。文化年（国家年）、奥运外交、世博外交、峰会外交、首脑外交、夫人外交以及孔子学院项目等都成为中国展示负责任大国形象，增强影响力和感召力，建构价值理念认同的重要方式。此外，各种新兴的沟通平台以及越来越多的非官方力量也开始加入公共外交的行列，中国公共外交进入"全面公共外交"时期。

实践表明，中国的公共外交努力成就斐然，全面公共外交的开展不仅增强了中国在国际社会的影响力，也成功地向国际社会展示了中国负责任大国的形象，国际社会对中国公共外交的成就也给予了高度评价。CNN 在评价北京奥运会时指出，北京奥运会的举办"给中国提供了一次在国际舞台上展示国家形象的机会"。① BBC 认为上海世博会给中国提供了一次"促进中国软实

---

① "Fireworks, spectacle open Beijing Paralympics", http://edition.cnn.com/2008/WORLD/asiapcf/09/06/paralympics.beijing.opening.ap/index.html#, accessed on 11th, July 2014.

力,展示其不断增长的世界影响力的一个机会"。① 遍及全球的440多所孔子学院和646个孔子课堂,② 不仅成为推动中华文化走向世界的重要平台,也为中国在全球各地赢得了盟友。③ 中国的公共外交努力也促使"和谐世界"理念逐渐成为中国为国际社会提供的"公共物品"之一。德国《法兰克福汇报》、英国《经济学家》、印度《印度教徒报》以及美国《新闻周刊》等许多国外主流媒体都对和谐世界的理念从不同的角度进行了评价,认为中国的"和谐世界"理念为中国在世界上赢得了广泛的朋友,必将对中国"软"力量的提升产生深远影响。此外,"和谐地区"、"和谐周边"也成为国际社会关注的话题,而非洲国家的领导人也在探讨"和谐非洲"的前景。

四、中国特色公共外交理念的内涵及其特点

中国特色公共外交理念是新中国和平外交理念在公共外交领域的延伸,是对中国和平外交理念的承续和发展。从根本上说,外交理念是一国传统文化基本精神在外交领域的体现,是一种文化心理和文化理念。中国的和平外交理念是中国传统人文精神"和合"思想在外交领域的集中体现。和合是指"自然、社会、人际、心灵、文明中诸多元素、要素的相互冲突、融合,与在冲突、融合的动态过程中各元素、要素构成新结构方式、新事物、新生命的总合"。④ 它强调"以人为本"的人文精神,秉承"和为贵"的价值取向,以达到"致中和"的境界。中国传统文化的这种以和合思想为核心的人文精神渗透于公共外交领域,就形成了指导中国特色公共外交的价值观和核心思想。同时,与中国的国家战略相适应,中国的公共外交理念也具有与时俱进性,

---

① Chris Hogg, "Shanghai Expo is China's New showcase to the World", 29 April 2010, http://news.bbc.co.uk/2/hi/asia-pacific/8651057.stm, accessed on 14th, June 2014.

② 截至2013年年底,全球已建立440所孔子学院和646个孔子课堂,分布在120个国家(地区)。来源:孔子学院网站,http://www.hanban.edu.cn/confuciusinstitutes/node_10961.htm,2014年6月12日。

③ 《孔子学院让中国成为"友善的龙"》,http://news.xinhuanet.com/overseas/2007-12/05/content_7207393.htm,2014年5月22日。

④ 张立文:《和合与东亚意识》,华东师范大学出版社2001年版,第36页。

新中国建立后，中国的公共外交理念经历了从"和平共处"、"和平发展"到"和谐共赢"的嬗变，形成了具有中国特色的"以人为本"、"和谐共赢"的理念。

（一）秉承"以人为本"

秉承"以人为本"，依靠国内民众推行公共外交，以赢得他国"民心"，是中国特色公共外交在实践中形成的最主要的理念之一。无论是"民间先行，以民促官的"的"民间外交"，还是旨在"向世界说明中国"的"对外传播"，以及"全面公共外交"的开展，"以人为本"一直是中国特色公共外交所秉承的首要理念。事实上，"公共外交的中心是信息和观点的流通"，① 其本质就在于人与人之间的"心灵"沟通。因此，秉承"以人为本"理念，依靠本国民众开展针对他国民众的观念沟通是最有效的公共外交方式。实践也表明，秉承"以人为本"开展的中国特色公共外交实践取得了巨大的成就。

中国特色公共外交从一开始就是一种依靠国内民众开展的外交，依靠人民的力量推动公共外交的发展是中国特色公共外交的重要特点之一。新中国成立之后，鉴于中国在国际社会几乎被孤立的现实，中国公共外交的任务就是要通过民间交往为官方交往打通通道。事实也证明，"民间先行，以民促官"的"民间外交"打开了中国融入国际社会的大门。新中国建立后二十多年的民间外交不仅消融了西方对中国封锁的大门，而且与世界各国逐步建立了外交关系，到20世纪70年代末，中国已经成功融入国际社会，成为国际社会举足轻重的一员。尤其是在中日邦交正常化和中美建交的进程中，民间外交更是功不可没。此后，在中美"乒乓外交"的启发下，中葡、中韩也相继借体育外交打开了建交的大门。

改革开放之后，随着中国与世界联系的日益增强，以及全球化给全球民众交往带来的契机，使得依靠国内民众开展公共外交具有更加现实的意义。全球化进程模糊了国内事务和国际事务的界限，随着各国民众对国内、国外事务参与的不断扩大，各国民众在本国外交进程中的地位和影响力越来越大，

---

① *What is Public Diplomacy?* http://www.publicdiplomacy.org/1.htm, accessed on 15th, July 2014.

日益卷入国际事务的非政府组织、利益团体甚至个人都成为公共外交重要的行为主体。全球化时代中国的公共外交也在不断加入新的"人"的元素,中国驻外使领馆人员、留学生、华人华侨、跨出国门的经贸人员、旅游团体都成为中国推行公共外交的行为主体。同时,中国的公共外交也强调不断"引进来",让更多的外国民众在与中国民众直接的接触中感受真实的中国。2008年北京奥运会的举办,2010年上海世博会的举办,都成为拉近世界人民与中国人民之间距离的重要举措。总之,秉承"以人为本"理念,依靠国内民众开展公共外交,已经成为中国特色公共外交最有效的方式,也在国际社会成功地塑造了中国良好的国家形象,提升了中国的影响力和感召力。

(二)倡导"和谐共赢"

文明多样性是人类社会的客观现实,是当代世界的基本特征,也是推动人类文明进步的力量。"人类社会的发展过程,就是各种文明不断交流、融合、创新的过程。"① 秉承"和合"思想的中国公共外交就是要在承认世界多样性存在的前提下,不断推动中国与世界文明的沟通与交流,促进和谐世界的建立和发展。

承认世界的多样性是中国"和合"思想的应有之义,"夫和实生物,同则不继。以他平他谓之和,故能丰长而物生之。若以同裨同,尽乃弃焉。"② 唯有"和而不同"才能"和实生物",世界才能生生不息。当今世界,由于历史传统、发展历程和国情的不同,各国形成了不同的历史文化、社会制度和发展模式。正如历史上不存在十全十美的文明一样,当今世界也不存在完美无缺的社会制度和发展模式。文明没有高低、优劣之分,制度和模式也需要在相互借鉴中不断完善。因此,只有承认这种世界多样性的现实,相互尊重,求同存异,才能取长补短,共同发展。而不能以社会制度和意识形态划界,统合而排异。习近平在第六十一届法兰克福国际书展开幕式上致辞指出,"我

---

① 习近平:《加强文化交流,促进世界和平——习近平在第六十一届法兰克福国际书展开幕式上的致辞》,载《经济日报》,2009年10月14日。

② 参见冯友兰:《中国哲学史》(上册),中华书局1984年版,第59页。

们主张建设持久和平、共同繁荣的和谐世界。而加强世界各国文化交流,扩大不同文化背景下人们的心灵沟通,则是推动建设和谐世界的重要途径。"① 唯有不断加强不同文明间的交流和沟通,推动人类文明的交流互鉴,才能不断增进共识,促进世界的和谐发展和人类社会的共同进步。经历了5000多年历史变迁的中华文明,既是中华民族独特精神的一脉相承,也在与其他文明交流、碰撞和融合中不断发展。因此,中国公共外交理念所秉承的"和而不同"、"和谐共赢"的理念,就是要在坚持中国自己鲜明的独特性的同时,不断增强多样性和统一性结合的意识,使自己的特殊性更加普遍化,使公共外交事半功倍。②

从世界政治发展的角度来说,建立和谐共赢的国际社会的第一步,就是要承认世界文明和社会制度的多样性存在,并通过相互接触、相互影响,使不同的文化思想在交流碰撞的过程中达到和谐同赢,最终实现多样性基础上的统一。当然,这种统一性,不是同一性,而是在多样性基础上的飞跃。③ 多样性是人类生存的客观现实和必然性所在,但是这种多样性不是无限度的。例如,世界民族的多样性存在是历史的选择和现实的存在,然而,过度强调民族自决的极端民族主义成为当今世界地区冲突甚至种族灭绝政策的主要因素。尤其是在全球化把世界纳入地球村的同时,过度地强调特殊性,不仅难以融入全球化进程,而且也容易造成不同文化间的隔阂和冲突。研究表明,人类已经达到了多样性的极限,没有整合就没有最深远意义上的生长、进化和发展。④ 可以预见,随着全球化的不断深化,不同文化和制度一定会在解决人类共同课题中不断碰撞、渗透、融合,逐渐增强统一性。而要想超越不同的"文明群落"和"认同板块",加强彼此之间的交流和沟通显然是唯一的

---

① 《加强文化交流,促进世界和平——习近平在第六十一届法兰克福国际书展开幕式上的致辞》,载《经济日报》,2009年10月14日。
② 俞新天:《构建中国公共外交理论的思考》,载《国际问题研究》,2010年第6期。
③ [美]欧文·拉兹洛:《联合国科教文组织专家小组的报告:多种文化的星球》,社会科学文献出版社2001年版,第232页。
④ [美]欧文·拉兹洛:《联合国科教文组织专家小组的报告:多种文化的星球》,社会科学文献出版社2001年版,第232页。

选择，① 信息的沟通和观念的交流是公共外交发挥作用的主要方式。在和谐共赢理念指导下的公共外交，可以超越既有的文明和认同的局限性，建构一个和谐的全球精神共同体，实现共存共赢的"永久和平"的世界。

五、结语

中国特色公共外交理念是中国和平外交理念的重要组成部分，是指导中国制定公共外交战略和策略，推进公共外交实践的核心价值观和指导思想。新中国成立以来，与不同时期中国面临的国际形势和中国发展战略相适应，中国的公共外交理念也经历了一个从"和平共处"到"和平发展"再到"和谐世界"的发展过程。在不同理念的指导下，中国的公共外交实践也从新中国建立之初的"民间外交"发展到改革开放后"向世界说明中国"，再发展到进入新世纪以来中国"全面公共外交"的开展。实践证明，在以中国传统人文精神的精髓——"和合"思想为核心思想的中国公共外交理念的指导下，中国的公共外交取得了巨大的成就。中国的公共外交也逐渐形成了以"以人为本"、"和谐共赢"为主要内容的中国特色公共外交理念。同时，在中国特色公共外交理念的指导下，中国制定了与中国的发展战略相适应的公共外交战略，建立了比较有效的公共外交体系。

目前，与实现"中国梦"的国家战略相适应，中国更应该在中国特色公共外交理念的指导下制定切实可行的公共外交战略和策略，向世界说明中国的和平发展，塑造中国负责任的全新的大国国家形象，为国际社会提供价值理念。中国的发展离不开世界，中国梦的实现也需要国际社会的理解与支持。大力开展公共外交，加强与世界的沟通与合作，是实现中华民族伟大复兴的"中国梦"的迫切要求，也是确保"中国梦"这一长期战略目标实现的必不可少的条件。当前，中国特色公共外交仍然面临着国际传播力不足、文化价值观在国际社会的弱势地位以及国际竞争性公共外交等诸多不足与挑战。因此，我们要在充分认识当前中国特色公共外交不足的基础上，秉承"以人为

---

① 赵可金：《公共外交的理论与实践》，上海辞书出版社2007年版，第53—54页。

本"、"和谐共赢"的公共外交理念,制定切实可行的公共外交战略,"传播好中国声音,讲好中国故事,向世界展现一个真实的中国、立体的中国、全面的中国",[①] 为中国梦的实现提供舆论支撑,进而不断增强中国的影响力和感召力。

(此文载于《聊城大学学报(社会科学版)》2014 年第 5 期)

[①] 习近平:《在中国国际友好大会暨中国人民对外友好协会成立 60 周年纪念活动上的讲话》,http://www.scio.gov.cn/zhzc/3/1/Document/1370272/1370272.htm,2014 年 7 月 16 日。

新形势下高校领导者的使命和自我修养

——关于社会主义政治家、教育家的几点思考

程玉海①

摘　要：落实党和国家关于高校领导，特别是党委书记、校长应成为社会主义政治家、教育家的要求，首先，在培养和实践的层面上，要明确方向和目标，找到可行的、不断发展的、梯级进步的培养目标和标准。其次，实现上述目标与任务，是当代高等教育发展的必然要求，应真正认识它的必要性和紧迫性。再次，为实现上述目标，高校领导者，特别是党委书记、校长，必须牢记职责使命，坚守政治责任，加强自我修养，把握高等教育规律，切实提高办学治校的能力和水平。同时，党和国家乃至整个社会，要积极为社会主义政治家、教育家的成长和历练，营造良好氛围，创造有利条件。

党的十八大把"努力办好人民满意的教育"，作为加强和改进社会建设的首要任务，提出了"要坚持教育优先发展"、"推动高等教育内涵式发展"②等要求。这对于全面提升高校教育质量、推动高等教育科学发展，具有重大而深远的意义。为此，高校领导者，特别是党委书记、校长，必须进一步认清新形势下肩负的历史责任和使命，努力按照社会主义政治家、教育家的要求，锤炼、提升和完善自己，以真正成为高校改革发展的领导者、组织者和推动者。当前，关于社会主义政治家、教育家的要求，在总体上还处于战略思

---

① 程玉海，青岛农业大学党委书记，教授，博士生导师。
② 胡锦涛：《坚定不移沿着中国特色社会主义道路前进为全面建成小康社会而奋斗》，人民出版社2012年版，第35页。

考、理论探索、目标要求和倡导的层面上,如何落实到位,实践中还需要采取哪些措施,尚需进一步探索和深化。为此,本文就这一问题谈几点认识和思考。

一、目标与标准

"家"者,新编中国四大辞书《古代汉语辞海》解释为:"特指掌握某种知识,从事某种工作的人"。[①]《汉语大词典》也解释为:"掌握某种专门知识或从事某种专门活动的人"。[②] 推之而言,政治家就是代表一定阶级或阶层利益,领导和组织社会以及国家的政治活动,对社会政治生活产生重大影响、作出杰出贡献,以政治为职业的专门家。他们有长远的理想目标或核心价值,为追求最广大群众的幸福和自由,贡献自己的一生。他们不会在意眼前的各种困难、误会,甚至攻击,有感动人的"精神力量"和"人格力量"。

教育家是指有教育的专门才能,懂得教育规律,有自己的教育思想或见解,创造性地从事教育的教育工作者。教育家是"学为人师,行为世范"的杰出人士,具有德育和美育相结合的思想,在行业中有成绩、有影响、有引领力。其教育思想能为学子和后人提供帮助,指明道路,引导发展。教育家办学的特点是:

第一,热爱教育;第二,懂得教育;第三,终身奉献教育,一生基本工作在教育的第一线。

孔子是中国历史上伟大的教育家,他三十岁左右就开办了第一所私学,提出了"有教无类"、"因材施教"、"循循善诱"、"诲人不倦"、"温故知新"等教育思想。孔子更是中国古代最大的政治家,他的政治思想和理论,集中体现于《论语》、《大学》、《中庸》等著作之中,并成为中国历代王朝的指导思想。近现代以来,北京大学校长蔡元培、清华大学校长梅贻琦、中国人民大学校长吴玉章、成仿吾先生、教育家陶行知等人,他们既是著名的教育家,又

---

① 刘振铎:《古代汉语辞海》,黑龙江人民出版社2002年版,第279页。
② 陈翰伯:《汉语大词典》,汉语大词典出版社1989年版,第1458页。

都是著名的政治家和社会活动家。他们的政治观点、政治活动，在教育领域的建树，受到社会普遍认可和尊重。

但在当代，高校党委书记、校长，要以"家"而立身，不仅自己往往感到不可思议，而且社会也难以认同，至少在社会和人们印象中是极为模糊的事情。

面对党和国家提出的关于高校党委书记、校长要成为社会主义政治家、教育家的要求，这既需高校的主要领导者，努力按照政治家、教育家的要求培养自己、锤炼自己，并以"打铁还需自身硬"的实绩，奉献学校、奉献社会，还需为社会主义政治家、教育家确定个标准。所谓"凡事豫则立，不豫则废"（《礼记·中庸》），有了标准就有了对照和努力的方向。

一般而言，政治家作为对国家和民族利益、社会发展和人民福祉起到重大影响，有重大贡献的领导人物，均具有政治远见和政治才干，具有坚定的理想信念和核心价值观。远见卓识、果敢坚毅、百折不挠，是其典型的人格写照。

作为社会主义政治家，首先，要有鲜明的政治品德，即坚定的政治立场，明确的政治观点和政治态度，高尚的政治品质。"对马克思主义的信仰，对社会主义和共产主义的信念，是共产党人的政治灵魂"，也应是社会主义政治家的精神追求。

其次，要有战略思维、全局眼光和创新胆识，善于把今日的实践与未来的发展有机结合，善于审时度势，具有较强应变能力。

其三，要有统帅和驾驭全局的能力，注意研究和把握领导艺术和政治艺术，具有科学的领导思维方式，能够正确运用权力，注重发挥好班子整体功能。

其四，要有献身与敬业精神、廉洁公正的人格魅力、良好的社交和沟通能力，密切联系群众的民主作风。

其五，要有较完备的知识结构，既有所长，又有所广，既有所精，又有所通。特别是在当今知识经济和信息时代，若无较完备的知识储备，就很难统筹全局。

总之，作为社会主义政治家，在德、能、才、识等各方面都需要有高于

常人的建树。作为社会主义教育家,一般应具备以下几个方面的特质:

第一,对教育事业的忠诚和挚爱。这是成为社会主义教育家的基本前提,也是区别教育家和教育谋生者的根本标志。

第二,善于把握现代教育思想和规律,形成了具有自己特色的教育思想和理念。同时,在教育实践中既取得了丰富经验,又能够不断发展、完善自己的教育思想和理念,始终与时俱进。

第三,为人师表,身正为范。能以身作则,成为师生的榜样和社会的楷模,并具有一定的社会影响和声望。

由上而论,要真正成为社会主义政治家、教育家绝非易事。但是,按政治家、教育家的目标和标准严格要求自己、锻造自己、发展自己,应成为对高校领导者,特别是党委书记、校长的基本要求,成为实现自身教育使命的必然要求。党和国家发出这一号召的意义就在这里。

为避免关于政治家、教育家的目标被束之高阁,可望不可即,在培养和实践的层面上,又应找到可行的、不断发展的、梯级进步的培养目标和标准。如果从我国高校的现实出发,又可设定三个不同阶段的目标,也作为三个层次的递进标准。

第一,大师级的政治家、教育家。他们以自己的政治理论和政治行为,教育思想和教育活动,为国家富强、民族振兴作出了突出贡献,对中国的教育事业作出了开创性的成就,可奉为楷模。

第二,有理想、有抱负的高等教育"专家"和高校管理"行家"。政治上有建树,既具有较高的教育、教学理论水平,又是高校管理经历、阅历和经验丰富的行家。在推动学校发展中作出了重大贡献,对高等教育发展产生了积极的影响,在社会上有较广泛的政治影响力。

第三,有经验、有成效的高校管理"行家"。具有先进的办学和教育理念,讲政治、有理论、懂教育、会管理,是一个有经验的高校领导者,是高校政治、教育、管理的"行家"。

这种划分属于实践中的思索,引玉之砖,它本身就值得商榷。但实事求是地对此进行研究,既非常必要,也较为急迫。只有这样,大家方能学有目标、赶有方向。换句话说，目前，高校党委书记、校长，虽还不是政治家、教育家，但如果有了科学的、符合实际的目标要求，并按照这个标准去积极践行，就已经是响应党的号召，努力按社会主义政治家、教育家的要求严格要求自己了。经过多年的奋斗，最终就可能修成"正果"，达到"家"的目标。

二、必要性与必然性

高等教育事业作为党和国家整体事业的重要组成部分，其特殊的地位和作用，决定了高校党委书记、校长必须要兼备社会主义政治家、教育家的能力和素质，也就是我们常说的必要性与必然性。主要体现在以下几个方面：

第一，教育职业的特殊职责所在。"教育事业是天底下最光辉的事业"、"教师是人类灵魂的工程师"，这几句话人们耳熟能详，也被人们普遍接受和认可，这充分说明和体现了教育事业以及从事这一事业的人员，同其他行业、其他从业人员相比的极其特殊性。我国著名教育家陶行知先生曾说过："做一个学校校长，谈何容易！说得小些，他关系千百人的学业前途。说得大些，他关系国家与学术之兴衰。"当今大学的在校生规模，何止千百，已动以万计。就山东高校而言，原省属30余所高校的办学规模均已超过三万人。如何办学？如何施教？我们的教育要把学生引向何方？这都是值得深入思考的问题。领导如此规模学校的党委书记、校长，如果没有政治家、教育家忧国忧民的情怀，如果不按政治家、教育家的标准要求自己，无论对个人、家庭，还是对国家与社会，都将是一种灾难。

第二，社会主义大学的特质。邓小平同志曾经指出，"学校应该永远把坚定正确的政治方向放在第一位"。[①] 我们的大学是中国特色社会主义国家的大学，培养的是中国特色社会主义事业的合格建设者和可靠接班人，而不是动摇者、反对者，更不是"掘墓人"。所以，中国特色社会主义办学方向，时刻不能动摇。高校党委书记、校长的政治责任不能动摇，不可忘却，更不可推卸。这就要求党委书记和校长，不仅应具备社会主义政治家的立场，而且还应以政

---

① 《邓小平文选》第2卷，人民出版社1994年版，第104页。

治家的责任、政治家的眼光总揽全局,从事关党和国家的事业长治久安、兴旺发达和长远发展的大局出发,以政治家的气魄,居高望远,把学校发展纳入到中国特色社会主义整体事业之中,高度重视合格人才培养问题,确保党和国家的事业后继有人。西方一流大学,包括一般大学的校长,首先都是政治家。无论在国会、市议会,还是在社会政治生活中,他们既有很高的社会地位,又都是各个层次的政治明星,还是各个党派努力争取的代表人物。

政治首先涉及为了谁、服务谁的问题。美国的《国防教育法》,就是第一个把国家安全同大学建设联系起来的教育法。这部法的第一句话就是:"美国国会在这里庄严宣布,为了我们国家的安全和发展,我们必须最大限度地发展高等教育,为我们的年轻一代提供受教育的最好机会,掌握最复杂的科学技术知识,以及培养他们创造这种知识和应用这种知识的能力,这将影响我们国家的安全"。可见西方国家从来就很"讲政治",美国就是第一个把政治、国家安全与办大学联系起来的国家,这应给我们很大的启示,很值得反思。

第三,高等教育内在规律性的必然结果。办好大学必须遵循现代高等教育规律。当前,随着我国高等教育事业的快速发展,无论是规模的增长,还是质量的提高,都使高等学校的内部结构日益多样化和复杂化,各种业已存在和潜在的制约因素不断增多。遵循现代大学教育发展规律,推进现代大学制度建设,实现民主办学、科学管理、推进学科建设、教授治学,提升学术水平和教育质量,正确处理和把握政治与学术的关系等等,都要求党委书记、校长,必须认真研究高等教育理论、高校管理理论,把握高等教育发展规律,积极借鉴国内高校办学经验,认真分析所在学校的办学历程、办学传统、固有弊端、自身优势和特色,寻找发展的突破口。并在教育思想、办学理念、管理手段、内部制度、人员素质等方面尽快与之配套并相适应。高校党委书记、校长没有政治家、教育家的胆识和魄力,不可能做好人才培养、科学研究、社会服务、文化传承创新等工作,这是教育自身发展的必然逻辑。

第四,中国教育的客观现实要求。改革开放以来,我国高等教育的发展已经取得了很大的成就。但从总体上讲,当前我国高等教育仍处在从计划经济体制向社会主义市场经济体制转变的过程中,高校仍然是"计划经济的最后一座堡垒"。国家和社会的双重需求，计划经济体制和市场机制的双重标准，同《中华人民共和国高等教育法》所赋予的高校办学自主权间的冲撞、砥砺、摩擦阶段不仅仍未结束，而且此消彼长，在一定时期内还会持续下去。

当前，高校党委书记、校长在客观上正处于两难之中，也就是说，在转向多样化办学、国家调控下的自主办学的过渡之中，两种体制要求、两种发展方向，往往使高校领导者，在两难中相权：回到计划经济体制管理模式是条老路、顺路、熟路；探索市场经济体制新形势下的办学之路，是条新路、难路、险路。在体制转换中，在新旧办学之路的冲撞、磨砺、此消彼长之中，高校党委书记、校长在选择上要保持好合理的张力，理顺和处置好各种复杂的关系，这无不考验着他们的胆识和智慧。在当前的形势下，如果他们没有点政治家的素养、经验、胆魄，就很难使高校得到大的发展。当然，仅仅懂政治并不全面，办好大学，还要懂教育，要努力成为教育专家、教育管理的行家。

三、自我修养与社会环境

制定标准和目标，仅是确立了前进的方向，而探索成为社会主义政治家、教育家的基本途径，则是"寻路"之功、"落地"之举。当前，最重要的在于高校领导要认清和把握使命，坚定不移地加强自身修养。同时，在社会大环境上，也应创造有利于社会主义政治家、教育家健康成长、脱颖而出的有利条件。

第一，始终坚守政治责任，解决好大学培养什么人的问题。政治上的坚定，理论上的清醒，坚持教育的"二为方向"，培养社会主义事业的合格建设者和可靠接班人，是对党委书记、校长的第一位的要求，也是成为社会主义政治家、教育家的首要标准。为此，这就必须要求高校领导，特别是党委书记、校长，牢固树立马克思主义的理想和信念，不断增强中国特色社会主义的道路自信、理论自信、制度自信。要全面、准确地理解和积极贯彻党的路线、方针和政策。坚持育人为本、德育为先，能力为重，把"立德树人"作为教育的根本任务，贯穿于学生成长成才的全过程。党委书记、校长能不能把握好社会主义办学方向,不断提高科学判断形势的能力和驾驭复杂局势的能力,根本点还在于其思想政治理论素质。所以,"讲政治"绝不是挂在嘴边的口头禅,而是时刻体现在教育工作的实践中。

第二,学以修身、养德、治教,解决好高校领导者执政力的问题。社会主义政治家、教育家领导艺术、领导风格的形成,有赖于自身人格的完善。对高校党委书记、校长而言,善于学习、终身学习是一种人生境界,更是一种工作责任。要避免"本领恐慌",要有孔子所说的"学如不及,犹恐失之"的境界,守住"学而时习之"的基本要求,坚持学以修身、学以养德、学以治教,通过不断学习提高胜任工作的本领。

孔子"十五志学",中华传统文化"修身齐家治国平天下"、"穷则独善其身,达则兼济天下"、"为天地立心、为生民立命、为往圣继绝学、为万世开太平"的思想,都体现出一种博大的人生情怀和境界。这些恰是高校领导者修身、养德的信条和座右铭。

高校党委书记作为学校主要领导者,要常修为政之德,秉持职业操守,追求至高人生境界。要努力涵养海纳百川、有容乃大、宽容谦和、善待他人的情操和气度。要善于谋事,重在干事、功于成事。要讲领导艺术,既讲原则,又讲和谐。讲原则才能坚定立场、把握方向、维护大局,才能守住底线、不触红线;讲和谐才有亲和力、凝聚力和战斗力,才能形成工作合力。要不断以政治家、教育家的标准审视自己、涵养自己、提高自己、锤炼自己,不断提高自身的人格魅力、学识魅力和工作感召力。

第三,深入研究教育发展规律,切实解决好办大学的问题。要办好一所大学,高校党委书记、校长必须积极探索高等教育发展规律、人才培养规律和学校内涵发展规律,树立全面、系统和正确的教育思想、教育观念,全方位审视和把握高校的改革发展,认真探索本校的发展历程、成就和传统,已形成传统的优势和存在的劣势,努力办出学校的风格和特色。

随着我国高等教育大众化时代的到来,人们对高等教育从满足性需求转向了选择性需求,高校特别是普通高等学校,只有积极适应这种转变,苦练内功,满足人民对教育的多样化需求,才能使学校在激烈的淘汰式竞争中立于不败之地。当前,重要的是全面贯彻落实好《国家中长期教育改革和发展规划纲要(2010—2020年)》、《全面提高高等教育质量的若干意见》等有关高等教育改革发展的新要求。打破制约质量水平提升的瓶颈,抓好内涵建设,努力办成人民满意的高等教育,切实解决好办什么样的大学、如何办大学的问题。

第四,坚持党委领导下的校长负责制,解决好大学领导体制问题。实行党委领导下的校长负责制,实质是确立党委在高校的领导地位,同时充分发挥校长在办学治校方面的重要作用。它体现了党委领导同校长负责的辩证统一,这既是坚持社会主义办学方向的必然要求,也是新形势下加强和改善党对高校领导的有效形式,符合"党委领导、校长负责、教授治学、民主管理"的现代大学制度建设要求。

高校党委要总揽全局,政策领导,协调各方,重在把好方向、管好大事、抓好思想、用好干部、带好队伍、加强党的建设。校长处于执行层,负有接受党委的领导、执行党委的决议、把党委的目标决策化为具体行政措施的责任。"党委领导"与"校长负责"是不可分割的有机整体,形成党委统一领导、党政分工合作协调配合的工作机制。

从个人品质的角度上说,党委书记、校长如果不能目标一致、行动同向、团结同心、同甘共苦、相互支持、相互补台、相互理解、相互谅解,那就是政治上幼稚、组织上涣散、行为上欠缺、个人主义膨胀,个人品德方面已出现不足,绝不是称职合格的高校领导者,更无从谈起社会主义政治家、教育家的目标了。因此,坚持好、维护好、执行好党委领导下的校长负责制,是党委书记、校长成为社会主义政治家的必然要求,也是成为社会主义教育家的必备职业素养。

当然,社会主义政治家、教育家不是研讨出来的、会议讲出来的,最终还是闯出来的、磨出来的、历练出来的、涌现出来的。而这既依赖于个人长期的自我修养和艰苦努力,更需要党和国家乃至整个社会的共同努力,为其成长创造有利的条件。

第一,进一步健全和完善高校领导的培养、选拔、任用、考核机制。高校领导干部的培养和成长,毕竟有其特定的环境。要研究、探索对这一特定群体进行培养、提高、提拔使用的路子,建立起与之相适应的、科学有效的长效机制。

要建立完善的高校干部与其他岗位的干部双向或多向交流机制。通过高校干部与政府部门、企事业单位间的交流,丰富其社会阅历,增长见识才干,使他们在办学上更符合经济社会发展需要,更有利于他们凝练、升华其教育思想、教育理念,为其成为社会主义政治家、教育家奠定基础。

采取社会兼职、参与政府决策等有效措施,支持高校领导参与社会事务,重视发挥他们在推动经济社会发展中的作用,扩大其社会影响力,尽可能多地创造历练他们的机会,为其成为社会主义政治家、教育家创造有利条件。

当前,有些省对此已积累了一些经验,如高校党政一把手到地市挂职一定时间后,有的同志留在了地市,而大部分同志满载而归,更好地投身高等教育事业之中。

第二,积极营造和谐、宽容的社会环境。政治家、教育家的成长需要长期的历练、积累,需要一个自我探索、自我批判、不断进步的过程,而且随着时间的推移会越发成熟,这就需要宽容与和谐的环境。

认真研究新形势下,高校在统一领导、政府统筹、自主办学、多样发展、内部干部队伍建设等方面的新问题、新办法。

要在全社会进一步强化和营造"尊师重教"的良好氛围,营造崇尚知识、尊师重教的社会环境。在这一问题上的社会认可程度,直接影响着教育家的成长和进步。当前,无论在教育界内部,还是社会上,都已到了重塑"师道尊严"的时候了。

第三,认真贯彻《中华人民共和国高等教育法》,认真研究此法同现行各主管部门的内部规定、行政法规等方面的有效衔接。《中华人民共和国高等教育法》全面总结了建国以来我国高等教育发展的经验与教训,规定了新时期高等教育发展的方向、各方面的政策等,是高校依法办学、依法治校、依法治教的法律依据,也是高校党委书记、校长成为社会主义政治家、教育家的法律基础之一。所以，认真贯彻《中华人民共和国高等教育法》，就是为高校党委书记、校长创造依法办学的法制环境，提供施展才华、发挥作用的法制保障。

（此文载于《山东高等教育》2013年第1期）

论高校内部的道德治理[①]

黄富峰[②]

摘 要：道德治理强调人是目的，注重民主和协商，着力凝聚多元主体道德价值共识，能够有效化解治理风险，较好适合高校组织运行和治理。对高校教育教学目的进行道德审查、对教育教学内容进行道德反思、对教育教学功能进行道德定位、对教育教学方法进行道德校正、促进高校整体德性的形成是高校内部道德治理的主要内容。高校内部道德治理应注意发挥多元主体的积极性、重德更理事、提升专业化水平、突出学术道德建设等。

我国高等教育在迅速完成大众化转型后，正进入以提高质量为核心的内涵式发展时期。高校在此发展过程中出现了诸如行政化、功利化、市场化、学术浮躁和腐败、建筑豪华而大学精神萎缩等不良现象。上述问题本质上往往体现为伦理上的困难，目前已成为制约高校实现内涵发展、提升质量的障碍。因此，适应现代社会管理方式的转变而兴起的道德治理，理应成为高校实现内部治理的一种重要方式。

[①] 本文系山东省社会科学规划项目"我国高等教育发展的伦理问题及对策研究"（13CJYJ01）研究成果。

[②] 黄富峰，聊城大学党委政策研究室主任，发展规划处处长，教授，博士生导师。

一、高校组织的特点与道德治理

大学作为一个复杂的社会组织,其内部纵横交织着诸多矛盾,其中最核心的是行政权力和学术权力的矛盾。大学起源于欧洲中世纪,本来是由教师和学生组成的学术行会组织,自由传授知识,没有专门的管理人员,基本由学生实行自我管理。随着组织规模的扩大和社会地位的上升,才有了专门的管理服务人员,再加上教会和政府权力的渗入,大学的内部组织日益复杂,现在已成为一个庞杂的社会组织。因此有效的行政管理是实现高校正常运行的必然要求。与此同时,大学的功能和责任不断增加,由最初的人才培养,到科学研究,再到服务社会和文化传承与创新。虽然如此,大学的本质并没有改变,即实现高深知识的传承与创新。因为无论是科学研究中的知识创新、服务社会中的知识应用、文化传承与创新中的知识传递,都是为人才培养服务的,其核心都是为了知识的传授和创新。作为一项极其复杂的劳动,高深知识的传授和创新有其自身的运行规律,需要自由、独立和中立作为其保障条件。行政管理产生行政权力,学术运行产生学术权力,二者并行于大学组织之中,均有其合法性。但在实际运行过程中,时常有行政权力对学术权力的僭越。目前我国高校管理中这种情况尤其严重。那么,大学如何才能实现以高深知识的创新和传授为组织目标,其制度运行又如何能保证知识创新和传授活动的自由和独立?道德治理能够适合高校组织运行特点,协调学术权力和行政权力的冲突,实现高校内部的有效治理。

道德治理强调人是目的,突出以人为本。基于对人性本质的假设,社会管理模式也在不断发生变化,在"政治人"假设中注重的是权力的作用,在"经济人"假设中强调的是物质利益的诱导,"文化人"是对知识经济时代人性本质的一个基本假设,在管理中则要求实现人文管理:"'人文管理'主张以人为本,把一切对象加以'人化',注意满足人的情感要求,突出情感的逻辑。"① 在知识经济时代,高校已从社会和经济的边缘走向社会发展的中心,

---

① 黎红雷:《人类管理之道》,商务印书馆 2000 年版,第 278 页。

聚集着大批知识分子从事高深知识的传授与创新，他们是现代社会中文化人的代表性群体，更需要实行人文管理。高深知识的传授与创新作为一项十分复杂的高端智力劳动，不仅需要高校教师的内在主动性和积极性，更需要一种自由和安静的环境。这需要耐得住寂寞，拒绝浮躁和浮华；权力的压制和物质利益的诱导不利于知识的传授与创新。道德的根本目的在于人的全面发展与提升，把人作为最高目的，如康德所言："你需要这样行为，做到无论是你自己或别的什么人，你始终把人当作目的，而不是把他当作工具。"[1] 道德治理要求把一切对象加以人化，始终把人当作目的，将目的寓于手段之中，这符合人文管理的内在要求，突出了对高校教师的尊重，给予高校教师的劳动以最大独立和自由，符合高深知识传授和创新的逻辑。而如今，行政的过度干预、物质利益的过度诱惑是许多高校管理中的常态，以致遭到教师的抵制和社会的批评，其中的重要原因就是把人当作了实现特殊目的的工具，没有真正实现以人为本。

道德治理通过社会舆论实现软调控，注重民主和协商。高校作为知识分子聚集的特殊社会组织，需要更为柔性化的管理。高校的管理有两种模式并行：一是行政管理，目的是为知识的传授和创新提供充分的保障，一般采用科层制，注重管理的效率；二是学术管理，目的是实现高深知识的传播与增值，在管理中虽然也有组织和职务，但主要依靠专家的学术人格和学术能力来实现，注重管理的效益。这两种管理模式同在并不平行，时常交叉和相互作用，这就要努力避免用行政管理的理念和手段服务于学术管理，同时也要避免将学术管理的思维渗透于行政管理。对于前一点，大家都认识到了其危害性；对于后一点，也要引起我们的警惕。"在大学工作，最大的好处就是有主意，最大的难处是主意太多。难怪有人说，在大学中唯一经常过剩的产品就是'主意'。"[2] 如何达到两个方面的同时"避免"？正确的方式是通过自觉的、广泛的、多层次的协商，围绕促进学校的教学和学术发展进步聚集正能量，实现两

---

[1] ［德］康德：《道德形而上学原理》，苗力田译，上海人民出版社1986年版，第43页。
[2] 任彦申：《从清华园到未名湖》，江苏人民出版社2009年版，第69页。

种管理模式的融合。"道德调节与政治、法律等其他社会调控力量和方式有着显著不同。它属于社会'软调控'范畴,具有经常性和广泛性、多层次性和递进性、正面性和自觉性等特点。"① 道德调控不仅为两种管理模式提供共同的价值追求,即尊重教师的独立、自由和创造,促进知识的传授和创新,还为两种管理模式提供了相互作用的途径,即民主和协商,有效避免两种模式的冲突。同时,道德调控的经常性和广泛性也使高校管理中包容性、及时性得以强化,促使一些问题在社会舆论层面得以化解和解决。

道德治理着力凝聚多元主体的道德价值共识,形成正确的道德价值导向。高校的主体是教师和学生,其根本任务是高深知识的传授和创新,这一过程是行政管理者难以参与和过问的,行政管理者更多的是为知识传授和创新的顺利实现提供保障条件,所以高校的治理要求民主、平等和协商,与政府和企事业治理有着重要区别。在高校管理中,不仅有行政权力和学术权力的交织,还有在此基础上产生的其他多种利益诉求,多元利益主体的存在迫切需要在求同存异的基础上形成统一的价值取向,才能达成一致的目标追求,凝聚人心。道德哲学作为处理人与人最一般关系的学说,其根据就是使人人都成其为人,要求充分尊重人、理解人、关心人。在此基础上结合组织的目标,通过平等协商,形成价值共识,成为特定组织的道德价值导向,并通过组织内外的舆论作用,渗透到组织管理的方方面面,影响整体的组织制度设计和制度安排。高校中的道德价值导向以发挥其四大职能为核心,不仅为高校制定和实施各项制度措施及各利益主体的行为提供价值定位,还对实施过程起到监督作用,对实施结果进行道德评价。高校对道德价值导向的宣传,有利于高校办校理念和政策制度的实施和落实。因此,突出道德治理的作用,对高校出台的各项政策制度进行道德设计和道德审查极为必要。

道德治理致力于提升行政管理人员和教师职业道德修养,化解治理风险。制度靠人来执行,再完备的制度,如果缺乏执行者的自觉和积极性,也只能大打折扣。因此,职业道德建设在各行各业的管理中都备受重视。高校相对

---

① 唐凯麟:《伦理学教程》,湖南师范大学出版社1992年版,第66页。

其他行业而言,其重要性更为突出。对于高校的管理者而言,承担着为师生的教学、科研和学习提供服务保障的任务,好好服务就成为对其的根本职业道德要求,要做到服务到位而不能越位并不容易。20世纪三四十年代,清华大学原校长梅贻琦曾说:"校长是给教授搬椅子的。"而山东大学原校长徐显明则说:"如果只有一把椅子,校长不能坐,处长也不能坐,只要老师来了,这把椅子只能是给老师坐,校长和处长要站起来,把椅子让出来。"① 高校教师承担着追求真理、创新知识、传播真理的根本职责,教书育人本是其天职。但也有不少有点作为的学者官气、商人气、明星气十足,频繁出入于各种社交场合、国际论坛,或做演讲嘉宾或做评委,发言被加工成论文高规格发表,唯独丧失了对做真学问精神的修炼。② 行政管理人员做到诚心诚意将椅子让给老师不容易,教师做到为人师表、精心教书育人更不容易。所以,强化高校的职业道德建设,就成为实现高校道德治理的重要方式。通过道德治理,强化高校行政管理人员和教师的职业道德教育,增强其自觉自律意识,使其各安其位,各尽其责,从而有效解决制度执行中的形式主义和不到位情况,有效调和两种权力之间的矛盾和冲突,化解治理风险。

二、高校内部道德治理的主要内容

在高校内部的道德治理中,核心问题有二:一是正确分析高校的教育教学活动事实如何与高校行为应该如何的关系,确立高校所追求的最高价值,以此作为高校一切活动的最终目的。目前,是为社会的高等教育还是为高等教育的社会?是功利的高等教育还是促进人全面发展的高等教育?学生在高校的教育教学活动中是主体还是客体、是目的还是手段?等等。高校在这些问题上摇摆不定,对于上述问题的模糊认识从根本上制约着高校对自身发展方向的价值判定。二是高校应从高深知识的传授与创新这一特殊性出发,确立其内部各要

---

① 吉祥:《山东大学大部制改革:看似结束了,其实刚开始》,载《齐鲁晚报》,2013年1月14日。

② 熊丙奇:《教育熊视:中国教育民间观察》,东方出版中心2008年版,第194页。

素之间的道德关系，而后思考如何使自身所承担的各种关系符合道德规定，并将道德规定落实到具体的教育教学活动中。

因此，高校道德治理的主要任务是通过总结制约高校发展的道德难题，分析形成的原因，确定高校教育教学活动的事实如何与应该如何之间的关系，确立高等教育最高价值，探索高校道德关系的形成、制定与实现，使高校的发展更加符合道德要求，真正肩负起立德树人的重任。围绕以上任务，高校内部道德治理主要包括以下六个方面的内容：

对高校教育教学目的进行道德审查。不断进步的科学技术为人掌握世界和改造世界提供了信心和动力，但社会的开放性、虚拟性、多元性、消费性也使人的身心经常处于焦虑状态，导致出现情感退化、道德冷漠、物质主义至上等现象；同时人的自主意识不断增强，平等民主精神迅速增长。为此，高校需要从道德的视角提出育人根本预期，确立高等教育最高价值，并以此作为调整高校教育教学活动的出发点和归宿点。

对高校教育教学内容进行道德反思。现代社会发展的弊病已引起人们的广泛批评。物质至上、精神萎缩绝不是真正文明，人类社会的和谐发展需要真善美的支撑。高校不仅是现代社会发展的核心推动力，也是社会正确发展方向的引领者。为此，需要对高校的教育教学内容进行道德反思，反思这些内容是否有利于人的全面发展和能否创造出新价值，是否有利于引导社会发展的正确方向。

对高校教育教学功能进行道德定位。高等教育在现代社会发展中的核心作用日益凸显，而人们对高校的教育教学功能的定位却经常出现偏差。例如，社会的某些利益集团把高等教育看作实现自身利益的工具，某些个人把高校看作是获得较高社会地位、获取物质利益和荣誉的阶梯等。这些因素时刻影响着高校的内部运行及其功能的发挥。高校如何更好地发挥其在人才培养、科学研究、服务社会、文化传承与创新上的作用，需要对其教育教学功能进行道德定位，以此作为进行内部治理的基础。

对高校教育教学方法进行道德校正。高校师生关系在某些方面陷入误区的重要原因是忽视了高校教育教学活动的特殊性，高等教育的对象是充满主动性和创造性的具有无限发展潜质的高级人才，与其他职业活动的对象存在一定区别。因此，需要在此基础上提出关于高校师生关系的新要求，注重精神交融和人格平等，确立合理的教育教学方法，才能做到教师不仅好好教还能教好，学生不仅好好学还能学好，取得良好的教育教学效果。

对高校内部制度进行道德设计。内部制度的公正、公平程度反映了一个组织的文明状态。作为引领社会发展方向的高校能否形成一套公正、公平的制度体系，不仅影响到自身运行中的和谐与效率，还是其能否以公正、公平的道德价值引领社会发展方向的关键性因素。为此，高校应正确理解高等教育的目的和功能，以公正与公平为着力点，设计内部的制度体系和运行机制，培育良好的道德舆论环境，克服运行中的道德困境，提升内部治理的效益。

促进高校整体德性的形成。高校的"产品"是各级各类高级人才，其所培养人才的质量如何，需要在学生参加工作后较长时间才能显现出来。这种评价的滞后性会使一些高校的管理者和教师缺乏危机意识，容易产生懈怠心理，放松职业道德修养，缺乏承担相关道德责任的意识、能力，进而制约高校整体德性的形成。因此，行政管理人员、教师等如何积极进行职业道德修养，诸要素如何有效整合才能保证高校获得良好社会声誉也是道德治理的重要内容。在此基础上，高校还要根据高等教育大众化发展的新特点、新要求提出促进和保证高校德性形成的有效思路、方式和方法，推进制约高校德性形成的各个层面的治理，树立高校良好社会道德形象。

三、高校内部道德治理应注意的问题

高校内部行政权力和学术权力纵横交织，由此衍生出一系列矛盾和冲突。由于矛盾和冲突涉及诸多价值观层面的沟通和协调，高校的内部治理尤其依赖于道德治理，道德治理在高校发展中占据更加重要地位。由于高校运行的特殊性，高校内部道德治理应特别注意以下四个方面的问题：

高校内部的道德治理应发挥多元主体的积极性。道德治理的主体问题是回答谁在治理的问题。高校由教师、学生、行政管理人员等组成，在教育教学过程中，学生是主体、教师是主导、行政管理人员提供服务等。但在实际的操作过程中,由于各自承担着不同的职责和任务,其利益追求、道德价值标准也不尽一致,呈现出多层次性,甚至还有可能存在某种道德隔阂。所以,在道德治理过程中,如何发挥各主体的积极性就成为制约治理成效的一个关键性问题。对教师而言,就是要给予最充分的尊重。"对教授的管理,与其说是'管',不如说是'理'。'理'就是要看得起他们、尊重他们,以礼相待,以情感人,以理服人。"[①] 对学生而言,也是如此,大学生思维活跃,主动性、创造性强,具有无限发展潜力,更值得重视,是办学的根本。高校的治理主要依靠行政管理人员来执行,行政管理人员如何摆正自己的位置就显得十分重要,不仅自己要主导学校治理,还要在治理中把教师和学生当成真正的主体。"搬椅子"理论就成为破解这一问题的一个捷径,其核心就是行政管理人员真心真意为教师为学生服务,只有这样,才能使各种道德诉求相互借鉴和相互吸收,求同存异,在一些观念上彼此融合,消除差异,使各利益主体顺利进入学校公共道德空间,增加道德共识,达成道德价值观上的一致,形成有利于教书育人和知识创新的浓厚道德舆论氛围。

高校内部的道德治理应重德更理事。道德治理能够实现以人为中心的公共利益最大化与组织的和谐,是手段和目的的有机统一。高校道德治理的目的不仅在于社会良好道德形象的树立,更在于把为人类的文明和进步培育人才与创新知识这一善的追求贯彻到具体的办学理念、制度和所有人员的行动中。现代大学制度建设要求实现教授治学、民主管理,其根本要求与道德治理的目的相一致,并且道德治理是实现现代大学制度建设不可缺少的重要手段。需要注意的是,在高校道德治理中,要注重事务的治理和理顺。因为高校聚集着大批知识精英,对民主和平等有着强烈追求,对社会变化反应较为敏感,经常存在各种道德争论,在道德治理中容易陷入仅就道德而进行道德建设的误区,务虚而不务实。高校内部的道德治理固然要破解大学失德难题,解决其过分功利、世俗化而失去人们的尊重问题;但在实际操作过程中,只有把失德的原因与实际工作结合起来,把道德建设寓于学校建设的各项具体工作之中,

---

① 任彦申:《从清华园到未名湖》,江苏人民出版社2009年版,第71页。

通过协调其中的道德关系促进各项事业的发展，不断提升办学质量，才能真正树立自身良好社会道德形象。如高校内部的执行力提升问题，不仅在于对所担当工作任务的道德价值观上的认同和干事创业浓厚道德舆论氛围的形成，更要在此基础上鼓励大家发扬实干精神，踏踏实实完成本职工作，否则就会陷入空谈，道德治理也会凌虚蹈空，失去其应有的现实基础。

高校内部的道德治理应提升专业化水平。高校以高深知识的传授和创新为组织核心，行政管理为此提供保障。但高深知识的传授与创新往往具有很强的专业性，相应地，高校的道德治理就要提升其专业化水平。这就意味着在高校的道德治理中，不仅要发展行政管理人员、教师和学生等群体共同的道德知识，也需要在道德理论和道德实践中结合各自专业化的知识，找到适应各自职责的道德治理方法。就高校教师而言，其所从事的专业研究，一般人很难做出恰如其分的分析和评价，这就要求其具有更高的专业自觉和道德自律。"学术伦理标准从治学的对象即高深的学问中取得其特性，由于高深的学问处于社会公众的视野之外，公众很难评判学者是否诚恳地对待公众的利益，因此高校教师的职业道德应具有更高的自律性。"[①] 因此，教师应与自己的学科专业相结合，突出自身的学科专业特点，以更高的自律性强化自身的职业道德修养。就学生而言，要与自身的专业相结合，从课程中汲取道德滋养，形成具有专业特色的道德追求和行为模式。就行政管理人员而言，应在加强对各学科、各专业理解的同时，注重管理学知识的学习，强化管理道德修养，将管理道德与各学科、各专业的特殊要求相结合。只有这样，才能增强行政管理人员服务的针对性，最大程度地提升自身的职业道德水平，加深彼此的理解和沟通，与教师和学生的道德需求相适应，增强道德治理的有效性。

高校内部的道德治理应突出学术道德建设。一些高校教师学术精神的萎靡和学术道德的丧失已成为社会对高校批评的焦点，因此，高校的道德治理应该特别突出学术道德建设。当然，学术道德建设不仅包括教师，还包括研

---

① ［美］约翰·S.布鲁贝克：《高等教育哲学》，王承绪、郑继伟、张维平译，浙江教育出版社1987年版，第120页。

究生和本科生。高深知识的传授和创新是高校区别于其他社会组织的显著特点，需要较高的学术道德作为保证。学术研究是在一定社会中进行的，需要处理方方面面的利益关系，包括如何对待名利、荣誉、地位等。一般而言，笃爱学术职业、勇于创新、实事求是、团结协作、提倡学术批评是处理好这些关系必须需要遵守的道德要求。教师只有树立了高尚的学术道德，拥有正确的研究目的和崇高的学术追求，才能潜心于学术研究，有效避免功利化，杜绝学术浮躁和学术腐败，保证自身独立的学者人格，促进自身学术的不断进步，培养出德才兼备的学生。高校教师和学生的学术精神和学术道德是一所高校德性的核心组成部分，标志着一所高校的道德高度，需要通过道德治理不断加以强化。

（此文载于《山东高等教育》2014 年第 12 期）

关于道德治理几个问题的思考[①]

黄富峰[②]

摘 要：现代社会更需要道德治理，因为它契合了现代社会治理的运行方式，体现出现代社会治理的本质和目的，化解了多元主体带来的社会高风险，为各利益主体协调和达成共通价值观提供了最大可能性。应用伦理学促进了道德治理的发展，它契合了道德治理的目的，明确了道德治理的对象，促成了道德治理的原则，形成了道德治理的方法，优化了道德治理的效果。道德治理作为道德发展的新阶段，表现为其目的重事也重德，抹平了主客体层次并建立了新的道德关系，更加倚重普世化的道德价值，方法更加专业化等。

道德作为人类社会的一种调控方式，在社会发展中一直发挥着重要作用。目前，道德治理成为学界讨论的热点，是因为现代社会的信息化和全球化，使社会生产方式和人的生存方式发生了深刻变革，日益复杂的社会问题越来越依靠道德的应对和解决。关于道德治理的含义、主体、对象、原则、方法、模式，道德治理与文化建设，道德治理与社会风气等问题已多有论述，为我们讨论道德治理提供了丰富的前期成果。在此基础上，本文拟讨论与道德治理密切相关的三个问题，即现代社会为何更需要道德治理？道德治理与应用伦理学的发展有何关系？道德治理仅仅是社会治理的一种实现方式还是道德

---

① 山东省社会科学规划项目"我国高等教育发展的伦理问题及对策研究"（13CJYJ01）。
② 黄富峰，男，哲学博士，聊城大学哲学系教授。

发展的一个新阶段？以期对道德治理问题做进一步的思考。

一、现代社会在何种意义上更需要道德治理

现代社会在何种意义上更需要道德治理是要追问为什么在现代社会提出道德治理问题，即道德治理发生的必要性和可能性的问题。尽管道德一直是社会发展的重要调控方式，但现代社会的发展对道德的作用及道德发挥其作用的方式等提出了更高要求，也为道德治理提供了必要性和可能性。

治理理论兴起于西方社会的上世纪 90 年代，是对西方社会自六七十年代以来种种社会管理问题的理论回应，其中的核心难题是市场和政府在资源配置中的双重失效，"市场机制在发展和提高资源配置效率方面显示出巨大的优越性，但也会造成分配不公、外部化、失业、市场垄断等失灵现象。传统的科层制行政结构使政府职能过度扩张、机构臃肿、效率低下，行政信息受阻与失真严重。官僚制所倡导的非人格化、理性化与制度化对个性的压制与当代人们所渴求的个性的解放及对民主的追求产生了尖锐的矛盾，陈旧的层级管理和控制系统已无法适应越来越普遍的社会动态因素对政府职能的要求。"[1] 市场和政府的权威性遭到了冲击，传统的统治和管理转向依靠政府、非政府组织、企业和公民共同参与的治理。同时，随着全球一体化的冲击，全球化问题的产生也大大超越了单一政府的解决能力，需要从对立走向对话，需要政府组织、非政府组织、国际组织及其他民间力量的密切合作，要求在国际关系中实现没有政府的治理。较早将西方治理理论介绍到我国的俞可平教授认为："治理一词的基本含义是指官方的或民间的公共管理组织在一个既定的范围内运用公共权威维持秩序，满足公众需要。治理的目的是在各种不同的制度关系中运用权力去引导、控制和规范公民的各种活动，以最大限度地增进公众利益。所以，治理是一种公共管理活动和公共管理过程，它包括必要的公共权威、管理规则、治理机制和治理方式。"[2] 龙献忠教授等则提出：

---

[1] 吴家庆、王毅：《中国与西方治理理论之比较》，载《湖南师范大学学报》，2007 年第 2 期。
[2] 俞可平：《治理和善治引论》，载《马克思主义与现实》，1999 年第 5 期。

"在治理的语境下既频繁出现以往政治领域的民主、参与、自主、自治等概念,也大量出现市场领域中耳熟能详的契约、合同、谈判、交换、协商等话语,尤其是"参与"、"谈判"和"协商",更是治理的三个关键词。"① 因此,治理不是统治,也不是传统的管理,被赋予了新的内涵。

根据相关研究,我们可以总结现代社会的治理与传统社会的统治或管理的区别主要有以下八个方面:主体发生了变化,即由政府转向既有政府,也有非政府组织、企业、公民等多主体的共同参与。客体发生了变化,即原来的统治和管理者和被统治和管理者都将作为治理的对象,治理者本身也是被治理者。手段发生了变化,即由法规命令、制定和实施政策等硬手段转向参与、谈判、协商等软手段。主客体的关系发生了变化,即由原来的单向度转向上下互动和互通的双向度,政府的权威从法规命令转向公民的认同和共识。内容发生了变化,即由与国家利益密切相关的事务转向与公共利益相关的事务。范围发生了变化,即治理的范围超越国家转向全球一体化。目的发生了变化,即由国家利益、社会的稳定、效率转向公共利益最大化与社会的和谐、公众的幸福。需要指出的是,这种变化在不同的地区和国家其程度参差不齐,尤其是在公民社会发育还不成熟的我国现阶段,更不能太过于理想化。"它不能代替国家而享有合法的政治暴力,也不可能取代市场而自发地对大多数资源进行有效的配置。事实上,有效的治理应该建立在国家和市场的基础之上,它是对国家和市场手段的必要补充。"②

这种变化预示着社会治理的趋势,预示着更需要道德治理。首先,道德的调控特点更好地契合了社会治理的运行方式。社会治理由政府颁布法规命令、制定和实施政策等硬手段转向社会多主体参与、谈判、协商等软手段,即由原来的单向度转向上下互动和互通的双向度,政府的权威从法规命令转向多主体的认同和共识。虽然作为政治暴力的强制手段作为底线的威慑依然

---

① 龙献忠、杨柱:《治理理论:起因、学术渊源与内涵分析》,载《云南师范大学学报(哲学社会科学版)》,2007年第4期。

② 吴志成:《西方治理理论述评》,载《教学与研究》,2004年第4期。

存在，但社会调控的主要方式却向着更多的民主和自由发展，与硬调控渐行渐远，这时，具有广泛性和正面性的道德调控越来越成为社会治理的重要手段，因为"道德调节与政治、法律等其他社会调控力量和方式有着显著不同。它属于社会'软调控'范畴，具有经常性和广泛性、多层次性和递进性、正面性和自觉性等特点"①。其次，道德治理的手段性和目的性的统一，更好体现出社会治理的本质和目的。社会治理的目的注重公共利益最大化与社会的和谐、公众的幸福。但社会治理的手段往往与社会治理的目的相背离，这就需要道德治理。道德作为社会调控不可缺少的一种有效手段，其根本目的在于人的全面发展与提升。人是最高目的，这是道德运行的根本归宿。因此，只有在道德调控中，目的才能更好寓于手段之中，道德不仅仅是手段，更是目的，道德治理能够实现以人为中心的公共利益最大化与社会和谐，最终实现人的幸福。

其三，道德自觉和自律能够更好地化解多元主体带的社会高风险，为社会治理的成功提供了重要保证。在现代信息化社会中，一方面人的主体性得到最大程度的发挥，另一方面，人的生存空间包括自身又不断被割裂和异化，人的生存条件充满了越来越多的不确定性，社会治理中多主体的存在，使各种利益诉求激烈碰撞，也使社会关系的脆弱性不断加大，多元主体带来的是一个高风险的社会。为此，在社会治理中更需要主体各自的道德自觉和自律，通过不断提升自我的道德水平更好地认识、化解这种不确定性。因此，自我道德修养就成为了道德治理的一个重要着力点。其四，普世道德为各利益主体协调和达成共通价值观提供了最大可能性。在社会治理中，需要多主体在达成价值共识的基础上才能够顺利进行，由于文化的不同，国际关系的价值共识更难达成。而普世道德价值则为多主体达成共识提供了基础。"'普世伦理'是一种以人类公共理性和共享的价值秩序为基础，以人类基本道德生活、特别是有关人类基本生存和发展的淑世道德为基本主题的整合性伦理理念。"②

---

① 唐凯麟：《伦理学教程》，湖南师范大学出版社1992年版，第66页。
② 万俊人：《寻求普世伦理》，商务印书馆2001年版，第29页。

社会公德、人类的传统美德、反映在各个民族的民族感情、民族心理和民族习惯中的某些民族道德传统，这些都是人类道德的精华，需要在继承的基础上发扬光大。道德治理可以充分利用这些因素，根据社会发展的新变化和新要求，不断创新，在人类道德的共同性上寻找共通的价值观。

二、应用伦理学促进了道德治理的发展

尽管应用伦理学的兴起在理论上是基于"语言学的转向"，但根源还是在于社会发展的强烈需求："20 世纪 60、70 年代，西方世界的实际生活要求人们进行道德反思，进行理论联系实际的反思。讨论现代战争问题、资本主义政治经济制度所面临的新问题、'性革命'所导致的道德问题、现代医学以及现代高科技所引起的人伦关系问题、环境问题等都要求伦理学的介入，这便是西方应用伦理学产生的社会历史背景。"[1] 应用伦理学的产生和发展与社会治理理论的兴起是一致的，只不过社会治理理论更加广泛。可以说，应用伦理学的兴起促进道德治理的发展。

应用伦理学契合了道德治理的目的。应用伦理学已超越传统意义上的道德建设，更加关注社会各个领域内和领域间的道德问题，无论从纵深还是从宽度都适应了现代社会的发展要求，更加关注某一群体人和不同群体之间的道德建设，道德的主体和道德价值观出现了多元化，这些无疑加大了道德问题的难度和深度。为此，很多学者把达成共识、改变共识、实现和谐均衡、追求普遍幸福等作为应用伦理学的努力方向和目的。"应用伦理学的目的就在于探讨如何使道德要求通过社会整体的行为规则与行为程序得以实现。一句话：面对冲突，诉诸商谈，达到共识，形成规则。"[2] 应用伦理学的目的追求与社会治理关于公共利益最大化与社会的和谐、公众的幸福的追求具有内在的一致性。与此相关的是，现代社会中道德治理的目标应该如何描述？既然

---

[1] 卢风：《西方应用伦理学兴起的思想背景和社会背景》，载《湖南师范大学学报》，2003 年第 3 期。

[2] 甘绍平：《应用伦理学在中国的兴起》，载《学习与实践》，2006 年第 10 期。

道德治理追求的是实现以人为中心的公共利益最大化与社会和谐，最终实现人的幸福，在应用伦理学看来，就要通过商谈达成共识、改变共识，实现各社会利益主体的均衡，最终达到普遍幸福，如此，就对现代社会道德治理的目标做了具有操作性和具体性的表述，使之更加清晰明确。

应用伦理学明确了道德治理的对象。应用伦理学的研究对象是现代社会高度分化与综合而出现的众多社会领域内的伦理难题，还有社会发展过程中所面临的重大道德事件，是道德理论和道德实践的紧密结合。"应用伦理学首先应用于同道德密切相关的行为实践，即具有伦理意义和道德价值的那些行为，包含了个体与群体的道德行为，广而言之，包含了那些具有善恶意义可以作善恶判断与评价的行为。其次应用于可以作伦理评价和审视的各种社会制度，诸如市场准入与监控制度、企业管理与决策制度、税收或财产转移制度、教育制度和医疗制度等。再次应用于某些具有伦理意义和道德价值的重特大事件。"① 科技革命和信息化促进了现代社会的高度分化，同时又有各行业的高度融合，新兴社会领域不断出现，在此背景下形成了多元化的利益群体和利益主体，民主、开放、协商成为社会治理和促进社会和谐发展的主要诉求，这些社会领域和利益主体所面临的道德问题更具有专业性、前沿性和复杂性，传统道德理论需要跟上时代步伐才能积极应对，需要发展成为现代社会的道德治理。科技伦理、政治伦理、经济伦理、教育伦理、生态伦理、生命伦理、行政伦理等应用伦理学的出现，细化和突出了现代社会道德治理的对象，使道德治理更加具有针对性。应用伦理学促成了道德治理的原则。由于现代社会所面临的是多元利益主体，所治理的社会问题更加专业和复杂，这对道德治理本身提出了更高要求，应用伦理学对现代社会道德治理的原则做了较好概括。"应用伦理学的基本原则主要有：以人为本与尊重人权原则，民主平等与公平正义原则，自由自主与自愿允许原则，普遍幸福与均衡和谐原则。这四大原则既继承了规范伦理学的一般道德原则之精华，又在应用中加以较好地组装与整合，反映了应用伦理学的基本精神要义，也在各具体应

---

① 王泽应：《应用伦理学的几个基础理论问题》，载《理论与探讨》，2013年第2期。

用伦理学学科中有生动而深刻的体现。"① 这四大原则是对传统道德原则的继承与发展,增添了诸多现代社会发展所要求的要素,其以人为本与尊重人权、民主平等、公平正义、自主自愿适应了现代社会利益分化和多元化主体的要求,突破了道德调控自上而下的传统运行规律,使各利益主体(包括专业化人士)能够平等参与,积极协商,能够更好地协调各利益主体之间的矛盾和冲突,而均衡和普遍幸福又是各个利益主体所都能接受的最终道德目标要求,是达成道德共识、解决复杂道德问题的基础。

应用伦理学形成了道德治理的方法。正如民主、自主、参与、协商、合同、契约等成为了现代社会治理的关键词一样,应用伦理学的方法也在汲取一切传统道德思想精华的基础上,强调通过程序达成,通过反思取得平衡,追求人类的普遍幸福。"在一个人们的价值观念日趋复杂与多元化、人类的行为后果越来越不确定的时代,应用伦理学的任务与其说是追求道德真理,不如说是寻找道德共识,也就是说,通过理性的论证来赢得大多数人道德上能够接受的有关伦理。"② 理性的论证需要程序的公正,理性的论证排除了情绪和情感的干涉,因为只有这样,才能更好地达成一致,不因为程序的不透明、不规范和态度上的不同取舍而陷入无休止的争论。同时,在应用伦理学研究中,还要把方法统一到核心价值观之上,即以人为本和追求人类的普遍幸福上。"完整的应用伦理学应当是程序方法论和基本价值观的统一。我们既要看到应用伦理学突出的'程序方法'和'分析工具'性质,反对权威主义独断论,同时又要坚持应用伦理学的基本价值观性质,反对激进的道德多元论;既注重寻求具有现实性和可操作性的道德共识,又不放弃对普遍价值和共同理想的追求。"③ 现代社会的道德治理方法,首先不同于以往道德调控的方式和方法,更加注重程序和平等协商,同时,道德治理又不能专注于程序,又要以道德共识及最终的道德价值追求为目的,应用伦理学的方法较为清晰地

---

① 王泽应:《应用伦理学的基本原则》,载《南通大学学报(社会科学版)》,2013年第1期。
② 甘平平:《应用伦理学的论证问题》,载《中国社会科学》,2006年第1期。
③ 杨通进:《应用伦理学研究:光荣与梦想》,载《道德与文明》,2008年第5期。

描述了现代社会道德治理的手段性和目的性的统一,为道德治理方法奠定了良好基础。

应用伦理学优化了道德治理的效果。应用伦理学的产生基于现代社会的高度分化和综合、基于现代社会发展的诸多不确定性和高度风险性、基于人类对自身的更加关注和提升需求、基于社会的民主平等开放要求不断提高、基于个人个性的不断张扬。"只有那种存在着大量道德难题或道德悖论的学科,又没有办法实现自身的突破迫切需要相关学科理论支撑,同时还能支撑相关学科的学科才有可能在相互需要的基础上大体上很好地交叉融合并形成相对独立的应用伦理学分支学科。"[①] 应用伦理学为现代社会复杂、艰难的社会问题的解决提供了合适的目的、明确的对象、有力的原则、有效的方式和方法,它应社会发展潮流而生,具有强烈的时代性,它密切关注现实问题、直指问题本身,具有明确的针对性。它和现代社会治理的理念互通交融,提出的目的、原则和方法正是现代社会的道德治理所必须的,它所产生的效果也是传统道德调控所无法比拟的。

三、道德治理:道德发展的新阶段

应用伦理学的发展是道德治理的主体,但远非道德治理的全部,但它毕竟为我们描述了现代社会道德治理的一个重要的真实场景,并为我们思考和总结道德治理问题提供了重要参考。道德治理适应于现代社会的治理而产生,道德治理在现代社会的发展中占据更加重要地位。从道德治理的目的、主体及客体、原则、方法等要素来看,都发生了一定变化,道德发展到了一个新阶段。

道德治理的目的重事也重德。一般认为,伦理学的发展包括三种基本理论形态,即德性伦理学、规范伦理学和元伦理学。这三种理论形态的目的各有侧重,德性伦理追寻提升个体的品德、美德和行为质量,规范伦理学探究道德原则和规范的本质、内容和评价标准,研究人们的行为准则,元伦理目的在于道德语言、句子、判断、推理的意义和清晰性。可见,这三种基本道

---

① 王泽应:《应用伦理学的几个基础理论问题》,载《理论与探讨》,2013年第2期。

德理论的关注点都在道德自身。应用伦理学的产生，其关注点逐渐转向具体社会领域和重大社会事件，而现代社会道德治理的关注点更是向现代社会领域的纵深发展，关注全球一体化进程中的重大事件。因此，道德治理的目的更注重把事情办得更好，更加关注事情本身的协调。当然，把事情办好离不开既有的道德资源，事情本身协调的本质还是伦理关系的和谐，虽然看重事情本身的解决，但也离不开其中的道德建设。

道德治理抹平了主客体层次，建立了新的道德关系。道德治理的主体是指谁在治理，客体是指治理的对象是谁，传统的道德调控一般由政府组织实施，行业和民众是调控的对象。在现代社会，主客体的关系发生了变化，随着多种利益主体的出现及其地位的上升，政府的权威从法规命令转向公民的认同和共识，社会治理的方式由原来的单向度转向上下互动和互通的双向度，道德治理中的主客体关系也在发生着变化。由于社会各主体的社会地位和利益追求的不同，其道德价值标准也不一致，呈现出多层次性，也存在某种道德隔阂和道德壁垒，道德治理将各利益主体"拉到"一个共同的"平面"上，为各种道德因素的碰撞和融合提供了统一平台，道德交流的共时空性增强。通过平等的参与协商，各种道德诉求相互借鉴和相互吸收，求同存异，在一些观点上彼此融合，消除差异，使各利益主体顺利进入公共道德空间，增加了道德共识。因此，道德治理抹平了主客体的层次，不断扩大着公共道德空间，使主客体之间建立了一种符合现代社会发展所需求的新的道德关系。

道德治理的原则更加倚重普世化的道德价值。大家普遍认为，以人为本是道德治理的原则[①]。在传统社会中，人是目的虽然一再被强调，但在道德调控过程中，往往将人作为实现社会整体发展的一种手段，是作为被调控的对象而出现的，以人为本远没有落到实处。一方面由于传统社会忽视了人的基本道德权利，片面强调责任和义务，抽掉了道德主体进行道德行为的现实社会关系基础，抑制了主体的道德能动性；另一方面，由于个体道德权利意识

[①] 李建磊：《道德治理与道德文化建设——纪念《道德与文明》杂志创刊30周年学术研讨会议综述》，载《伦理学研究》，2013年第1期。

的淡薄，忽视了自身合理利益和真实存在，自身的道德能动性未能充分发挥出来。现代社会更加要求开放和民主，在道德治理中，人是普世化道德价值的核心，是达成道德共识的基础。道德治理不仅要求最终目的是人的全面发展，而且更要求过程中的以人为本，将人的自由和道德权利体现在道德治理的过程之中。只有这样，才能真正将以人为本落到实处，将道德治理促进人的全面发展与社会和谐进步的作用充分体现出来。

道德治理的方法更加专业化。在传统社会中，虽然也形成了诸多行业，出现了各个行业的职业道德，但行业发展速度较慢、技术并不复杂、行业间界限比较明晰，职业道德的发展能够较好应对行业发展中的问题。上世纪中期以后，世界经济的迅速发展，使人们的社会生活发生了激烈变化，在诸多社会领域引发了大量的社会问题，尤其是新技术革命的出现，产生了大量新兴行业，且发展迅速，行业间的交流和渗透日益加强，许多新的道德问题不断产生，而且解决的难度越来越大。人们一方面对生活有着美好的憧憬和希望，另一方面人也需要从道德层面去认识和把握诸多的社会问题，人们要对其进行善恶的追问把握人的生存与发展之道。这种把握需要更多专业化的知识，需要专业化的知识与道德知识的有机结合，道德治理的方式需要不断更新，各种应用伦理学门类的产生就是例证。在现代社会的道德治理中，一方面需要发展我们共同的伦理学知识，一方面也需要在道德理论和道德实践相结合的时候注重专业化的知识，发展适应各个社会发展领域的道德治理方法，只有这样，才能真正发挥道德的作用，提升道德治理的有效性。

从以上可以看出，道德治理的各个方面出现了一些新的特点，能够被视为道德发展的一个新阶段。从伦理学的发展来看，由德性伦理学发展成为规范伦理学再到元伦理学，再到德性伦理学的重新提出，其中的变革可以说是一种范式的变革。道德治理的产生，是在目前道德发展范式内的补充和完善，其中不乏创新之处。道德治理的实践和理论还在不断发展之中。

（此文载于《齐鲁学刊》2014年第4期）

关于思想政治教育价值认识的哲学审视[①]

李合亮[②]

摘　要：价值认识是对一事物存在意义的哲学追问，是对其地位与作用的抽象与概括，它直接关系到该事物存在的正当性问题。认识思想政治教育价值，既不可以一味地把复杂的关系范畴简单地世俗化为功效，也不可把思想政治教育价值所表现之关系抽象地凝练为深沉的理论思索，而应从"满足与意义"角度去认识与把握，使其具有可掌握性，否则就会陷入玄而又玄的无实际意义的价值思辨。

价值认识是对一事物存在意义的哲学追问，是对其地位与作用的抽象与概括，它直接关系到该事物存在的正当性。长期以来，人们在对思想政治教育的本性及相关问题进行知识性认识的同时，也对思想政治教育的存在意义进行着价值认识。虽经不懈努力，学界在思想政治教育价值认识方面取得了一定成绩，但认识的进度尚较缓慢，且突破性进展并不大，已有认识不仅没有达成一致，相反争论更甚。由此，梳理学界已有成果，从问题入手，回到思想政治教育自身，科学地揭示思想政治教育价值认识所遵循的基本原则，是我们必须予以回答的重大问题，也是研究探讨思想政治教育价值的前提与基础。

[①] 教育部人文社会科学研究规划基金项目"思想政治教育的基本问题研究"（项目号：10YJA710020）。

[②] 李合亮（1973—），男，山东泰安人，聊城大学教授、博士、硕士生导师，研究方向为思想政治教育理论。

一、思想政治教育价值认识进程

思想政治教育为何存在，其产生的根源是什么，人们为什么需要它，它对国家、社会、个人到底有何用处？对于每一个人来说，无论是第一次接触，还是历经洗礼，大都会对思想政治教育产生如上疑问，或无意识嘀咕。围绕这些疑问，人们往往会做出各式回答。有人说，思想政治教育很管用，一切成绩中都可以找到它的影子。只要讲政治，注重思想教育，经济工作、文化工作等一切都OK！也有人说，思想政治教育主要是务虚，其作用是士气鼓舞与精神动员，在革命战争时期非常有用，但现今失去了其应有价值，只是政治动员的形式存在。还有人说，在新的历史时代，在和谐社会建设的新形势下，思想政治教育应有新的发展与变化，道德教育尤其是儒家思想的德性教化与现代西方人格教育应为其主要内容，甚至可以以公民教育取代思想政治教育，这既可以展现其教化功能，又能实现人性范式的转换。

上述这些说法，无论是对思想政治教育地位的哲学追问，还是直观疑惑，无论是扩大思想政治教育作用的"万能论"，还是否定思想政治教育作用的"无用论"，甚或是以调节"万能论"与"无用论"身份出现实则以他种（或儒学或资产阶级理论）意识形态替代思想政治教育的"改造"论，它们虽存有这样或那样的问题，有的甚至是错误的，但却都是对思想政治教育的一种价值认识，只不过这种认识的出发点与预设之目标不同罢了。

实际上，学理意义上对思想政治教育的价值认识，自20世纪80年代就已开始。1985年，郭富在《思想政治工作研究》上发表了《如何评价政工干部的劳动及其价值》一文，论述了思想政治工作在企业创造价值过程中的作用，分析了思想政治工作的潜在价值和社会价值；1988年，彭宗佑在《思想政治工作研究》上发表了《思想政治工作的价值必须用生产力标准来衡量》一文，提出生产力标准是加强和改进思想政治工作、划清是非界限的试金石；1989年，李德顺在《思想政治工作研究》上连续发表了五篇文章，正式提出将价值哲学理论引入思想政治教育研究，认为社会主义思想政治工作应该自觉全面地以马克思主义哲学，特别是它的价值论为哲学理论基础，实现思想认识的升华、思维模式的转换，进而促进思想政治工作的科学化；1992年，陈秉公在《思想政治教育学》中对思想政治教育的地位和价值进行了论述，并对思想政治教育的社会价值进行了剖析（即两个文明建设的根本保证、社会治理的重要手段、塑造人格的主导力量）；2000年，郑永廷在《现代思想道德教育理论与方法》中论述了现代思想道德教育的价值，指出思想道德教育的社会功能与个体功能、社会适应性与个体适应性应协调发展，互动共进；2001年，张耀灿等主编的《现代思想政治教育学》一书对思想政治教育价值问题做了专章论述，不仅界定了其概念，并且对价值的形态、价值的实现等内容进行了阐发，使得学界对思想政治教育价值的研究进入了较高层次；2002年，中国人民大学报刊复印资料《思想政治教育》开辟"思政价值探索"专栏，刊载了思想政治教育价值研究的最新成果，推动了研究的深化；2003年，项久雨的专著《思想政治教育价值论》出版，该书对思想政治教育价值的概念、体系、特征、规律等进行了整体的理论建构，被学界普遍视为是研究的新突破；2003年以来，学术界对思想政治教育价值进行了广泛探讨，涉及思想政治教育价值的生成根源、哲学基础、理论体系、主要分类、实现本质与途径、研究方法等方面，实现了研究的深化细化。在这其中，更有许多学者对思想政治教育的现代价值进行了探讨，如廖鸿冰的实践价值、卫刘华的民主政治价值、刘清华的集体价值、蒲鸿志的诗性价值、李文英等人的生命价值、张耀灿等人的生产力价值与生产关系价值，等等。

二、思想政治教育价值认识中存在的主要问题

虽然学界在思想政治教育价值认识方面取得了很大成就，但是这些认识还存在许多待深化之处：

其一，成熟的思想政治教育价值论体系尚未形成，而现有的认识"往往站在思想政治教育对社会进步和人的发展效用的宏观视角，存在着宏大叙事的泛论之嫌，其独特价值缺乏深入挖掘。"[①]

---

① 王淑芹：《思想政治教育价值基本问题研究》，载《思想教育研究》，2010年第11期。

从 20 世纪 80 年代以来，经过不懈探索，思想政治教育价值研究从无到有，从表象到本质，取得了很大进展，形成了一定的理论框架。但是，这一框架还处于初始状态，许多基础概念没有获得统一认定，处于"假说"状态，许多理论问题没有得到深入探讨，各种争议此起彼伏，成熟的完备的思想政治教育价值论体系尚待时日。即便是现有的似乎已有定论的一些论域也还有进一步追问的空间，主要表现为："思想政治教育的逻辑价值始点及历史价值始点不明，马克思主义价值哲学的理论基础需进一步夯实，思想政治教育价值的概念界定、价值形态及实现规律的概括、价值要素、价值结构、价值目标、价值创造过程、价值评价体系的构建等理论问题的研究都必须进一步深化与拓展。"①

并且，现有的关于思想政治教育价值的一些认识，虽意识到了思想政治教育对社会与个人发展的效用，但只是从宏观角度进行表象式归纳，没有从思想政治教育、人的发展、社会发展三者有机统一的角度剖析思想政治教育价值、人的价值、社会价值间的关系。的确，思想政治教育会对人与社会有着特定的益处，这是其存在的现实根源，但是对人与社会的哪一方面产生作用却是目前学界普遍欠缺的共性问题，基本上还是在社会的政治价值、经济价值、文化价值、生态价值，以及人的全面发展的框架内游走。诸如，思想政治教育肯定有助于人的全面发展，但它不可能作用于人的发展的方方面面。不能说只要有思想政治教育，人就全面发展了。思想政治教育所作用的只是人的发展的某一方面，它与其他因素形成合力共同推动人的全面发展。

其二，将哲学之价值、教育之价值生硬搬套至思想政治教育。

探讨思想政治教育的价值问题实际上就是对思想政治教育进行价值认识。什么是思想政治教育价值，如何对思想政治教育进行价值认识，对于这些问题，学术史上并没有什么现成答案，但是在哲学、马克思主义理论学科中，价值问题却有着相对明确的答案。于是，把哲学意义上的价值简单地引伸到思想政治教育，把经济学、伦理学上的价值套用至思想政治教育，把教育哲

---

① 张耀灿等：《思想政治教育学前沿》，人民出版社 2006 年版，第 90—91 页。

学中关于教育价值的思考搬运到思想政治教育,似乎已成为人们对思想政治教育进行价值认识的共同思路与模式。并且,许多人认为他们的立论依据完全经得起推敲,因为他们大都从李德顺的相关论述中找到支撑——"哲学中的价值理论,就其内容的性质和功能来说,它实际上是为一般意义的社会意识形态工作或思想政治工作提供着特殊的指导思想和根本方法的理论基础。""一定的价值观体系或价值哲学理论,是一定社会意识形态建设或思想政治工作的真正理论背景和支柱"。①

事实上,李德顺先生所言完全正确,要对思想政治教育进行价值认识,其中一个重要的方法指导就是进行哲学认识,即运用哲学中的价值理论观察认识思想政治教育。但是,以哲学为指导,对思想政治教育进行价值认识,并不意味着哲学中的价值理论完全适用于思想政治教育。因为哲学中的价值只是一般意义上的抽象与概括,是对世间诸多事物共性的思考,而教育、思想政治教育则拥有自身得以成立与发展的独有特性,需要在哲学理论的指导下进行细化、深化,而不是笼统地进行覆盖性认识。诸如,哲学意义上的价值主客体一般比较明确,但在思想政治教育中则相对复杂。思想政治教育价值中的人既有受教育者,又有教育者,谁为主体需要细细斟酌。并且,人的能动性、主导性,又导致价值的实现不仅仅是价值转移,还存在创造与再创造,即实现价值增值。由此,以哲学理论,特别是哲学中的价值理论为指导认识思想政治教育的路径完全正确,但这并不是将哲学理论移植入思想政治教育,而是要运用哲学之思维、哲学之方法去认识与理解思想政治教育的价值。

其三,在对思想政治教育进行价值认识的过程中,习惯剑走偏锋。

人们在谈论一件事情前,总会提醒自己要辩证,要全面,要客观,但是一旦进入实施过程,则又往往忘记了自己确定的认识原则,而走向极端。在对思想政治教育进行价值认识的过程中,人们往往步入同样的误区——强调

---

① 李德顺:《学习和应用价值理论——价值理论与思想政治工作漫谈》,载《思想政治工作研究》,1989年第1期。

工具性，忽视目的性；强调社会性，忽视个体性；强调遵从性，忽视自由性；强调人的受众性，忽视人的主体性；强调人的被动性，忽视人的主动性。具体而言，就是过于强调思想政治教育对阶级统治、国家稳定、社会和谐的价值与意义，"把思想政治教育这一活生生的有机体异化为政治斗争的装饰品，从而阉割了思想政治教育对其价值主体生命意义的追求与实现，为其价值的本身蒙上一层灰暗的阴霾"①，而对其对人的需求的满足、对人的精神境界的提升则予以完全忽略。

而为了改变重工具轻目的的倾向，有的学者开始进行思想政治教育的范式转换，"从政治话语的'生命线'范式转向科学化时期的'功能论'范式，再向学科化时期的'价值论范式'转变，实现思想政治教育学的科学化发展。"② 但这一范式的转换恰恰在实践中又走向了另一个极端，即强调目的性，忽视工具性；强调个体性，忽视社会性……特别是党的十七大提出注重思想政治教育的人文关怀与心理疏导之后，重视个体价值的呼声一浪高过一浪，思想政治教育人性论的研究越来越得到追逐。受此影响，在对思想政治教育的价值认识中，以人的价值、个体价值取代社会价值，以目的价值取代工具价值的论断层出不穷。特别是伴随着教育活动主客体关系新论的不断推出，许多学者认为教育者与受教育者之间是双主体论，甚至有人提出教育活动无客体，由此而导致思想政治教育价值认识中人的价值涵盖一切的事实与现象。

三、思想政治教育价值认识的基本原则

学者们在思想政治教育价值认识方面之所以存在争议，出现偏差，关键是对价值缺乏科学认识，对思想政治教育本性缺乏深入剖析。这些认识也反映出他们个人不同的思想政治教育价值观。为此，我们要回到价值的哲学意义，回到思想政治教育自身去对思想政治教育进行价值认识。这里的价值认

---

① 张耀灿等：《思想政治教育学前沿》，人民出版社2006年版，第70页。
② 侯勇、徐海楠：《思想政治教育价值范式变迁及其发展》，载《河海大学学报》，2010年第4期。

识必须合乎三大原则：

第一，哲学意义上的价值是从各门具体学科抽象出价值的本质特征而形成的对价值的概括性认识，思想政治教育价值要合乎价值的规定性。

价值，是反映价值关系实质的哲学概念。按照马克思主义价值理论，可以从三个方面来把握价值内涵：①价值并不是反映某种独立存在的实体范畴，也不是反映某一独立存在物状况的样式范畴，而是反映主体与客体的关系范畴；②价值的判断需要从主体的需要和客体能否满足及如何满足主体需要的角度来考察和评价；③价值是属人的，必须是客体对人的一种满足，离开了主体的人，虽然也存在类似现象，但不存在价值。这里的人可以是个体的人，可以是群体，如全体公民，也可以是群体组织，如集体、阶级、政党、国家、社会。

一般而言，价值普遍存在于人类的实践活动中，但在不同的活动中，因主体需要与客体属性的差异，价值关系的形成亦不同，由此可以形成诸多价值，如活动价值、实践价值、教育价值、思想政治教育价值，等等。但是，不管如何变化，任何一种价值关系都必须合于价值的最初意义，不能违背人们对价值的一般认识。无论如何特殊，对思想政治教育进行价值认识，也必须在一般价值认识的整体视野中实施。

第二，思想政治教育是一种教育活动，其价值要合乎教育价值的规定性，同时又区别于一般教育而具有自己的色彩。

思想政治教育是一种特殊的教育活动，它既需要按照教育的规律进行，又要突出自己的政治色彩。没有前者，思想政治教育就不能以教育这一基本形式展开，而没有后者，思想政治教育就是一般性教育，本身没有存在的必要。

我们知道，人是教育的、受教育的和需要教育的。"人类在本质上必须受教育，不论是对人类还是对个体而言，这是事实也是真理，因为人类及其个体要发展，而且在发展，人类必须养育和教导自己的后代，个体的'内在能力'必须要展开，每个人都必须掌握人类的文化，个体的生活应该有价值，为此，人类创造了教育的诸种形式，并且赋予教育以理想。"① 在人的生存与发展中，教育的价值是明显的，是人的价值的重要体现与组成。"教育者，养成人格之事业也。"② 作为教育的特殊形式，思想政治教育既同于一般教育，实现对人的知识传授与生活引导，但它存在的主要价值与意义却在于其所具有的价值导向，即指向人的精神世界，引导人们建构精神体系与价值观。也就是说，思想政治教育更加突出对人的规约，突显其精神的引导与约束，它在这方面的价值比其他教育更为明显。不仅如此，相较一般教育而言，思想政治教育是从人的政治社会化的实现、阶级统治的维护、国家利益的保障、社会秩序的稳定等方面，通过思想教育的途径作用于人，实现对个人、阶级、国家、社会的目标作用。

第三，对思想政治教育的价值认识，实际上就是对思想政治教育地位和作用的哲学思考，主要考察思想政治教育与阶级、国家、社会、个人之间的一种"有积极意义"的关系。

"主体在与客体的相互作用中，通过改造客体的实践活动，使客体的存在和属性按照主体的要求，为主体服务，从而表现出客体的有用性质。所以，有用、有益、有效，是价值的关键所在。"③ 这里我们必须注意到这样几个层次，思想政治教育价值主要是指一种关系，这种关系在实践中体现为满足关系，而满足关系又可具化为效能与意义。这一关系虽可以以"满足"、"效能"、"意义"、"有用"等词语来表达，但又不是最佳表述。因为这种关系，既不是思想政治教育违背其本性对价值主体的一味附合，也不是价值主体违背社会与人的发展规律对思想政治教育的任意恣为，而主指思想政治教育特性与主体需要间形成的一种客观存在的"作用关系"——对价值主体产生的影响，对其需求的满足，对其发展的促进。

因此，在认识思想政治教育价值时，我们既不能把复杂的关系简单地归

---

① 金生鈜：《理解与教育：走向哲学解释学的教育哲学导论》，教育科学出版社1997年版，第9页。
② 高平叔编：《蔡元培教育论著选》，人民教育出版社1991年版，第43页。
③ 石云霞：《当代中国价值观论纲》，武汉大学出版社1996年版，第13页。

结为"满足",甚至世俗化为功效,也不能把思想政治教育价值所表现之关系抽象凝练为深沉的理论思索,而应从"满足与意义"角度去认识与把握,使其具有可掌握性,否则就会陷入玄而又玄的无实际意义的价值思辨。只有这样,我们才能正确理解"思想政治教育功能"、"思想政治教育功效"等称谓的内涵,才能科学判断它们与思想政治教育价值的关系。

四、思想政治教育价值的判定

基于上述价值认识的基本原则,我们认为思想政治教育价值展现的是思想政治教育与价值主体间的一种关系范畴。在这一关系体系中,阶级、国家、社会与人是价值的体现者,思想政治教育属性是价值的载体,思想政治教育活动是价值的确定者。由此,思想政治教育价值是指在教育实践活动中,思想政治教育以其特性与实践合乎人的政治社会化与全面发展、阶级统治与利益维护、社会健康发展的需要而形成的对相关主体的一种积极意义的关系。这一价值的实质在于,价值主体的需要与思想政治教育属性间的质的具有肯定意义的对应关系。具体而言:

其一,思想政治教育价值所呈现的是一种具有明确指向的特定政治关系。

思想政治教育具有浓郁的政治性,这是不争的事实。这种政治性不仅内含于教育内容、教育目的之中,体现于受教育者的政治需求之中,还存在于思想政治教育与价值主体政治需求的关系之中。思想政治教育价值就是在特殊的具有强烈政治性与目的性的教育实践中形成的,这使得思想政治教育价值自然带有浓厚的政治色彩。就个体而言,价值的政治性表现在思想政治教育活动对主流政治思想、价值观念的传输满足了主体人在政治社会中生存与发展的需要;就群体而言,则在于思想政治教育以其浓厚的政治特性,思想影响的持续性、隐匿性和不可估量性,满足了阶级、政党、国家统治的需要,满足了社会稳定、有序管理、和谐发展的需要。也正因为思想政治教育对个体与群体组织的这种满足,它才成为个人发展的重要依凭,成为阶级、政党、国家维护统治的工具而被固化着。简言之,思想政治教育价值所展现的是一种政治关系,一种精神关系,它既受思想政治教育的本性影响,更受主体政治需求的制约。

其二，思想政治教育价值的主客体分别是阶级、国家、社会、个人与思想政治教育。

关于思想政治教育价值的主客体，比较有代表性的观点为：主体是人与社会，客体是思想政治教育。这种观点虽为大多数学者所认可，但在主客体的具体界定方面却发生了较大争议。有人认为，思想政治教育价值的主体是受教育者，客体是教育者与思想政治教育活动本身；有人认为，思想政治教育价值的主体既包括受教育者也包括教育者；还有人认为，思想政治教育的个体价值既包括对教育者的价值，也包括对受教育者的价值；也有人认为，思想政治教育活动的构成要素，如教育者、教育对象、教育目标、内容、手段、条件等都是思想政治教育价值的客体。

上述这些观点对我们科学地认识思想政治教育价值的关系双方确有一定借鉴，但尚需细细推敲。从大的方面来讲，思想政治教育价值服务的主体就是个人与个人的群体组织，即阶级、国家、社会，我们也可笼统地归结为社会与个人，或者阶级、社会与个人。具体到个人来说，在教育活动中有教育者与受教育者，思想政治教育对两者均有所满足，都产生价值，甚至受教育者与教育者之间也会形成一种价值关系，哪何为价值主体？对此，我们要深入剖析。对于教育者而言，因其是教育活动的执行主体、实践主体，其实施思想政治教育不是自由发挥，而是由其背后的阶级、政党、国家利益所决定，因此，思想政治教育对教育者个人的价值与意义都可以归结于思想政治教育对阶级、国家、社会的价值之中。当然，在思想政治教育活动中，教育者与受教育之间相互影响，相互作用，彼此之间会产生价值关系，但教育者对受教育者的价值可以归入思想政治教育对个人的价值之中，而受教育者对教育者的影响与价值，则需区别对待。在教育活动中，教育者受受教育者的影响与启发，调整了教育策略，则属于价值实现过程中的价值增殖，属不属于思想政治教育价值，尚需探究。而对于受教育者对教育者纯粹的个人影响，只是价值实现中的一种附带，不应该计算在思想政治教育价值之列。现举例说明：在一次活动中，教育者受受教育者启发，改变了自己的发型，使自己看起来更合乎教育者的身份。在这里,受教育者对教育者是有价值的,但这只是教育过程中的一种附带,不是活动的主体部分。同理,教育者对受教育者纯粹的个人影响,也不应该被考虑进思想政治教育价值之列。

由此,思想政治教育价值的主体只是教育活动的客体——受教育者,以及活动的实质主体——阶级、社会。不过,这两类主体也存有差别。我们知道,任何一次教育活动作用的直接对象都是个人即受教育者,因为思想政治教育首要的任务是促进受教育者思想政治品德的形成、发展与提升。虽然直接获取利益的是个人,但个人政治素质的提高、思想的统一,可以使其所在阶级更好地维护统治,更有利于社会的健康发展,这就导致了另一价值主体——阶级、国家、社会需求的间接满足。基于此,我们认为个人是思想政治教育的直接价值主体,阶级与社会是间接价值主体。当然,从长远来看,阶级、国家、社会的发展都是为了人的发展,思想政治教育对阶级和社会所产生的积极作用又最终可归为推动人的发展,因此,思想政治教育价值的最终主体完全可归结为"人"。

对于价值客体,虽然可以笼统地说是思想政治教育,但实质上则是思想政治教育属性及其活动。这里的属性是指思想政治教育的整体属性,是指思想政治教育具有的合于价值主体需求的属性,而不是思想政治教育及其活动的相关组成要素。的确,思想政治教育的相关因素(诸如教育者、教育目标、教育条件、教育环境等)对价值主体会产生作用,有时同一因素在不同环境中,或不同因素在同一环境中,会对教育效果产生不同影响,甚至直接关系到教育的成败。但是,这只是单一因素与思想政治教育效果的关系,而不是它们与价值主体的关系。严格意义上讲只有它们共同组成的有机体——思想政治教育及其活动才与价值主体发生价值关系。当然,并不是说在教育过程中,在价值实现过程中,不用考虑相关组成因素的影响,相反,只有充分意识到这些因素的作用与影响,一次教育活动才能得以顺利实施,思想政治教育价值才能得以实现。这里我们只意在强调在价值实现过程中,发挥作用的是思想政治教育的整体属性与活动,而不是其他,因为任何单一组成因素都不具有根本意义,都不能代表思想政治教育而与价值主体发生意义关系。

其三，思想政治教育价值是在思想政治教育实践活动中生成与实现的一种积极意义关系。

思想政治教育具有了合乎价值主体需要的属性，是不是说其价值就生成并实现了呢？事实并非如此。具有某种属性，能满足人与社会的需要，只是说思想政治教育拥有了某种功能，并不意味着它具有了价值。这里就有一个价值与功能的关系问题。对于价值与功能的关系，学术界一直存有争议，其中最典型的认识就是把功能与价值等同。许多对思想政治教育价值的不当认识，均源于此。的确，功能与价值之间存在着密不可分的关系，事物有价值，则必有相应功能，价值是功能的显现，功能是价值生成的基础。但我们不能以功能与价值之间密不可分为由将两者等同起来。功能就是功能，价值就是价值。事物有某种功能，却不一定必有相应价值。思想政治教育虽具有某些功能，但是这些功能能否转化为价值，并不取决于思想政治教育本身，而取决于价值主体的需求，取决于思想政治教育的功能能否满足主体的需要，能否发生实践活动。只有思想政治教育因自身的功能属性恰好合于价值主体的需要，只有在实践中价值主体"消费"思想政治教育，价值才能生成。这同产品的消费是一样的道理。"产品在消费中才得到最后完成。一条铁路，如果没有通车、不被磨损、不被消费，它只是可能性的铁路，不是现实的铁路。没有生产，就没有消费，但是，没有消费，也就没有生产，因为如果没有消费，生产就没有目的。"①

在价值主体"消费"思想政治教育的实践过程中，思想政治教育所传播之思想会被其吸收、内化并表现于行动与习惯中，这自然会促进价值主体的发展，从而呈现出一种积极的、肯定的意义关系。也就是说，价值关系对于价值主体来说具有推动作用，是有益的。当然，在日常生活中经常会碰到这样的现象：一事物对某一个人有益，但对另一个人则未必如此，进而出现了正负效果之分。价值是否也如此呢？如果同理，那积极、肯定又指的是什么呢？事实上，我们常说的一事物对另一事物具有正向、负向、零向作用，是

---

① 《马克思恩格斯全集》第46卷（上），人民出版社1979年版，第28页。

指其功能而言。诸如，电扇在夏天对于人们来说是一般具有正功能，而在冬天则具有负作用。但细究之，同样在夏天，电扇对于一个大汗淋淋的人来说，益处多，而对于一个体质较弱不能见风的人来说却有害而无利。这实际上是对电扇功能发挥的一种判断，而价值则不是这样。如前所言，价值是主体需要与客体属性的关系，它产生、实现于满足主体需要的实践过程。任何一个价值主体在选择一事物时，首先考虑的是给自己所带来的益处。诚如体质较弱的人在夏天一般不会去主动选择使用电扇。同理，思想政治教育价值主体在参与教育活动时，都以自己的需要作为前提。从这个意义上讲，只有正功能发生作用时，思想政治教育的价值才能产生。

(此文载于《教学与研究》2014年第3期)

把"中国梦"融入高校思想政治教育的几点思考

王桂菊①

摘　要:"中国梦"具有丰富的思想内涵、鲜明的时代特征、深远的历史意义和实践要求,是对高校思想政治教育话语体系的丰富和创新。着眼于"中国梦"的宏大目标,明晰"中国梦"的内涵和特征,坚持"三进"工程,进行理想信念教育,以凝聚国家意志;着力于"中国梦"的个体全面诉求和现实困境,坚持以人为本的"三贴近"原则,进行历史使命和责任教育,以激发中国精神;落脚于"中国梦"的实现路径,坚持"三个自信"的有机体系,以筑牢大学生社会主义道德自觉、增强意识形态领导力。

习近平总书记在"五四"重要讲话中指出:"青年一代有理想、有担当,国家就有前途,民族就有希望,实现我们的发展目标就有源源不断的强大力量。"② 把中央对大学生的希望和要求统一到高校思想政治教育这一主渠道和主阵地中,为"中国梦"的实现提供智力支撑和精神动力,对于建设有中国特色社会主义具有重要的现实意义。

---

① 王桂菊(1978—),女,山东聊城人,聊城大学政治与公共管理学院讲师,博士,研究方向为思想政治教育理论与方法。
② 习近平:《在同各界优秀青年代表座谈时的讲话》,载《人民日报》,2013年5月5日。

一、明晰"中国梦"的内涵和特征，以凝聚国家意志

整体把握"中国梦"的内涵和特征是融入高校思想政治教育的重要前提。"中国梦"的提出是历史发展的必然趋势，是现实的客观要求，是我国未来社会发展的价值导向，是蕴含着深刻"历史观、价值观、人民观、实践观和发展观"①的观念序列和宏大历史叙事，具有深厚的理论基础和实践根基，具有鲜明的问题指向性和强有力的逻辑解释力。②

（一）"中国梦"的内涵和特征

中国梦之于历史，是历经千难万险、实现国家独立、民族解放，找到复兴之路的奋斗史，具有历史性、现实性、阶级性和具体性的特征。1840年鸦片战争以来，中国最终在马克思主义理论的科学指导下，实现了中国的独立和图强梦想，是无数阶段性梦想实现的有机累积、叠加和丰富。当然，从纵横时空的比较来看，"中国梦"绝不是独立和富强的补偿性和继发性梦想。纵向上看，既不是简单"万国来朝"的民族表象复兴、复古梦，也不是对孔子"天下大同"、"天人合一"、"天下为公"理想社会，孟子"仁政"思想、荀子"富民"理论以及管仲"九惠之教"等儒家思想的简单逻辑套用和话语变异，而是唤醒人们对民族过去辉煌历史的崇敬之情，进而凝聚民族发展的信心和勇气。习近平总书记一语中的："基本内涵是实现国家富强、民族振兴、人民幸福。"饱含爱国主义情怀和使民众享受本国良好经济现状的美好愿景，这成为"中国梦"的本质内核和精神精髓。横向上看，中国梦作为对等、并列的平等梦，不是对"美国梦"、"德国梦"、"俄国梦"、"日本梦"等普世梦想的赶超、接轨、迷信、模仿、取代，也不具有主次和优劣的从属关系。国家层面上，作为最高形式的表现，它是共产主义梦想的重要组成部分和社会主义信念梦。社会层面上，不是弗洛伊德的抽象概念演示，而是最大限度凝聚中国共识，合理、合法和合情的宪政梦、教育梦、人权梦和民主梦等梦想

---

① 葛慧君：《深刻把握中国梦的丰富内涵》，载《人民日报》，2013年6月13日
② 习近平：《建立以合作共赢为核心的新型合作关系》，载《人民日报》，2013年3月24日。

的有机集合体，是一种在世俗性、包容性文化引领下兼顾理想与现实的、知行合一的具有完全现实可能性的和谐梦，而非中国威胁论的新注脚。对于广大青年学生而言，是以"中国梦"激励的青春梦、成人梦、成才梦和发展梦。

从"中国梦"提出的时代背景来看，文化心理方面，是自媒体时代保持高度文化自觉、理论风险自警、政党执政自信的重要条件。由于意识形态、价值理念的差异、冷战思维的作祟，以及对中国发展给世界带来的惊诧性和不适应性，使得各种消极的声音在世界上不断泛起，严重地影响了中国发展所需要的良好的国际舆论环境和氛围，对大学生思想政治教育带来前所未有的挑战：远离崇高，避谈理想，拜金主义、享乐主义等盛行，混淆价值，迷失自我。所以，对"中国梦"的阐释将在很大程度上增强社会主义思想的亲和力、弱化功利性。梦想本质上是意识形态，是在经济全球化过程中不断认识意识形态斗争表面弱化、本质隐性强化特征，是宣扬本国思想意识、价值体系、民族文化和信仰体系，抵制外国资本主义国家贬低、丑化、矮化、极端化社会主义意识形态的过程，是不断增强哲学人文社会科学建设、不断丰富和创新话语体系、增强学术话语权的过程，是不断改变未来思想、文化基本战略格局的过程。从价值体系的完善性和发展性而言，它是社会主义核心价值观的具体性阐释和理论升华，在一定程度上体现了对民族主义者的广泛认同。从政治诉求来看，"中国梦"的提出，是对社会公共、自主管理要求的适应，对社会痛点和社会肿瘤问题的积极回应；在经济方面，是改变有感发展、改变被幸福和被增长的被动发展现状，实现大学生自由、全面发展的美好愿景；在社会方面，新型安全事件、非利益相关性冲突和公共危机频发，例如复旦大学投毒恶性事件等的出现使得和谐社会的有缝管理日益严重，为高校思想政治教育提出了新的课题。

总之，"中国梦"的提出，是基于现实问题深刻反思基础之上的主导理想、价值诉求和愿景，是应然性、根本性的价值理念，不仅构建了崭新的认识论、方法论和实践论的战略视野，形成了新的道路、理想、命运、价值、目标有机共同体，而且极大地丰富了高校思想政治教育的内容，提出了新的思想、政治、道德培养目标和要求。

(二) 实施"中国梦"主题思想政治教育的具体途径、内容

"中国梦"的"三进"工程是指将"中国梦"渗透于高校思想政治教育理论教材、课堂和头脑。教材能体现执政者的观念、立场和利益，确保思想政治教育发展的政治方向。要充分发挥高校思想政治教育教材的实用性、开放性、时代性和严谨性的特征，发挥政策解读功能和舆论导向功能，废止"体系本位意识"，[①] 将中国梦的内涵和特征在教材中得以完整和深入地呈现，无论是政策设计还是制度安排都应该体现和保障其内涵阐释的权威性和接受的广泛性、系统性。"应该改变传统思想政治教育理论课教科书的编写模式和编写理念，使思想政治理论课教科书的'意义世界'与当代大学生的'生活世界'相融合，思想政治理论课教科书的编写语言要由灌输式语言转向沟通式语言，由独白式语言转向对话式语言。"[②] 任何思想政治教育目标的实现最终要依托于向高校课程体系和教学体系的转化，即课堂教学。"中国梦"进课堂，就是要进行生动的"说梦"教育，坚持"我的未来不是梦"的信念教育，建立梦想反馈表和梦想督促内外机制，进行"三观"和"三热爱"为主线的思想道德教育，聚焦中国梦想主题，心怀中国梦情节，抓住实现中国梦的当下机会，以传递社会发展正能量。多样性活动诠释中国梦，利用演讲、访谈和歌唱比赛等形式唱响中国梦，用行动来描绘中国梦。创新教学方式，努力把握和实现网上思想引导的主动权。进行具体化、丰富性的"中国梦"教育，废除概念化的空洞无力教育，深化社会整体对教育规律的内在把握。在梦想之间，既要看到不同国别梦想实现的不同背景，价值诉求，本质内容，也要互相借鉴梦想实现的途径和方法等，既实现纵向，也实现横向梦想之间的比较和丰富，以期达到对"中国梦"核心内核和理念的把握和发展。"中国梦"进头脑，是实现梦想与行动有机统一的前提和条件，就是要使其成为当代大学生的理想、信念和为之奋斗的精神力量。为此，必须要坚持"三贴近"原则，以增强"中国梦"教育的针对性和实效性为着力点，以正面教育为主，

[①] 刘大椿:《中国人文社会科学发展研究报告》，中国人民大学出版社 2004 版，第 4 页。
[②] 郭海龙:《论高校思想政治教育中的"语言学转向"》，载《学术论坛》，2007 年第 1 期。

将讲梦、说梦内化于心、于脑，外化于行，为追梦和圆梦进行不懈的努力，真学、真懂、真信、真用，以坚定社会主义信念和信仰。

理想、信念是实现中国梦的坚实土壤。对大学生进行理想信念教育是关系到党和社会主义建设兴衰成败的重要内容。中国梦的提出表明了党拒绝全盘西化的决心和意志，表明了要走中国特色社会主义道路，弘扬中国精神和依靠中国力量做好自己的事情的选择和能力。理想信念教育是建立在对科学理论的理性认同之上的、对历史规律的正确认识和国情的准确把握之上的。进行以"中国梦"为内容和主题的思想政治教育，实质就是要进行社会主义的理想信念教育。习近平总书记反复强调："理想信念就是共产党人精神上的'钙'，没有理想信念，理想信念不坚定，精神上就会'缺钙'，就会得'软骨病'。"[①] 淬炼理想信念，凝聚青春力量，始终坚持立德树人的核心使命，培育筑梦人。作为立足当下、指向未来的前进之梦和进步之梦，是不断实现社会主义核心价值观，筑牢和实现共同道德思想基础的过程。为此，尊重信仰的丰富性和个体性的同时，坚持信仰的纯洁性和高尚性，坚定信仰的忠诚性，成为进行理想信念教育的重要初衷。立德树人是思想政治教育的根本问题，它决定着高校思想政治教育的内涵、本质、功能和发展方向。其前提在于，加强教师队伍培养、培训力度，为推进"三进"提供理论支撑和师资后备力量，教师要讲清、讲深、讲透中国梦的发展史，学党史、知党情，打造、培养和造就具有政治信仰、创新能力和高尚道德的干部队伍。要借助媒体的集群和集约功能进行中国梦的宣传、教育和传播，利用和开拓更多的诸如《中国好声音》、《中国梦之声》等节目，进行鲜明的理想、信念模板教育，宣扬理想、信念和信仰的本真价值，传递社会正能量。利用《致我们终将逝去的青春》和《中国合伙人》等优秀的文艺作品发扬大学生的青春梦想，宣扬其青春热情，将国家的意志与个体的诉求结合起来，为国家奉献青春活力，

---

① 习近平：《紧紧围绕坚持和发展中国特色社会主义 学习宣传贯彻党的十八大精神——在十八届中共中央政治局第一次集体学习时的讲话》，http://www.gov.cn/ldhd/2012—11/19/content_2269332.htm。

实现国家意志的转化、内化和践行。"要广泛开展理想信念教育，把广大人民团结凝聚在中国特色社会主义伟大旗帜之下。"① 将人生理想融入国家和民族的事业中，最终才能成就一番事业。

二、坚持"中国梦"的实施原则，以激发中国精神

个人梦是中国梦的具体体现，无数具体个人梦的实现汇聚成中国梦。但任何个人梦想的实现都必须要融入"发展中国家身份追求的现代化、社会主义国家身份追求的共同富裕和新兴国家身份追求的国际关系民主化的三位一体"② 的实现中，才能实现永恒和无悔青春的最大价值。为此，助力于学生梦想的实现，体现对个体梦想的尊重，以增强大学生对"中国梦"的亲身体验以及由此所带来的"利益"认知、情感认同和精神享受，这对于"中国梦"的实现具有重要的现实意义。

坚持"三贴近"原则进行"中国梦"主题教育，既要有问题意识，也要有过程意识；既要有个体意识，也要有全局观念；既要有权利意识，也要有法制观念，要以中庸的哲学态度和辩证思维诠释和化解思想政治教育的相关问题，进行"中国梦"思想政治教育实践价值和代价的对比分析，避免形成集体无意识、陷入法不责众的习惯思维怪圈。具体而言，着眼于大学生所关注的具有挑战性、复杂性和焦点性的热点问题，通过课堂反馈、网络沟通、问卷调查和座谈会等方式回应学生思想的困惑，坚定理想信念；给大学生创造更多的实现自身价值、理想的机会，改变结构性就业难题和行政性被就业难题，实现教育的公平、公正，增强思想政治教育的针对性。逐渐废止冷暴力等不良思想政治教育方式，保护学生的生存权、发展权、参与权和受保护权。按照"把立德树人作为教育的根本任务，培养德智体美全面发展的社会主义建设者和接班人"③ 的要求，以实现大学生道德自觉为目的，弘扬道德的

---

① 《中国共产党第十八次全国人民代表大会文件汇编》，人民出版社2012年版，第29页。
② 王义桅：《外界对"中国梦"的十大误解》，载《环球时报》，2013年4月16日。
③ 《中国共产党第十八次全国人民代表大会文件汇编》，人民出版社2012年版，第32页。

先进性，凝聚道德广泛性；彰显道德理想人格，推动道德现实发展；突出道德自律，体现道德规律。逐渐改变单极的物质至上价值指向和判断标准，切实"坚定理想信念、练就过硬本领、勇于创新创造、矢志艰苦奋斗、锤炼高尚品格"① 以实现其成才梦、发展梦、尊严梦和幸福梦，这是"中国梦"之于思想政治教育的基本价值诉求。

进行历史使命和责任教育是彰显中国梦的重要前提。要进行历史教育，注意选择性思维作祟，进行全面的、辩证的教育，在警惕日本等国自虐式历史观教育的同时，要进行历史人物、历史古迹、历史事迹等的崇敬教育，禁止"杜甫很忙"等戏谑式的扭曲表达。以"通古今之变"的历史自觉意识，以整体性的视角把以史为鉴的理性精神，思齐内省的自律精神和家国情怀等传统智慧运用于现实和未来，增强民族自信心和自豪感。中国梦是具有文化意义的理念创新，要立足整体度量，坦陈中华文化，继承其精髓；要以人为本，揭示中华文化的人生质感；要注重古代文化和现代文化的思维功力和表达功力，注重文化的时间张力。

责任教育是以政府、学校和教师等责任主体为主的，具有各自责任意识、责任任务、责任能力和责任素养要求，以实现培养和造就具有责任情怀、担当精神和履行责任的能力的人，以服务于国家、社会和完善自我的教育。责任教育具有普适性、草根性、哲理性特征，是具有科学、理性和和谐品位的教育，是关乎人的品格和能力的高校思想政治教育的题中之义和内在旨归。当前，责任教育的缺失，造成师生责任能力低下、责任行为放任、责任素养不高，责任裁量有失偏颇。对于所谓的"中国式过马路"社会现象缺乏特有的责任感和责任行动。"中国梦"还是和谐梦，是人与人之间关系的和谐之美。《国家中长期教育改革和发展规划纲要》更好地诠释了高校"培养人"和"培养什么样的人"、"怎样培养人"的问题，规定了高校思想政治教育在成就责任教育、培养具有高品质责任素养的人等方面要具有强大的责任担当，既是责任教育的发起者和实施者，又是责任教育的受益者。为此，要为提高

---

① 习近平：《在同各界优秀青年代表座谈时的讲话》，载《人民日报》，2013年5月5日。

教师的师德修养提供良好的培训和教育环境，纠正或鼓励教育教学行为，加强教育伦理的视角研究，从伦理的视角看待学生的道德教育和教师的职业操守，促进教师专业化发展。从责任内容上来讲，就是培养学生对自己当下的生命负责、学习负责，增强责任能力，树立服务他人、回馈社会和造福人类的责任意识。从进行责任教育的终极目的来看，就是要提升人性，健全人格，为人的终身发展服务。实现项目化教育、专题化教学和网络化教学的合力，将做、想、思相结合，以增强思想政治教育的思想领导力、政策贯彻执行力、行为规范引领力。加强思想政治教育学科建设，加大人才培养力度和强度，为实现中国梦而提供智库和智囊支持，进行历史使命和责任教育的目的，就当前的意义就在于激发中国精神，即实现民族精神和时代精神的有机统一，为"中国梦"的实现奠定坚实的精神源泉。

宣扬民族精神的内涵、价值成为抵抗资本主义意识形态渗透和挑战的利器，是宣扬和实现"中国梦"之和平崛起梦、反击中国威胁梦的重要工具，是实现民族复兴梦和公平正义梦的精神根基。审视和运用"博学之，审问之，慎思之，明辨之，笃行之"的哲学智慧，从自我建设的精神世界、外推内省的人文境界向化人天成的天人境界转变，实现学生道德提升。专注于民族精神和价值理想的弘扬与塑造，秉承高度的学术自觉和文化自信，不断提升思想政治教育这一哲学人文社会学科的国际影响力和话语权。臻于文化是增强时代精神的重要力量和智慧来源。坚定传承民族文化的立场、关注文化传承的现场、激发文化传承的气场，发挥《论语》、《道德经》等伦理道德思想的精神哲学光辉，并结合"神十"太空授课等形式创新现代思想政治教育方式，是实现民族复兴、社会进步、科学发展和文明进步的动力和源泉，以培养学生的创新能力和科学精神，宣扬以爱国主义为核心的民族精神和以改革为核心的时代精神。创新，撬动"中国梦"的杠杆。要实现民族复兴的中国梦，基础是实现一百多年来中国人的科技强国梦和教育兴国梦，这两个梦是根本，也是先导。如果不先实现这两个梦，中国梦就没有根，就没有魂。总之，增强中国梦的战略定力和领导力，发挥激励功能而不是告知义务，立德、立言、立功，实现大学生思想政治教育的目的。

三、探寻"中国梦"的实现路径,以增强意识形态领导力

中国梦首先应该是道德自觉梦。从国家层面上讲,只有实现道德自觉才能实现越来越重要的价值引领和道德规范作用。道德自觉是人的内在需求,正确的道德意识和正确的道德情感能够促进人们思想的健康发展,唤醒人们的道德信仰,坚定道德信念。为此,要着力于回答深层次的问题,正确引导舆论,坚持中国道路,弘扬中国精神,凝聚中国力量,发挥中国梦的纽带作用和号角精神,增强"三个自信",筑牢全国人民团结奋斗的共同思想道德基础,成为实现中国梦的现实路径。顾海良指出:"中国梦是对党的十八大主题的升华;是对坚持中国道路、弘扬中国精神、凝聚中国力量的国家宣示和对坚定'三个自信'的直接表达。"[①] 这也从侧面指出,无论从马克思主义实践观,还是从中国梦的现实依靠力量来看,大学生都是实现"中国梦"最具有生机和活力的支柱力量,是实现中国梦的奋进者、开拓者和奉献者。以"三个自信"为保障,从思想上武装和引领大学生的思想、政治、道德走向,实现社会主义道德自觉,对实现"中国梦"具有关键性的作用。

首先,依靠大学生向世界说明中国和发展中国,向世界宣扬中国崛起的比较优势,改变近代知识体系和价值体系的西方化倾向,坚持实现"中国梦"的理论自信。邓小平指出:"对马克思主义的信仰,是中国革命胜利的一种精神动力",否则"中国革命就搞不成功"。[②] 江泽民也强调指出:"坚持马克思列宁主义、毛泽东思想的指导地位,是我们立党立国的根本。"[③] 不仅如此,"中国梦"的不断叠加实现和国外马克思主义运动的复兴都在不同程度和侧面彰显马克思主义理论的真理魅力和实践风采,并以实践之风弘扬了中国理论,坚持了马克思主义的指导地位。以科学理论为智慧武装,加强哲学人文社会学科的建设和增强其理论创新的引领作用,增强话语体系的丰富和转变,实

---

① 尹世尢、柳礼泉:《坚定中国特色社会主义"三个自信"》,载《中国教育报》,2013 年 5 月 24 日。
② 《邓小平文选》第 3 卷,人民出版社 1993 年版,第 63 页。
③ 《江泽民文选》第 1 卷,人民出版社 2006 年版,第 158 页。

现学术话语体系向民间话语体系的转变和运用以增强理论自信，这成为实现"中国梦"的重要保障。

其次，以道路自信武装大学生思想，实现对中国梦之发展梦、和平梦等具体梦想的价值认同。当今世界，政治学说、经济学说等都是依据西方人的利益诉求和表达方式来运行的。任何有异于资本主义道路的社会发展之路都被纳入资本主义进行"颜色革命"、"和平演变"、"阿拉伯之春"等的目标或潜在破坏对象。但"中国模式"、"中国奇迹"的取得却成为资本主义理论都难以解释和自圆其说的活标本，展示了有中国特色社会主义道路的强劲生命力和活力。

最后，以制度自信驳斥资本主义民主的傲慢态度，增强执政自信。加大对中国制度和精神文化的分析，进而批判资本主义民主的天然合法性和普世性。辩证看待"民主被泛国际化，民主被神圣化、宗教化，民主被工具化、功利化，民主被标签化、碎片化，民主被程序化、格式化，民主被绝对化、终极化"[①]等异化现象。从历史、现实和未来时空维度的辩证统一视角，实现我国制度的历史理性与理论理性的统一、合规律性和合目的性的统一、民族立场和世界眼光的辩证统一，以维护国家意识形态安全的迫切性需求。

究其原因，中国梦不仅是一种理想，更是一种意识形态。"中国梦"的提出是意识形态领导权的权力展现。"中国梦"的实现与否或实现程度大小则是意识形态领导力强弱的集中体现。无论从历史还是从现实视角看，社会主义核心价值观都是先进文化的精髓，是中国特色社会主义在思想文化上最为鲜明的标记，因而成为中国梦不可或缺的价值内核。所以，在增强"三个自信"宏观指导之下，把中国梦的远大理想转化为具体价值追求，实践社会主义核心价值观本身就是不断追逐和实现"中国梦"的过程。社会主义核心价值观"它恒久支配和决定着国家、社会和民族的思想观念、价值取向和精神世界，是凝聚人心、汇聚力量、统一思想的精神力量和奋斗目标"[②]。社会主义核心

[①] 张树华：《冷战后国际"民主化"的经验与教训》，载《光明日报》，2013年5月29日。
[②] 段艳丽：《拓宽大学生思想信念教育的路径》，载《光明日报》，2013年6月9日。

价值观在理想信念、目标方向、发展精神和价值取向等方面具有重要的引领作用，社会主义道德自觉是实现中国梦的根基。为此，高校思想政治教育作为对社会诉求和个体需求的折射和伴生物，以加强校园文化建设，发挥高校文化的示范功能、导向功能、凝聚功能、约束与熏陶、扬弃与创造功能，优化学校思想政治教育的环境。进行"中国梦"宣传的大众化，议题的公共性和独特性、时代性，理想实现的社会性教育，倒逼人民反思我国道德现状，探究道德败象背后的文化、心理因素，反哺和推进道德文明素质的可持续提升，为中国梦的实现提供坚实有力的动力和动能。

全球化与外交理论的嬗变

——兼评《全球化时代的公共外交》

李华锋

外交是以和平方式处理国际关系的最主要和最有效的工具。自从人类社会进入文明时代以来，外交就成为人类解决冲突、加强合作的主要手段。随着国际社会的不断演进，在不同的时代，需要处理的国际关系也越来越复杂，指导外交实践的理论和形式也在不断发生改变。从古代的军事外交到王朝特权外交、近代专业外交再到现代多变外交、公共外交，每一种外交理论和方式的产生都是时代的要求，也是时代的产物。20世纪六七十年代以来，伴随着全球化的兴起，全球经济、政治、社会联系与交往不断增强，不仅促生了数量不断增多的非国家行为体，而且也逐渐消亡着国家的传统边界。国际社会发生的这一系列变化必然导致处理国际关系的外交理念与形式发生变化，外交的公开化和民主化成为现代外交的重要趋势。如何与权力日益上升的非国家行为体打交道，如何"赢得民心"都成为全球化时代国家外交的重要考虑。公共外交就是在全球化运动的推动下发展起来的一种以"赢取民心"为目标的外交理论与形式。李德芳博士的《全球化时代的公共外交》一书就从全球化促使国际社会权力变迁，进而改变了外交的议程和方式的角度阐述了公共外交这一新的外交理论和形式兴起的必然，并对全球化时代的公共外交实践及其发展前景进行了探究。该书于2014年11月由中国社会科学出版社出版。

该书大体沿着"全球化运动与公共外交的兴起——全球化时代公共外交的发展——新公共外交及其未来"这条主线，详尽论述了公共外交这一全球化时代处理国际关系的外交理论和形式兴起的原因、理论来源、发挥作用的路径，并在此基础上就具有代表性的各类国家的公共外交战略与实践进行了分析和比较，并对公共外交这一外交理论和形式的局限性、公共外交所面临的机遇与挑战以及未来的发展前景进行了剖析和论述。

该书认为公共外交是全球化时代兴起的一种新的外交理论和形式，全球化运动是公共外交兴起和发展的最重要动因。随着全球化运动的兴起，日益卷入全球贸易和国际政治的各国公众越来越成为国际社会的"利益攸关者"，在国际关系中扮演着越来越重要的角色。他们不仅呼吁外交的公开化、大众化，而且各国公众对国际事件的看法和态度也逐渐成为影响一国外交政策有效实施的重要因素。全球化时代公众在国际社会作用的不断上升，给处理国际关系的外交提出了新的挑战，即，外交不仅是政府之间的讨价还价行为，还需要考虑如何"赢得民心"。而公共外交运作的逻辑恰恰可以回应这个挑战：一国政府通过公共外交活动的开展，与目标国公众进行思想、观念的沟通和交流，从而影响和改变目标国的公众舆论和公众态度，进而影响目标国对本国外交政策的制定和实施，并最终实现塑造本国国家形象、构建国家认同的目标。

该书在某些观点和论述上也存在一些需要斟酌和商榷的地方，例如，该书认为全球化运动是促使公共外交产生和发展的最主要的动因，但是全球化运动究竟起于何时，学术界仍然存在一定的争议，而且古代外交时期的"合纵连横"和"塑造威望"的外交活动与今天的公共外交是否可以等一视之？作者在这方面的论述还有些欠缺。不过，这些小的瑕疵绝不会掩盖该著作的学术价值和现实意义。

总之，《全球化时代的公共外交》一书，以全球化时代公共外交的兴起、发展及未来趋势为主要研究内容，在研究视角和研究方法上都有一定的创新性。从研究视角来看，该书把公共外交的兴起放在全球化时代外交理论和方式的发展变化中进行梳理，并从全球化改变了外交的内涵与方式的角度对公共外交兴起原因进行探究，提出公共外交是全球化推动下的外交公开化和民主化的产物，拓宽了公共外交研究的视角和领域。从研究方法和研究内容的选取来看，该书充分运用了国际关系研究方法中个案研究和比较分析相结合的方法,把公共外交实践中比较典型的成功案例进行了分析比较。在案例的选择上,兼顾全面性和代表性。既从公共外交从业国的角度选取了西方大国(美国、英国、法国)、中小国家(加拿大、挪威、瑞典)及新兴大国(中国)的公共外交活动进行了分析比较,也从公共外交的实施途径(新闻管理、战略沟通、关系建立)进行了分析论证,具有一定的合理性和创新性。

英国工党研究的新拓展和新探索

——《英国工党执政史论纲》评介

刘子平

当今世界政坛是一个由政党充当主角的世界，大多数国家的经济与社会发展状况一般都是通过政党执政的绩效得以体现的，政党之间的竞争与合作也成为世界政治中一道靓丽的风景。在政治学研究中，政党政治是一个非常重要的内容。而在政党政治研究中，执政历史与实践的研究又是最为重要的方面。英国工党作为当今英国政坛的两大政党之一，是当今民主社会主义政党的主要代表，深入研究英国工党的相关问题，特别是执政史问题研究，不仅具有重要的理论价值而且具有重要的实践价值。近日李华锋教授和李媛媛博士的新著《英国工党执政史论纲》（中国社会科学出版社2014年5月版）从新的视角对英国工党研究进行了新的拓展，是近年来英国工党研究领域的一部重要成果。详读全书，发现该书视角独特，逻辑结构严密，史料详实，史论结合，语言表达流畅，富有现实意义，是一部具有较好学术价值与现实意义的佳作。其特点与优点主要体现在以下三个方面：

一、本书以政党执政史为研究视角拓展了英国工党研究，视域开阔，视角独特

英国工党是当代英国政坛的两大政党之一，是英国左翼政党的代表，也是西方民主社会主义政党的主要代表。从1900年工党前身劳工代表委员会诞生迄今，英国工党已经走过百年的政坛发展历程。在百年岁月里，工党逐步从一个选举联盟成为为一个现代大党，从一个微不足道的小党成

为一个举足轻重的大党。可以说，20世纪以来的英国社会发展进程深深地打上了工党的烙印。因此，国内对英国工党的研究也愈加重视，成果也愈加丰富。特别是由于工党在世纪之交历史性地实现大选三连胜和布莱尔提出的新"第三条道路"风靡世界，使英国工党研究更是成为世界政党研究和民主社会主义研究的热点。在看到现有研究成绩的同时，也要看到仍存在诸多的不足。主要表现在：研究论文多，学术专著少，少量的研究专著也主要关注的是布莱尔、艾德礼时期的英国工党，或者对工党的政坛发展进行表层化的梳理，而对其政坛发展与执政缺乏深入全面的分析。本书以英国工党执政史为视域，来全面审视工党执政的基本脉络，准确评判工党执政的理论与实践，拓展了英国工党研究的新领域，视野开阔，视角独特。

二、本书对英国工党执政史进行了系统，深入和较为详实的梳理与分析，坚持史论结合，论从史出

该论著以英国工党发展与执政为研究主线，细致而全面地梳理了国内外相关史料及研究成果，架构精巧，对英国工党执政的历史过程进行了总体论析与分段考察分析。论著的主体章节将英国工党执政史划分为五个时期——麦克唐纳政府时期、艾德礼政府时期、威尔逊政府时期、威尔逊—卡拉汉政府时期和布莱尔—布朗政府时期。然后，从时代和个人背景、主要内外政策与实践等方面对不同历史时期的执政进行详细的分析与评价，力求做到史论结合，论从史出，持之有据、不发空论，在尊重史实的基础上运用政治分析的方法进行理论的抽象与概括，作出了实事求是而又令人耳目一新的评述，揭示了英国工党执政兴衰与沉浮的深层次原因。该论著资料翔实、信息量大、论析深入浅出而又充分有力，为国内该领域的研究提供了重要的材料积累与学术积淀，是不可多得的又一力作。

三、本书对英国工党执政史的研究具有较高的现实价值，体现了理论研究来源现实，并最终服务现实的研究导向

理论与实践是紧密结合，互动发展的。社会科学研究的最终的目的还是要服务于现实的实践，因此社会科学研究者在选择研究目标时，既要有理论目标，更要有现实实践选择，当然，实现二者紧密结合的领域更是上乘之选。该书就是理论与实践紧密结合较为成功的一个典范。《英国工党执政史论纲》不仅是一部具有浓厚理论色彩的学术著作，而且还具有鲜明的实践价值。该书通篇都体现出一名社会科学理论工作者的使命意识和责任意识，它没有单纯地停留在对英国工党执政历史的简单梳理与考证上，而是从多个方面来探寻英国工党执政沉浮的根本原因所在，进而对包括中国共产党在内的其他执政党加强执政能力建设，进一步提高执政水平与执政效绩，提供重要的鉴戒与启迪。也是中国共产党观照国别政治，把握一体化、全球化国际社会本质与状况的重要视阈。

中国特色社会主义国家利益观的创新之作

——《中国特色社会主义国家利益观》评介

刘姝媛

秦正为博士所著《中国特色社会主义国家利益观》2013年12月由人民出版社出版。秦正为博士多年来致力于研究马克思主义基本原理与中国特色社会主义，该书便是撷取了中国特色社会主义的国家利益观这一热点问题进行了深入研究。

该著作既考查了中国特色社会主义的国家利益观的形成条件，也详述了中国特色社会主义的国家利益观的理论体系，又探讨了中国特色社会主义的国家利益观的国内战略、国际战略和党际战略，此外还对中国特色社会主义的国家利益观的历史地位、成功经验、教训借鉴和未来启示作了综合分析。这本著述弥补了学术界对于"中国特色社会主义国家利益观"研究的整体性和系统性的不足，不得不说它是一部具有创新性和前瞻性的著作。纵观全书，具有如下几个突出特点：

第一，思路清晰，体系完整。纵览全书，不论是大的章节，还是小的段落，基本上都思路清晰，线索明朗，结构合理，布局协调。例如在论述中国特色社会主义国家利益观的国际战略时，围绕我国"大国是关键，周边是首要，发展中国家是基础，多边是舞台"的外交布局，条理清晰地分别阐述了中国与发达国家、发展中国家、周边国家及国际组织关系的发展演变轨迹以及作者对这一系列性质不同的关系的演变的思考与领悟。而在描绘各发展演变轨迹时，又都清晰地伸展出"整体"和"重点"两条线，令阅读者能够自然而然地在头脑中形成清晰的理论脉络。全书都是以这种有条理有步骤的布局方式使各理论观点通过无形的理论脉络，整合成为完整的理论体系。当然，在体系完整、内容翔实的基础上,作者并非对所有问题都平均着墨,不分主次。例如关于中国特色社会主义国家利益观形成的理论基础、时代烙印、现实依据和实践基础,作者并没有过多浪费笔墨,而只是将相关内容简明而又详实地陈述给读者。

第二,视野开阔,视角新颖。从绪论中就可以看出作者对"国家利益"的国际关注度、海内外研究现状以及概念推演的宏观把握。总览全书,作者的研究视域涵盖了"中国特色社会主义国家利益观"的方方面面。如中国特色社会主义国家利益观的理论体系,相对于大陆学者研究毛泽东、邓小平国家利益观较多,对江泽民、胡锦涛国家利益观的研究却仍处于起步阶段的现状,作者不仅论述了作为中国特色社会主义国家利益观理论体系起点和基础的邓小平国家利益观,而且深入研究了江泽民和胡锦涛的国家利益观,并且得出"与时俱进是江泽民国家利益观的突出特点和典型特色"和"胡锦涛的国家利益观是求真务实的马克思主义国家利益观"的结论。这样,对中国特色社会主义国家利益观理论体系的论述,就涵盖了改革开放以来三代领导集体核心代表的理论成果。而在研究视角上,该书亦有许多独到之处。例如,在"中国特色社会主义国家利益观的国内战略"一章中,作者创造性地提出"中国特色社会主义国家利益观,不仅表现为针对'外国利益'的'本国国家利益'观,也表现为针对'社会利益'的'国家利益'观"。从这一立场出发,作者分别从政治、经济、文化、社会四个方面论述了中国特色社会主义维护国家利益的极具特色的国内战略。

第三,逻辑严谨,论述深刻。在上文所说的"思路清晰"的特点之外,作者对宏观的逻辑推演和相关的细节补充都做到了严密谨慎,一丝不苟。例如在分析中国特色社会主义国家利益观的党际战略时,不仅论述了中国共产党与世界无产阶级政党和世界资产阶级政党之间关系的理论依据,发展历程和经验教训,而且论述了共产党与社会民主党的历史渊源,中国共产党与社会民主党关系发展的历程、经验教训和未来启示。除此之外,关于世界资产阶级政党和世界社会民主党的范畴,作者亦科学严谨地指出这两大范畴"自然也包括中国历史上的相应党派"。在其他章节中,作者也贯彻了严谨可靠的特点。这样，由于全书整体逻辑的严密和对每一问题事无巨细、精益求精的探索，使得作者对每一问题的论述都极具可靠性和说服力。当然，由于本书所述论题本身的体系庞大、内容繁杂，因而作者难免有疏漏之处，但这并不能掩盖本书总体上逻辑严谨，论述深刻的特点。

第四，现实性高，责任感强。这是该部著作一个极为明显的特点。"中国特色社会主义国家利益观"这一论题，作为中国特色社会主义理论体系整体理论框架内的一个重要问题，本身具有很强的政治敏感度和现实相关性。例如该书所涉及的与国家利益有关的中国特色社会主义政治、经济、文化、社会发展道路问题，在处理中国与发达国家、发展中国家、周边国家、国际组织的关系时怎样维护和谋求本国国家利益的问题，邓小平、江泽民、胡锦涛的国家利益观在中国特色社会主义理论体系中的地位以及彼此之间的理论渊源问题，构建社会主义"和谐社会"和推动建立持久和平、共同繁荣的"和谐世界"相生相长、齐头并进的问题，中国特色社会主义国家利益观的经验教训和现实启示等等。所有这些问题，都与我国在风云诡谲的国际形势中如何实现本国的国家利益，同时不伤害世界人民的共同利益息息相关。对所有这些问题的关注和探究，不仅体现了作者在理论研究领域密切联系实际的优良作风，而且显示出作者对理论推进和国家建设两方面的"双重"责任意识。

当然，作为首次明确提出"中国特色社会主义国家利益观"并对其作整体研究的著述，该书尚有值得商榷和补充之处。然而，总体而言，瑕不掩瑜，该书的学术价值是毋庸置疑的，值得一读。

高校思想政治理论课研究的新成果

——《21世纪高校思想政治理论课教学改革研究》评介

姜爱凤

高校思想政治理论课是对大学生进行思想政治教育和马克思主义理论教育的主渠道，肩负着培养高素质社会主义事业建设者的责任，加强对高校思想政治理论课的研究，具有重大的时代价值和现实意义。林建华教授主持完成的山东省高等学校教学改革项目（项目批准号：2009214）"21世纪初我国高校思想政治理论课建设与教育教学改革和创新——以聊城大学为例"的最终成果《21世纪高校思想政治理论课教学改革研究》近日由知识产权出版社出版。通读全书，掩卷思虑，可以看出该书系近年来高校思想政治理论课研究领域的重要成果，具有以下三个方面的优点和特点。

第一，从科学研究的视域对新世纪高校思想政治理论课教学改革情况进行了全面系统的研究。近年来，党和政府非常重视高校思想政治理论课工作，从课程、教材、师资、经费等多个方面投入大量的人力、物力与财力。与此相对应，高校思想政治理论课的教育教学改革也取得了丰富的成果，使思想政治理论课的实效性和凝聚力不断增强。但也要看到，大多数教育教学改革的研究成果属于微观层面，如教学方法、教学手段、教学技巧等，表现形式也以论文为主，从宏观层面深入全面研究思想政治理论课教学的并不多。本书充分利用学术著作的篇幅优势，从科研的视域研究教学问题，从高校思想政治理论课教学改革的必要性、整体设计和课程方案、效果评估、成绩与经验、深化对策五个方面对新世纪以来高校思想政治理论课教学改革问题进行了全面系统的研究。显然，无论是从广度还是深度来看，本书在高校思想政治理论课教学改革研究方面都是具有开拓性的，为我们准确把握新世纪高校思想政治理论课教学情况，更好地推进高校思想政治理论课教学奠定了坚实的基础。

第二，采用多种方法准确把握新世纪高校思想政治理论课教学改革的全貌。成功的科学研究必须有适宜的研究方法为支撑。高校思想政治理论课教学改革研究既离不开国家的宏观政策，也涉及各个高校具体的思想政治理论课教学改革实践。因此，本研究既需要进行规范研究，又需要进行实证研究，采用恰当的多种研究方法十分必要。本书通过文献研究，深入分析和比较高校思想政治理论课教学方案、教学文件、教材使用等实现准确把握高校思想政治理论课教学的整体情况、面临的机遇与挑战、体现的规律性等；通过案例研究和调查方法获得一手材料，准确掌握各个高校在思想政治理论课教学改革中的共性与个性，分析其优点与不足，了解思想政治理论课教学的主客体——老师与学生对课程学习和改革的感受与体会、意见和建议，实现解刨麻雀，见微知著。通过这些研究方法的综合运用，使本书的论据更为全面详实，论点更有说服力，对策更有针对性和可行性。

第三，对深化高校思想政治理论课教学改革提出极富价值的建议与意见。作为一个省级高等学校教学改革项目，本项目的性质决定了该项工作既是一个基础研究，更是一个对策和应用研究。通过深入全面地分析和总结新世纪以来高校思想政治理论课教学改革的整体情况，总结改革的成绩与经验，分析存在的问题与不足，更好地改进高校思想政治理论课教学，提高教学质量，才是本研究的最终目的与归宿。因此，本书在分析高校思想政治理论课教学改革存在问题与影响因素的基础上，把落脚点放在深化改革的对策上。从认识、导向、要求、目标、研究、队伍建设、督导评估、制度建设、运行体系九个方面全面论述了加强高校思想政治理论课教学改革的建议与意见。这些建议与意见既来源于作者深入的研究和调研，也来自于作者多年来从事思想政治理论课教学和教学管理的实践，对于高校思想政治理论课教学改革的持续推进和快速发展无疑具有鲜明的指导价值，将起到巨大的推动作用。